Face A Face com Deus

Publicações Pão Diário

Face A Face com Deus

A adoração como estilo de vida

Jaime Fernández Garrido

Face a face com Deus: A adoração como estilo de vida
Copyright © 2016 por Jaime Fernández Garrido
Editado e publicado por Publicações Pão Diário
sob acordo especial com Jaime Fernández Garrido

Tradução: Ilton Manoel Barrera
Coordenação editorial: Dayse Fontoura
Revisão: Rita Rosário, Lozane Winter, Thaís Soler
Capa: Rebeka Werner
Imagem da capa: © Freepik
Diagramação: Audrey Novac Ribeiro

Dados Internacionais de Catalogação na Publicação (CIP)

> Fernández Garrido, Jaime
> Face a Face com Deus: A adoração como estilo de vida; tradução: Ilton Manoel Barrera,
> Curitiba/PR, Publicações Pão Diário.
> Título original: Cara a cara — derramando todo nuestro ser em la presencia de Dios
> 1. Bíblia   2. Fé   3. Adoração

Exceto se indicado o contrário, as citações bíblicas são extraídas da edição Nova Tradução na Linguagem de Hoje © 2011 Sociedade Bíblica do Brasil.

Proibida a reprodução total ou parcial, sem prévia autorização, por escrito, da editora. Todos os direitos reservados e protegidos pela Lei 9.610, de 19/02/1998.

Pedidos de permissão para usar citações deste livro devem ser direcionados a: permissao@paodiario.org

Publicações Pão Diário
Caixa Postal 4190
82501-970 Curitiba/PR, Brasil
Email: publicacoes@paodiario.org
Internet: www.paodiario.org
Telefone: (41) 3257-4028

Código: SP601
ISBN: 978-1-68043-038-7

Impresso no Brasil

Dedicatória

A todos os adoradores do Senhor.

A todos aqueles a quem Deus chamou como Seus servos para dirigir, pastorear, ensinar e cooperar; que buscam de todo o coração fazê-lo de acordo com a vontade de Deus e que nos têm ensinado, tantas vezes, a refletir o caráter de Cristo em nossa vida.

Que todos ao lerem este livro reconheçam a necessidade de amar nosso Senhor acima de todas as coisas; honrá-lo sobre tudo; e obedecê-lo em tudo que fizerem. Que vivamos adorando-o sem condições... Estando bem perto de Deus e demonstrando-o com nossa própria vida. Estes são os exemplos que precisamos para estar *Face a face* com Deus.

Sumário

Introdução 9

Parte 1 — A BASE BÍBLICA DA ADORAÇÃO

Capítulo 1
A Trindade: fonte e objetivo da adoração 19

Capítulo 2
O primeiro mandamento: amar a Deus 41

Capítulo 3
Jesus: Princípio e fim da adoração 63

Capítulo 4
Ana: onde está seu coração? 83

Capítulo 5
Isaías: Tremenda religião, triste relação...
Quando nem tudo é o que parece 115

Capítulo 6
Jó: A adoração e o corpo 159

Capítulo 7
Paulo: Adoração com todas as forças 187

Capítulo 8
Davi: coração, mente, corpo, forças —
Consequências da adoração 211

Capítulo 9
O Espírito Santo e a adoração 235

Capítulo 10
A adoração que permanece 247

Capítulo 11
Amor leal e de misericórdia (*Hesed*) 269

Capítulo 12
O diabo, o antiadorador 285

Capítulo 13
Termos relativos à adoração 293

Parte 2 — A PRÁTICA DA ADORAÇÃO

Capítulo 1
O desafio bíblico: verdadeiros
adoradores (JOÃO 4:23,24) 305

Capítulo 2
A filosofia bíblica — Voltando aos "princípios" 317

Capítulo 3
A adoração e a natureza 329

Introdução

VOLTAR À VERDADE...
COMEÇANDO PELO PRINCÍPIO

Impossível!
José se dizia um ateu, jamais pisava em uma igreja. E muito mais do que isto, não permitia que nenhum de seus amigos lhe falasse a respeito de Deus. Ele era o perfeito exemplo do que um pai jamais gostaria de ver em seu filho. Na sala de aula, seus companheiros cristãos eram alvos de zombaria. Agora é muito fácil encontrá-lo com seus amigos falando do fruto do Espírito.

Luís durante muitos anos escutou os melhores professores, evangelistas e teólogos. Seus pais eram pessoas que sempre amaram o Senhor, mas ele jamais se comprometera com o evangelho. Ninguém pôde alcançar o seu coração. No entanto, em poucos meses ganhou mais almas para Cristo que todos os membros de sua igreja.

Carlos foi o maior exemplo de agnóstico que conheci. Suas palavras cruéis e blasfemas marcaram época. Quando lhe obrigavam a ir à igreja, ficava presente apenas em corpo. Jamais quis entender uma só palavra do evangelho. Se você o encontrar agora, ele lhe dirá o que aprendeu na Palavra de Deus.

Quando falava destas pessoas com líderes e pastores de igrejas, todos diziam que a salvação delas era praticamente IMPOSSÍVEL. O que ocorreu? Quem fez o milagre?

Henrique e Tomás, servos escolhidos de Deus, estavam frente a frente, gritando, acusando-se e quase batendo um no outro! O inusitado "ringue" era uma igreja — por sinal muito boa, sólida e propagadora da Palavra de Deus. Os dois eram anciãos! O tema era o estilo de música usada no culto de adoração pela manhã. Ambos tinham acabado de expressar seu amor ao Senhor e juntos louvar o Seu nome no momento de adoração, e agora gritavam um com o outro cheios de ódio. Dois meses depois, Henrique confessou ter uma amante, e mais tarde Tomás saiu da igreja com raízes de amargura.

Maria tinha uma voz preciosa que comovia corações. Podia levar uma multidão inteira à presença de Deus. Numa manhã, ao término do culto parou para me cumprimentar. Mas, em vez de um cumprimento amistoso, lançou-me uma série de insultos. A acusação se baseava no fato de que ela não gostava de nenhum tipo de forma litúrgica durante o culto de comunhão. E que, como pastor, eu estava estorvando o Espírito Santo ao impor à congregação meu sistema organizacional. Na opinião dela, eu não tinha nenhum direito de ditar a forma de como o povo de Deus devia adorar. Aparentemente se tratava de um problema espiritual, mas a verdadeira questão era que eu tinha limitado o tempo que ela falaria antes de cantar, para facilitar o andamento do culto. Para ela a verdadeira adoração não podia ter lugar dentro de limites ou restrições impostas.

O período de adoração havia sido especial naquela manhã e eu estava desejoso de tomar o pão e o cálice na presença do Senhor. Antônio, um irmão, amado e respeitado, levantou-se lentamente para introduzir o momento da Ceia. Começou sua exposição com uma passagem bíblica pouco clara e fora de seu contexto. Da leitura dos versículos passou direto para um discurso condenando todos os problemas que o mundo conheceu desde a criação. Antes que terminasse, todos nós tínhamos compreendido cada faceta de suas tendências e opiniões pessoais. Concluiu com a bênção costumeira: "Que o Senhor abençoe Sua Santa Palavra." A congregação exclamou sua resposta tradicional: "Amém!" Sentíamo-nos absolutamente felizes, pois ele, enfim, tinha terminado de falar.

Por incrível que pareça, todos estes exemplos têm a ver com a adoração. Mudamos os nomes para preservar a identidade dos envolvidos nos relatos apresentados, mas são histórias reais.

O milagre que transformou a vida dos três primeiros nomes citados foi algo simples como encontrar-se na presença de Deus cantando e orando. Luis definiu sua experiência perfeitamente quando disse: "É a primeira vez que posso falar com Deus em toda minha vida." Assim é a adoração bíblica, algo tão íntimo e especial que nos leva à presença do Senhor, face a face com nosso Criador.

> Somente posso conhecer o que significa adorar a Deus quando meu coração está apegado ao Seu... Quando todo meu ser é totalmente absorvido pela essência do Senhor.

E os outros exemplos? Muitos têm o desejo sincero de trabalhar para Deus, mas sua visão fica restrita a formas e costumes. O que aconteceu à adoração? Temos mais livros e seminários sobre este tema do que antes. Podemos encontrar grandes igrejas com corais, solistas excepcionais e toda uma indústria mercantil de CDs e DVDs relacionados à adoração. Por que continuamos divergindo quando o assunto é este? Por que o culto de adoração se torna motivo de discussão, em vez de promover um momento de enaltecermos juntos o Senhor? Por que a adoração é tão difícil e controversa?

A "adoração" e a resposta divina

Deus fica decepcionado com alguns tipos de culto que lhe prestamos. A adoração parece ser a justificativa ideal para qualquer objetivo da igreja, seja ele evangelístico, assistência social, comunhão ou crescimento.

O problema não é novo. Na realidade, as questões que nos fazem tropeçar, na atualidade, são tão antigas quanto a própria Bíblia. A advertência de Deus não mudou em absoluto com o passar do tempo.

Autoridades de Jerusalém, escutem o que o SENHOR está dizendo! Moradores da cidade, deem atenção ao ensinamento do nosso Deus! O SENHOR diz: "Eu não quero todos esses sacrifícios que vocês me oferecem. Estou farto de bodes e de animais gordos queimados no altar; estou enjoado do sangue de touros novos, não quero mais carneiros nem cabritos. Quando vocês vêm até a minha presença, quem foi que pediu todo esse corre-corre nos pátios do meu Templo? Não adianta nada me trazerem ofertas; eu odeio o incenso que vocês queimam. Não suporto as Festas da Lua Nova, os sábados e as outras festas religiosas, pois os pecados de vocês estragam tudo isso. As Festas da Lua Nova e os outros dias santos me enchem de nojo; já estou cansado de suportá-los." "Quando vocês levantarem as mãos para orar, eu não olharei para vocês. Ainda que orem muito, eu não os ouvirei, pois os crimes mancharam as mãos de vocês. Lavem-se e purifiquem-se! Não quero mais ver as suas maldades! Parem de fazer o que é mau e aprendam a fazer o que é bom. Tratem os outros com justiça; socorram os que são explorados, defendam os direitos dos órfãos e protejam as viúvas. (ISAÍAS 1:10-17)

Deus não aprova o culto no qual há apenas formas e tradições mortas. Ainda hoje, o Senhor está aborrecido pelo fato de tratarmos a adoração sem seriedade e de que Sua Palavra não signifique nada em nossa vida diária. Reclama quando nosso coração fica completamente indiferente em Sua presença, e depois nos apresentamos diante dos demais como piedosos e verdadeiros adoradores. Reprova esse tipo de "adoração". Ele chama de adultério espiritual qualquer forma de tradição religiosa sem vida, pois é pecado!

O SENHOR Deus diz: Venham cá, vamos discutir este assunto. Os seus pecados os deixaram manchados de vermelho, manchados de vermelho escuro; mas eu os lavarei, e vocês ficarão brancos como a neve, brancos como a lã. Se forem humildes e me obedecerem, vocês comerão das coisas boas que a terra produz. Mas, se forem rebeldes e desobedientes, serão mortos na guerra. Eu, o SENHOR, falei. (ISAÍAS 1:18-20)

No entanto, **Deus busca adoradores que o adorem em espírito e em verdade**. As Escrituras descrevem o Senhor como nosso esposo: Alguém que nos ama ardentemente. Nós o adoramos, porque o amamos de todo nosso coração. Falamos dele e pensamos nele a cada momento. O Senhor ama ouvir Seus adoradores lhe expressando amor. Para Ele, os sons oriundos do coração de um verdadeiro adorador são como incenso aromático, um sacrifício de louvor (HEBREUS 13:10).

A adoração e o amor

Lembra-se da primeira vez que você se apaixonou? Sentia-se estranho. Tinha um nó na garganta. Começava a suar cada vez que pensava nessa pessoa tão especial. Não podia tirá-la da mente nem de seu coração. E quando ele ou ela entrava pela porta, ah, não importava o que você estivesse fazendo ou dizendo, esta pessoa era tão querida, que não existia absolutamente nada mais importante no mundo naquele momento.

Quando amamos alguém parecemos "tolos". Suspiramos, nosso rosto empalidece e começamos a fazer bobeiras. Escrevemos poemas e perdemos horas e horas simplesmente pensando, contemplando e desfrutando da presença de nosso ser querido. E por que será que adultos maduros, que creem ser mais sábios, observam com tanta nostalgia estes casais ridículos (para eles) expressar seu amor? Por que muitos casais mais velhos, sérios, olham de soslaio os jovens apaixonados que se abraçam?

Deus nos fez para expressar amor. Isto é uma parte inerente de Sua imagem implantada em nós (conf. capítulo *Hesed*). Amamos amar! Encanta-nos sonhar com a expressão do amor, sentir amor e beber de sua beleza. Isto é Deus em nosso interior.

Nós amamos porque Deus nos amou primeiro. (1 JOÃO 4:19)

A imagem de Deus dentro de nós inclui a capacidade e o desejo de receber e expressar amor. Deus nos criou para usar nossas emoções, nossa mente, nosso coração e, claro, nosso corpo, para expressar amor a outra pessoa.

...Não adoro de verdade até ter envolvido todo meu ser, todo meu corpo em uma encarnação de meu profundo amor.

Lembra-se da primeira vez que você foi rejeitado? Abriu seu coração a outra pessoa, compartilhou todo seu ser, e ele ou ela lhe virou as costas. Embora o amor de Deus por nós seja muito mais profundo do que o amor humano, podemos compreender Sua decepção quando nós, seres criados por Ele, nos recusamos a corresponder-lhe. Deus nos deu tudo para que pudéssemos viver eternamente com Ele. Quantas vezes pecamos contra o Senhor, ignorando a íntima relação de amor para qual Deus nos chamou?

Mas Deus nos mostrou o quanto nos ama: Cristo morreu por nós quando ainda vivíamos no pecado. (ROMANOS 5:8)

Jesus fez todo o possível para nos demonstrar o quanto nos ama, quando voluntariamente morreu em nosso lugar. Que expressão de amor! Comprometeu todo Seu ser, se oferecendo como sacrifício por nós!

Agora, o que Deus quer em troca? Amor! Uma resposta de submissão amorosa ao Criador e Provedor de tudo quanto somos e necessitamos. Isto é a verdadeira adoração. "Nós **o amamos**, porque Ele nos amou primeiro."

Embora Deus não precise de nosso amor, Ele deseja recebê-lo, porque somos Sua criação e fomos feitos Seus filhos. O Senhor nos criou para expressar amor e quer receber de nós o nosso melhor.

Quando não o adoramos, decepcionamos Aquele que é o amor absoluto, e perdemos o sentido mais profundo de nossa vida.

Uma definição bíblica de adoração

Quando perguntaram a Cristo por uma definição do que Deus deseja de nós, Ele respondeu:

> *Escute, povo de Israel! O Senhor, nosso Deus, é o único Senhor. Ame o Senhor, seu Deus, com todo o coração, com toda a alma, com toda a mente e com todas as forças.* (MARCOS 12:29,30)

Adoração é isto: O uso de todo meu ser para expressar meu mais profundo amor por Deus e pelo próximo. Ao expressar amor por minha esposa ou filhos ou meu Senhor; não terei adorado a Deus até que tenha envolvido todo meu ser, todo meu corpo — tudo de tudo — em uma encarnação de meu profundo amor.

Posso conhecer o que significa adorar ao Senhor somente quando meu coração estiver apegado ao Seu coração: quando eu amar o que Ele ama, pensar como Ele pensa, e todo meu ser estiver totalmente fundido no ser de Deus.

Deus não precisa de mais cultos, novos métodos, nem ideias criativas. O Senhor não pediu mais teólogos. Ele quer a nós. Deseja que Seus filhos expressem seu amor por Ele. Este mandamento excede a todos os demais. Veja como homens piedosos sintetizaram o que deve ser nossa adoração, baseados no versículo de Marcos 12:

> "Deus nos tem dado uma mente para conhecê-lo, um coração para amá-lo, e uma vontade para obedecê-lo e um espírito para adorá-lo." —JOHN BENHAM

"A adoração é a resposta do cristão em sua totalidade — a mente, as emoções, a vontade, e o corpo — à totalidade do que Deus é, diz e faz." —A. W. TOZER

"Adorar é avivar a consciência mediante a santidade de Deus, alimentar a mente com a verdade de Deus, purgar a imaginação com a beleza de Deus, abrir o coração ao amor de Deus, dedicar a vontade ao propósito de Deus."
—WILLIAM TEMPLE

> "Querido Pai,
> Quero expressar minha mais profunda gratidão por teres te empenhado desinteressadamente para que eu pudesse viver.
> Amaste-me grandemente antes de eu te conhecer, mesmo quando eu te rejeitava.
> Obrigado por Teu amor.
> Enche-me do Teu Espírito para que meus olhos possam abrir-se para o Senhor.
> Dirige-me de novo à Tua Palavra para que possa andar em Tua presença a cada dia, em íntima comunhão contigo e aprender a expressar meu amor por ti de todo meu coração, alma, mente e com todas minhas forças.
> No nome de Jesus que me deu acesso à Tua presença. Amém!"

Parte 1

A BASE BÍBLICA DA ADORAÇÃO

Capítulo 1

A TRINDADE: FONTE E OBJETIVO DA ADORAÇÃO

Escute, povo de Israel! O SENHOR, e somente o SENHOR, é o nosso Deus. (DEUTERONÔMIO 6:4)

"Uma igreja que sabe como louvar a Deus é uma igreja sadia."
"Se as pessoas andam com expressão séria em seu rosto e veem o louvor simplesmente como um prelúdio para a pregação, a igreja têm uma infecção que se estende profundamente em seu interior."
Embora as frases acima não formem parte do texto inspirado das Escrituras, em sua essência, são verdadeiras e se baseiam no pressuposto de que "uma igreja que adora é uma igreja sadia".
A adoração começa e termina com Deus. Ele é sua fonte e objetivo. Para começar a recuperar um espírito de amor ao Senhor, devemos rever a seguinte questão crucial: Que lugar Deus ocupa em nossa adoração? Isto pode parecer simplista demais, mas na realidade chega ao próprio cerne de todos os debates atuais. Quantos livros foram escritos em nossa geração tentando explicar como praticar a adoração na igreja, no lar, com os filhos, como iniciar equipes e cultos de adoração, como "adorar de verdade", como evangelizar usando a adoração etc.? Temos nos afastado muitíssimo da afirmação básica das Escrituras: A adoração é nossa expressão externa do amor que temos a Deus em nosso coração! Deve ter seu fundamento no íntimo do nosso ser, no desejo sincero de amar e glorificar ao Criador. Daí poderá passar à sua expressão pública natural, ao reconhecimento público do que Deus é e faz.

Escute, povo de Israel! O SENHOR, e somente o SENHOR, é o nosso Deus. Portanto, amem o SENHOR, nosso Deus, com todo o coração, com toda a alma e com todas as forças.
(DEUTERONÔMIO 6:4,5)

> ...a linha divisória entre a "adoração centrada no homem" e a adoração bíblica, é muito tênue.

Na passagem bíblica acima vemos que, embora Deus queira que o homem o ame com todo o seu coração, alma e mente, Ele primeiramente faz uma declaração a respeito de si próprio como "*Yahweh, nosso Deus*".[1] Isto é, Deus mesmo vai adiante dos desejos e necessidades humanas, e deve ser o assunto central (fonte e finalidade) na adoração. E é neste ponto que se deve iniciar qualquer discussão sobre o tema.

A adoração deve ser teocêntrica para ser bíblica. Por "teocêntrica" queremos dizer que, para ser adoração autêntica, o Senhor deve ser sempre o princípio e o fim de tudo. Qualquer outra coisa é apenas uma invenção humana, uma imitação barata de algo real.

Adoração pagã, humanista ou bíblica?

Talvez para entender o quanto já nos desviamos desta verdade básica, necessitemos compreender a diferença entre adoração teocêntrica e as alternativas: adoração pagã e adoração centrada no homem.

A adoração pagã emprega a imagem de uma divindade forte, poderosa. Esta divindade impõe a quem se submete a ela tudo o que considera necessário, importante e oportuno para seu próprio benefício. O bem do que está submetido (o adorador) não é planejado: interessa à divindade somente sua própria adulação egoísta.

Os sujeitos são exatamente isto: sujeitos escravizados à vontade do poderoso. Não têm escolha, direitos, nem acesso pessoal ao seu deus. A divindade os usa a seu próprio bel-prazer, sem se preocupar com suas dificuldades, necessidades ou desejos.

Sempre haverá um intermediário privilegiado que tem acesso exclusivo à divindade, já que um indivíduo que foi submetido jamais poderia se aproximar, por seu próprio mérito, de um grande "deus". Todos os indivíduos devem passar por este intermediário e nunca lhes é permitido ter um contato pessoal com essa divindade. Claro que isto descreve praticamente todas as religiões do mundo, incluindo algumas que reivindicam a Bíblia como sua autoridade, mas que de alguma forma distorcem as Escrituras para privar as pessoas de sua livre escolha e acesso ao Criador, enquanto elevam a dignidade e a honra de um intermediário humano.

Este modelo inclusive pode descrever o desejo primordial de Satanás de ser a força onipotente na vida destas pessoas. Também é o tipo de adoração estabelecida pelo anticristo nos últimos tempos.

A adoração humanista começa e termina com o homem (antropocentrismo). A igreja está mais influenciada por esta filosofia do que admite. O modelo é: digo a Deus o que quero que Ele seja e faça por mim, ao invés de Deus me dizer o que espera de mim. Neste caso o homem e sua razão se convertem em autoridade. Embora normalmente haja reconhecimento de Deus e talvez ainda confissão da supremacia do Senhor e da Bíblia, a adoração humanista porá a Deus e Sua Palavra de lado sempre que discordar das tensões ou necessidades sociais ou individuais do momento.

A igreja evangélica atual tem visto um grande desvio nesta questão da adoração centrada no homem, o que podemos ilustrar pela redefinição das posições bíblicas de certas igrejas em questões sociais como homossexualidade, relação da igreja com o mundo, política, serviço e outros assuntos "em voga". Algumas comunidades cristãs devem, inclusive, admitir que caíram na armadilha do "antropocentrismo" em nome da adoração ou da evangelização e outros ministérios afins, quando renunciam às Escrituras frente ao "relacionamento" com os não-salvos.

O outro extremo é igualmente perigoso. A adoração humanista também pode descrever as igrejas que colocaram a tradição ou normas legalistas à frente da intimidade com Deus. Quando o homem está mais interessado em si mesmo (sua própria pessoa, costumes, leis, religião, relações, crenças, emoções etc.) do que em Deus, ele ultrapassa o limite e perde sua perspectiva bíblica.

Na verdade, a linha divisória entre a adoração humanista e a bíblica é muito tênue. Os livros, igrejas e pessoas que começam todas as discussões sobre a adoração na necessidade do homem transpassam esta linha e esquecem o que é a verdadeira adoração bíblica. Encontramo-nos à beira do precipício sempre que as necessidades humanas são colocadas como prioridade acima do próprio Deus.

Isto não quer dizer que devamos ignorar nossas necessidades. A compreensão e sensibilidade quanto às pressões e preocupações de cada geração são imperativas se queremos saber como levar as pessoas à presença de Deus. Contudo, o tema aqui não são as formas. Não estamos falando sobre nossa obrigação de ser sensíveis às necessidades. O tema é o ponto do qual partimos nosso enfoque. O homem está tomando a iniciativa para se aproximar de Deus ou é o Senhor quem sempre dá o primeiro passo para se revelar ao homem? Com quem começa a adoração? Deus ou homem? Com minhas necessidades ou com o caráter de Deus?

Somente Deus é o princípio e o fim da **adoração bíblica**. Tudo começa com uma revelação divina e termina em uma resposta de amor. Deus, o Pai, revela a si mesmo por meio de Sua Palavra que é viva na pessoa de Jesus Cristo e registrada nas páginas da Bíblia. É permitido ao homem conhecer o Eterno por intermédio das Escrituras, da natureza e etc., mas esta revelação mostra a impotência total do homem e sua condição perdida diante do Deus santo e Todo-Poderoso. No entanto, envolta na revelação está também a provisão de acesso por meio da pessoa de Jesus Cristo.

Deste modo, embora o homem receba conhecimento do Senhor e da Sua vontade pela Palavra, também é mediante a Palavra que, por outro lado, pode responder com seu livre-arbítrio e entrar em uma relação única com Deus, o Pai. No processo do estabelecimento deste relacionamento é imprescindível a obra do Espírito Santo, a outra pessoa da Trindade, pois Ele abre os olhos humanos à verdade.

Esta é autêntica adoração: Duas pessoas expressando exteriormente a realidade de um amor profundo, interior. Porém tenha em mente: tudo começa em Deus, não no homem.

Um relacionamento bíblico com Deus pode ser resumido com as seguintes palavras: "...Eles serão o meu povo, e eu serei o seu Deus..." (JEREMIAS 30:22). Deus Pai quer que sejamos Seu povo e assim proveu os meios para que tenhamos um relacionamento pessoal com Ele. Entretanto, não nos forçará a isto. Somos livres para escolher. Sua provisão em Cristo nos deu o direito de sermos Seus filhos adotados. Mas continua sendo escolha nossa: "Porém alguns creram nele e o receberam, e a estes ele deu o direito de se tornarem filhos de Deus" (JOÃO 1:12).

A adoração bíblica é simplesmente a expressão deste relacionamento entre Deus e o homem. O Senhor, motivado por Seu amor incondicional pelo homem, revelou a si mesmo. O homem lhe respondeu com amor. Em contrapartida, Deus ficou satisfeito com esta resposta e assim aceita qualquer expressão de amor que uma pessoa lhe ofereça como um "sacrifício agradável". Isto é autêntica adoração: Duas pessoas expressando exteriormente a realidade de um profundo amor interior. Mas mantenha em mente que tudo começa em Deus, não no homem e em suas necessidades. Portanto, já temos total e completo acesso ao Pai (EFÉSIOS 1:3-14; 2:17,18) e podemos desfrutar das bênçãos de sermos adotados como Seus filhos. Somos livres para responder ao Seu ato de amor.

A adoração teocêntrica coloca Deus no centro

Se a adoração começa e termina com Deus, é "teocêntrica". A Bíblia diz que adorar ao Senhor deve ser a base de tudo o que fazemos. O que o Senhor deseja são autênticos adoradores — homens e mulheres que o amem tanto que seus corações transbordem de clamores e prantos, risadas e cânticos, oração e meditação, danças e serviço. Somente quando o povo de Deus o ama deste modo, pode compreender plenamente os estudos bíblicos, evangelizar de forma eficaz ou realmente obedecer. Todas as nossas atividades ministeriais devem ser consequência de nosso profundo amor pelo Senhor, já que esta é a verdadeira meta final. A Bíblia coloca a "adoração" em primeiro lugar, pois sabe que alguém que esteja adorando de coração, está de fato lendo a Palavra, se reunindo com outros cristãos para aprender, crescer e receber encorajamento, não pode deixar de falar sobre o Senhor aos não-convertidos. Para estar realmente de acordo com a Bíblia, o nosso estudo, comunhão, evangelização e serviço devem nos levar a adorar a Deus. Não podem ser um fim em si mesmos. Não podemos ler a Bíblia somente para conhecê-la melhor. Não é correto servir apenas porque tomamos isso como uma disciplina espiritual. Não demonstramos absolutamente nosso amor ao Senhor se evangelizamos apenas para encher a igreja. Responder ao amor de Deus deve ser o centro e a motivação para tudo!

Portanto, necessitamos considerar a prioridade da adoração pela perspectiva divina.

1. Deus projetou a adoração
Quando Deus criou o mundo e tudo o que nele há, incluiu um projeto que torna imprescindível a adoração, um plano que utiliza toda a criação para pedir uma resposta de amor e ação de graças por parte da humanidade.

> ...*o que se pode conhecer a respeito de Deus está bem claro para elas, pois foi o próprio Deus que lhes mostrou isso.*

Desde que Deus criou o mundo, as suas qualidades invisíveis, isto é, o seu poder eterno e a sua natureza divina, têm sido vistas claramente. Os seres humanos podem ver tudo isso nas coisas que Deus tem feito e, portanto, eles não têm desculpa nenhuma. Eles sabem quem Deus é, mas não lhe dão a glória que ele merece e não lhe são agradecidos. Pelo contrário, os seus pensamentos se tornaram tolos, e a sua mente vazia está coberta de escuridão. Eles dizem que são sábios, mas são tolos. Em vez de adorarem ao Deus imortal, adoram ídolos que se parecem com seres humanos, ou com pássaros, ou com animais de quatro patas, ou com animais que se arrastam pelo chão.
(ROMANOS 1:19-23)

A criação foi pensada para trazer adoração a Deus. Por outro lado, devido à sua pecaminosidade, o homem decidiu adorá-la ao invés de adorar ao Criador. Essa é a pior espécie de "adoração — a que é centrada no homem". A criação se converte em um deus que posso manipular, do qual posso me esconder, controlar ou inclusive eliminar. Portanto, esqueço que Deus estruturou o mundo para que todos o adorem, e não a algo feito por Ele.

O céu anuncia a glória de Deus e nos mostra aquilo que as suas mãos fizeram. (SALMO 19:1)

A criação tem uma responsabilidade: Declarar a glória de Deus para que o homem possa responder ao Senhor em uma declaração similar, que é a adoração. Nos primeiros seis versículos deste conhecido salmo, Davi mostra como Deus usa a criação como esse objetivo. Então, no versículo sete ele faz uma transição e começa a descrever a revelação do Senhor por meio das Escrituras.

A lei do SENHOR é perfeita e nos dá novas forças. Os seus conselhos merecem confiança e dão sabedoria às pessoas simples. Os ensinos do SENHOR são certos e alegram o coração. Os seus

ensinamentos são claros e iluminam a nossa mente. O temor ao SENHOR é bom e dura para sempre. Os seus julgamentos são justos e sempre se baseiam na verdade. Os seus ensinos são mais preciosos do que o ouro, até mesmo do que muito ouro fino. São mais doces do que o mel, mais doces até do que o mel mais puro.
(SALMO 19:7-10)

A criação existe para adorar!

Ron Allen resumiu acertadamente em *Praise! A Matter of Life and Breath* ((Louvor! Uma questão de vida e fôlego — tradução livre) esta transição enfatizando: "Maior que em toda a criação é a revelação da glória de Deus em Sua Palavra." Isto não quer dizer que a criação não seja importante. Pelo contrário, Deus projetou tudo para mostrar Sua glória. E por que tanto cuidado em se revelar? Atente para o final deste grande salmo: "Que as minhas palavras e os meus pensamentos sejam aceitáveis a ti, ó SENHOR Deus, minha rocha e meu defensor!" (SALMO 19:14).

Deus se revela para nos permitir ser "aceitáveis" aos Seus olhos e livres para adorá-lo com as palavras de nossa boca e as meditações de nosso coração. Aqui está a conexão com a adoração: Deus projetou toda a criação — natureza, homem, inclusive a Bíblia — para declarar Sua glória com o propósito de motivar a adoração. A criação existe para adorá-lo!

Além disso, este projeto para se revelar com o propósito de motivar a adoração não ocorreu somente no passado com a criação ou no presente com Sua Palavra, mas também é parte de Seu plano futuro.

Por isso Deus deu a Jesus a mais alta honra e pôs nele o nome que é o mais importante de todos os nomes, para que, em homenagem ao nome de Jesus, todas as criaturas no céu, na terra e no mundo dos mortos, caiam de joelhos e declarem abertamente que Jesus Cristo é o Senhor, para a glória de Deus, o Pai. (FILIPENSES 2:9-11)

Os quatro seres respondiam: "Amém!" E os líderes caíram de joelhos e o adoraram. (APOCALIPSE 5:14)

Virá o dia em que o mundo inteiro se prostrará em adoração a Deus: a grande diferença será que, enquanto os cristãos se inclinarão em reverência e amor ao Pai, o restante do mundo o fará cheio de medo. Todos confessarão que Jesus Cristo é Deus! A adoração faz parte do plano eterno de Deus e é Seu desejo final para nós.

Resumindo, o homem, a natureza, a Bíblia e os eventos futuros foram, em sua totalidade, planejados para inspirar e motivar a adoração ao Deus do Universo que é amor e Todo-poderoso.

2. O próprio Deus deseja ser adorado

Esta frase pode soar um pouco estranha, mas é verdade. Deus não somente planejou a adoração, mas também se faz presente nela, pois ela é uma prioridade e um desejo Seu.

Talvez a referência mais significativa se encontre na decisão de Deus de "habitar" entre os homens. No Antigo Testamento determinou manifestar Sua presença no Tabernáculo (ÊXODO 40:34) e mais tarde, no Templo (nos dois casos, o lugar da adoração coletiva para Israel). Quando veio ao mundo como uma criança, o Templo ("a casa de meu Pai") foi fundamental em Sua atividade.

Pondere sobre o conceito da "morada" de Deus entre os homens na pessoa de Jesus (MATEUS 1:23). "A Palavra se tornou um ser humano e morou entre nós, cheia de amor e de verdade. E nós vimos a revelação da sua natureza divina, natureza que ele recebeu como Filho único do Pai" (JOÃO 1:14 NVI). A palavra "morou" neste versículo se refere a "viver em uma tenda, um lar temporário". É uma "tenda" levantada entre nós com o propósito de revelar o Pai e Sua glória. No contexto do versículo está claro que João está fazendo uma comparação entre a "morada" de Cristo como homem e a "morada da presença" de Deus no Tabernáculo do Antigo Testamento. Jesus veio para habitar entre os homens a fim de que Deus pudesse ser visto e eles, por sua vez, pudessem adorá-lo. João deixa claro que esta "morada" seria comparada com a presença de Deus no Templo e no Tabernáculo. Quando Cristo veio "habitar" na Terra, o fez para revelar a glória do Senhor, e atrair os homens a um relacionamento com Deus por meio do qual eles ficariam livres para adorá-lo. A presença de Deus com o homem tinha o propósito final de permitir e motivar a adoração pessoal e coletiva, o amor de cada pessoa em particular e de todas juntas ao Criador.

O espaço não nos permite mais acréscimos a este tema, mas ao considerar as prioridades do Eterno para a humanidade, não somente devemos estudar o significado do conceito de Deus "habitando" entre os homens em termos de provisão de salvação, mas também o significado de "onde" e "como" escolheu habitar.

A presença de Deus na pessoa de Jesus Cristo, estava sempre ligada a um lugar, a um tempo, a um chamado, e se manifestava em meio à adoração do povo. Ele veio se relacionar com o homem, se sentar com ele "face a face" e esperava dele, além de sua intimidade, sua adoração profunda. Estava em um lugar específico, pois queria e desejava participar com o homem em glorificar ao Seu Pai.

A presença e desejo de Deus na adoração também pode ser achada através dos Salmos e outros textos tanto do Antigo como do Novo Testamento. Sofonias 3:17 é um pequeno aviso desta participação, escondida nas promessas futuras para gentios (3:9,10) e judeus (3:11-20).

> *Pois o SENHOR, seu Deus, está com vocês; ele é poderoso e os salvará. Deus ficará contente com vocês e por causa do seu amor lhes dará nova vida. Ele cantará e se alegrará.*

O versículo começa com a realidade da habitação, da presença de Deus entre Seu povo. Expressa uma proclamação quanto à pessoa do Senhor: é poderoso; é salvador. Perceba a resposta do próprio Deus à adoração de Sua presença e Sua pessoa: "...ficará contente... por causa do seu amor lhes dará nova vida... cantará e se alegrará". Este versículo descreve o Senhor entusiasmado com Sua própria criação.

3. Deus exige adoração

A adoração não é opcional para o cristão. É obrigatória, requisitada e esperada. Uma vez que tomamos a livre decisão de nos relacionarmos com Deus por intermédio de Jesus Cristo, a adoração a Deus se torna parte de nossa natureza espiritual e uma constante expectativa dele quanto a nós. Deus espera que o adoremos com nosso coração (relação individual) e em comunhão com outros (adoração em comunidade, na igreja). Este é nosso compromisso com o Senhor, e o cumprimos com alegria, como uma jovem noiva responde ao seu noivo. A relação é séria, eterna, baseada no amor e aberta às mais íntimas expressões de adoração mútua.

A adoração implica em muitas coisas: louvar a Deus, orar, meditar em Sua Palavra, dar-lhe graças por tudo o que Ele tem feito. Neste primeiro capítulo é impossível se ocupar de cada referência na qual Deus exige de Seu povo uma resposta que envolva cada aspecto de seu relacionamento com Ele. No entanto, utilizaremos o louvor como exemplo do que Deus espera em nossa adoração para que seja possível contemplar quais são Suas expectativas em relação a nós.

Na regência de orquestras e corais, existe um imperativo que nunca pode ser violado: o grupo deve sempre obedecer à batuta. Não é opcional. Inclusive o solista profissional deve se inclinar ante a batuta do regente. Quando o maestro sinaliza para começar uma peça, ele espera que todos os cantores e instrumentistas, com a nota no primeiro compasso, respondam imediatamente com música. Isto não é opcional. Optar por ignorar à batuta é trazer dissonância e caos ao que, de outro modo, será uma linda obra-prima. Os melhores músicos do mundo podem tocar a pior classe de ruído se houver recusa em obedecer. Obedecer à batuta produz os acordes relaxantes, agradáveis, ou inclusive poderosos do intrincado projeto do compositor. O regente exige obediência. Mas sua motivação é o desejo de ouvir o som ou a bela e encantadora resposta. Assim, embora obrigatório, obedecer ao maestro é um compromisso de amor.

O louvor é a batuta de Deus. Ele levanta Seu braço e espera ouvir os melodiosos e vibrantes acordes, de Sua obra de arte planejada eternamente e orquestrada com autoridade. Ele o ordena, o exige, não é opção. É uma exigência de amor. Não pode ser opcional em momento algum. Devemos louvar a Deus nas horas boas e más. Tenho regido orquestras e corais durante muitos anos. Não raramente, os músicos têm de tocar mesmo estando muito doentes ou enfrentando circunstâncias complicadas. Já regi músicos que tinham acabado de sofre a perda de alguém que amavam e solistas que, horas antes do evento, tinham assinado papéis de divórcio, forçados por cônjuges infiéis. Já chorei com cantores cuja vida estavam destroçadas que seus olhos estavam fechados, inchados pelas lágrimas, mas que ainda assim se levantaram para cantar uma canção de louvor. Uma série de concertos não pode ser reprogramada porque o tocador de tuba está com o peito carregado ou o solista um pouco rouco ou porque a vida tenha aparentemente terminado. O show deve continuar. Todo músico renomado aprende a cantar ou tocar embora não esteja bem. As circunstâncias não ditam a expressão nem a interpretação.

Assim sucede com o louvor a Deus. Embora não estejamos falando de uma "atuação", o louvor é a expressão que deve acontecer a todo momento e circunstância. O louvor a Deus não é acessório; é a resposta fundamental em todo tempo e para todos os cristãos. O que Paulo nos diz em 1 Tessalonicenses 5:16? "Estejam sempre alegres!"

Você já se convenceu de que a adoração deve ocorrer em nossa vida a todo momento? Vejamos juntos a palavra "louvor" nos Salmos. Neste termo, temos o inegável mandamento de Deus de louvá-lo em todo tempo, lugar e circunstância.

"Aleluia!" Um mandamento à adoração teocêntrica

"Louvado seja Deus", "Aleluia" (louve a Deus), são duas expressões comumente compartilhadas entre os cristãos. E deve ser assim! Nenhum outro mandamento se repete com tanta frequência na Palavra. Ambas vêm da mesma palavra hebraica composta, utilizada muitas vezes nos Salmos assim como em outras porções das Escrituras. E é totalmente adequado que a palavra mais repetida da Bíblia, "Aleluia", tenha sido preservada, geração após geração, em todas as línguas do mundo, em sua forma original hebraica.

"Aleluia" é a forma imperativa plural do verbo. Literalmente significa: "louvai a *Yah*". Resulta da combinação do verbo *Halel* com a forma curta do nome de Deus, *Yah*. Deste modo se traduz "louvado seja Deus". É uma forma elaborada, acadêmica de dizer: "É um mandamento!"

"Louvado seja Deus", "Aleluia", duas expressões comumente compartilhadas entre os cristãos... Nenhum outro mandamento se repete com tanta frequência nas Escrituras.

Embora os Salmos empreguem outras palavras para definir o louvor, como "ação de graças", "bendizer" etc., *Halel* é a mais comum. "Louvar" é definido como "falar bem de", "magnificar", "falar a outros da grandeza de alguém ou algo". Qualquer dicionário, embora utilize termos distintos, incluirá esta ideia de contar ou compartilhar com outros as razões do louvor.

Um estudo de Halel nos Salmos apoiará rapidamente esta conclusão de que o "louvor" é público e verbalizado. Supõe claramente um entusiasmo interior que implica um relacionamento próximo com Deus. Baseados na comunhão maravilhosamente íntima que temos com Ele, achamos muitas razões para nos orgulhar e dar louvores ao nosso Deus, ainda que estejamos em meio às piores circunstâncias.

Por esta razão, a definição do autor Ron Allen de *Halel* como um "orgulho entusiasta", define esta palavra em seu contexto bíblico e cultural. Talvez sua explicação possa resumir melhor a ideia:

> Esta é a palavra que você diz quando seu filho de 10 anos acaba de fazer um gol em uma partida de futebol infantil. "Halel" é proferido quando se conquista uma promoção desejada, quando uma criança saudável nasce, quando alguém adquire um carro novo pela primeira vez, ou quando se encontra uma lente de contato perdida.
>
> Assim, esta é uma palavra muito especial para "orgulho entusiasta". Se eu fosse começar a alardear de mim mesmo, rapidamente me qualificariam de egocêntrico. Se fosse me vangloriar de meus filhos, logo me qualificariam de chato. Mas se começamos a nos orgulhar de Deus com entusiasmo, ninguém poderá ser acusado desta falha. Não é possível esgotar as maravilhas de Deus nem se lembrar de todas as Suas perfeições. A palavra hebraica traduzida como "louvar" em nosso Salmo é uma palavra que se usa melhor, não relacionada a futebol ou a carros, nem a recitais ou liquidações, mas sim em relação ao *Yahweh* vivo. Ele é o único que realmente merece nosso louvor orgulhoso, entusiasta. [IBID]

"Orgulho entusiasta" é o sentido literal da palavra. Às vezes, se gabar é mau. Entretanto, se o orgulho é dirigido a algo ou alguém que é bom e positivo, pode ser bastante saudável. Este é o louvor bíblico: o "orgulho entusiasta necessário a *Yahweh*". Estamos obrigados a alardear constantemente e com grande entusiasmo acerca de Deus. Mas, não podemos conseguir isto sem uma profunda intimidade pessoal com Ele que exceda a toda circunstância, sentimento, pensamento etc. Se tenho este grau de intimidade, as palavras chegarão a ser naturais. Brotarão sem nenhum esforço.

Ninguém pode falar mal de um jovem envaidecido de sua namorada incrivelmente bela, gentil, agradável e carinhosa. Por quê? Ele está loucamente apaixonado por ela. Ninguém o acusa de ser egoísta nem de estar louco. Por quê? Porque compreendem que seu "alarde entusiasta" está motivado pelo amor e uma intimidade que se aprofunda diariamente. Ainda mais, caso este seu relacionamento com ela continue, seu "alarde entusiasta" se tornará mais forte com o passar dos anos, não menos.

> Louvor na Bíblia é "o orgulho entusiasta necessário pela pessoa de *Yahweh*"!

Por que é tão fácil entender o "louvor" bíblico quando nos apaixonamos loucamente por outra pessoa, e ainda lutamos para compreender que o "orgulho entusiasta" de Deus nasce de uma intimidade diária e crescente com Ele? Somos capazes de elogiar a nossa noiva, esposa ou filhos em meio ao maior desastre possível. Mas o louvor a Deus parece limitado aos "dias bons".

Necessitamos rever, não apenas nossas ações externas como cantar louvores ou ler a Bíblia, mas nossa atitude interior de coração; precisamos examinar se o nosso amor por Deus é verdadeiro e firme. Somente um coração cheio de amor romperá em louvor apesar do tempo, lugar ou circunstâncias. Somente um coração centrado em Deus pode verdadeiramente adorar.

Os Salmos de 146 a 150 são cinco grandes hinos de um incrível louvor ao nosso Deus. Cada um começa e termina com a palavra *Halel* ou "Aleluia". Depois deste mandamento ou chamado a louvar a Deus, estes salmos fornecem uma lista de razões para o louvor ou no caso do Salmo 150, o "como" Ele deve ser louvado. "Aleluia" não é simplesmente uma expressão mecânica. É um chamado a enumerar explicitamente os motivos pelos quais se deve louvar ao Senhor. Não é bíblico dizer "louvado seja Deus" sem seguir imediatamente o "alarde" com uma explicação do porquê Ele está sendo louvado. Gaste um minuto para ler estes últimos cinco salmos e atente aos fundamentos do louvor, assim como ao modo que deve ser ministrado.

"Aleluia"! Louvado seja YHVH (*Yahweh*)! Antes de deixar esta importante palavra, necessitamos falar brevemente acerca do nome YHVH.

Ele é conhecido como "tetragrama", isto é, quatro letras utilizadas como o nome pessoal de Deus, YHVH. No hebraico do Antigo Testamento não havia vogais, somente consoantes, assim a pronúncia exata deste nome tem sempre gerado dúvida. De sua parte, os judeus nem sequer aceitavam pronunciar YHVH. Pensavam que era um nome tão pessoal e íntimo de Deus que somente o fato de pronunciar o nome nos lábios constituía um sacrilégio para um ser humano. Por conseguinte, embora estivesse escrito e copiado nas Escrituras, os judeus ao lerem-no sempre o substituíam pelo nome *Adonai*, Senhor. Na Septuaginta, a antiga tradução grega do Antigo Testamento, os eruditos determinaram que se pronunciasse como "Jeová". Daí o uso atual do nome. Hoje, os eruditos concordam que é mais correto dizer *Yahweh*.

Yahweh era o nome pessoal do Senhor, continha o aspecto ético do Deus pertencente a Israel (Casuto, p. 87, vol. 1). *Elohim*, outro nome comum de Deus no Antigo Testamento, era um nome não específico, referido em forma abstrata a "deus" em geral. Aplicava-se rotineiramente a qualquer deus pagão particular em quem as pessoas cressem. Portanto, era necessário que Deus, *Elohim*, se revelasse a Israel como *Yahweh*.

Yahweh não é somente um nome pessoal. Está associado à santidade de Deus (o fato de que Ele está separado e bem diferenciado de todo outro conceito de um deus) e conduz à ideia de um "ser ativo, autoexistente".

Este Deus santo, ÚNICO, desejou um relacionamento íntimo, pessoal, com Israel. Assim, revelou apenas a eles Seu nome e os visitou para que lhe respondessem. Que lindo quadro! A Bíblia utiliza a imagem do casamento para descrever o relacionamento de Deus com Seu povo. Mesmo no caso de Seu nome, se revela como o noivo o faria com a noiva. Duas pessoas apaixonadas têm, com frequência, um nome pessoal, íntimo, que usam um com o outro. Este nome expressa a singularidade e intimidade de seu relacionamento. Somente eles dois compreendem, ninguém mais. E não importa o que os demais pensem. Este sempre foi o desejo profundo de *Yahweh* para com Israel.

Talvez a mais bela demonstração deste nome se encontre na história da criação em Gênesis. No relato de Gênesis 1, a Bíblia utiliza o nome mais geral *Elohim* para descrever o Deus da criação e de poder. Mas no capítulo 2, o nome muda para *Yahweh*. Por quê? Em Gênesis 2 temos a história da criação do homem. Deus, além de Criador, manifesta-se como o Deus pessoal em comunhão direta com o homem. *Elohim* era o Todo-poderoso, "ser transcendental". *Yahweh* era o Deus pessoal oferecendo salvação e vida ao homem.[1]

Agora, apliquemos o que sabemos sobre *Halel* e *Yah*. Como se encaixam com a adoração? "Aleluia", "Orgulho entusiasta de meu Deus pessoal". Não é simplesmente um culto ou uma escolha de louvores colocados juntos em uma bela seleção musical. Não se trata de preparar o "ambiente" para uma pregação, nem para que nosso coração esteja mais perto de Deus.

Não, trata-se de amar a Deus de tal maneira que irrompemos em orgulho entusiasta: amando-o pelo que Ele é e pelo que faz. Isto é louvor bíblico. Qualquer coisa menos do que isto é mera religião. Por isto, esse capítulo pode começar propondo que uma igreja que sabe como louvar a Deus é uma igreja sadia. Uma igreja sem louvor está morta! Uma igreja que sabe como *Halel-Yahweh* (louvar a Iavé) é uma igreja que tem um relacionamento íntimo, pessoal com Deus. O estudo bíblico não pode ser o único sinal de identidade da igreja: muitas seitas estudam e usam a Bíblia. O relacionamento com *Yahweh* é o que pode e, de fato, define nossa singularidade como povo.

Portanto, vemos que mesmo quando Deus ordena que o adoremos (o exemplo de "louvor"), este é um mandamento centrado em Seu profundo desejo de se relacionar conosco. Como a primeira epístola de João diz: "Nós amamos porque Deus nos amou primeiro..." (4:19). Deus nos amou tanto que, íntima e pessoalmente se revelou. Esta é a base da adoração bíblica: responder em amor a *Yahweh*, que revelou a si mesmo.

A adoração teocêntrica inclui a totalidade da Trindade: Deus, Jesus Cristo e o Espírito Santo

Onde se encaixam os outros integrantes da Trindade? Como parte da divindade, estão obviamente envolvidos. Eles têm um papel específico? Este tema em particular renderia outro livro. Contudo seremos breves, neste ponto.

O propósito primordial do Senhor Jesus e do Espírito Santo é revelar o Pai. Eles nos ensinam como é o Pai e nos ajudam a nos relacionarmos corretamente com Ele.

> *E o Verbo se fez carne e habitou entre nós, cheio de graça e de verdade, e vimos a sua glória, glória como do unigênito do Pai.*
> (JOÃO 1:14 ARA)

Jesus, a Palavra encarnada, veio para glorificar a Deus. O versículo diz: "Vimos a Sua glória". A pergunta que deveria surgir é: A quem se refere? Veio Jesus para revelar a si próprio? Não. Isto seria uma autoglorificação pecaminosa, vaidosa. Jesus veio revelar o Pai. Veio à Terra para mostrar ao homem o tremendo amor, graça e verdade de Deus. Veio para atrair os homens ao Pai (JOÃO 3). Veio mostrar a todos os homens a glória de Deus (JOÃO 17).

O Espírito Santo tem um papel transcendental para nós. Jesus era a manifestação visível de Deus na Terra como homem. O Espírito não é visível, mas Seu trabalho é abrir nossos olhos para nos mostrar o Pai, conhecer Seu amor e nos ajudar a receber o Senhor Jesus em nossa vida. Deste modo, podemos ser redimidos e nos relacionarmos de maneira pessoal com Deus por meio do Senhor Jesus.

*Mas foi a nós que Deus, por meio do Espírito, revelou o seu
segredo. O Espírito Santo examina tudo, até mesmo os planos
mais profundos e escondidos de Deus. Quanto ao ser humano,
somente o espírito que está nele é que conhece tudo a respeito
dele. E, quanto a Deus, somente o seu próprio Espírito conhece
tudo a respeito dele. Não foi o espírito deste mundo que nós
recebemos, mas o Espírito mandado por Deus, para que
possamos entender tudo o que Deus nos tem dado. Portanto,
quando falamos, nós usamos palavras ensinadas pelo Espírito
de Deus e não palavras ensinadas pela sabedoria humana.
Assim explicamos as verdades espirituais aos que são espirituais.*
(1 CORÍNTIOS 2:10-13)

O Espírito nos é dado para nos ensinar e revelar o Pai. Somente Ele conhece realmente Sua mente e coração. Por isto, Paulo disse aos cristãos que entristecer o Espírito e permitir que o pecado invalide Sua atividade em minha vida é um assunto muito sério. Por quê? Porque se o Espírito não tiver liberdade para revelar o Pai a mim, como poderei alguma vez me relacionar com o Senhor, conhecer Sua vontade, obedecê-lo e assim por diante?

O Espírito conhece o Pai tão profundamente que também é responsável por transformar minhas palavras de maneira que elas sejam aceitáveis a Deus.

*Assim também o Espírito de Deus vem nos ajudar na nossa
fraqueza. Pois não sabemos como devemos orar, mas o Espírito
de Deus, com gemidos que não podem ser explicados por
palavras, pede a Deus em nosso favor. E Deus, que vê o que está
dentro do coração, sabe qual é o pensamento do Espírito. Porque
o Espírito pede em favor do povo de Deus e pede de acordo com
a vontade de Deus.* (ROMANOS 8:26,27)

O Espírito intercede por nós, porque Seu papel de revelar o Pai inclui nos ajudar a respondê-lo de uma maneira adequada.

Estes versículos não estão falando diretamente da "adoração". Porém, se a adoração é questão de minha resposta à revelação de Deus, então o papel de Jesus e do Espírito para revelar a Deus são essenciais no processo de adoração. Sem eles seria impossível que pudéssemos sequer começar a adorar (jamais poderíamos conhecer o Pai). Entretanto, não devemos esquecer que o papel do Espírito é essencial para mim porque sem Ele, não posso expressar adequadamente meu amor. Ele traduz minhas fracas tentativas de falar com Deus. Ele permite que minha adoração seja digna de voltar ao coração de Deus, o lugar de onde saiu.

O que Deus deseja de nós?

A adoração não consiste simplesmente em música, um programa ou um ministério. Como já afirmamos anteriormente, Deus diz especificamente que rejeita este tipo de adoração (ISAÍAS 1). Logo, o que Deus deseja? É simples:

- Deus se revela, para que possamos conhecê-lo e nos relacionarmos com Ele.
- Respondemos em adoração ou com expressão de amor por quem Deus é e pelo o que Ele tem feito. Isso ocorre quando participamos no louvor ("Orgulho entusiasta"), meditamos em tudo o que o Senhor é e tem feito, falamos com Ele, relacionamo-nos com Ele e o obedecemos. Tudo isto é resposta. É a nossa adoração.

Tudo o que foi dito até agora neste capítulo se resume de modo sucinto em Deuteronômio 6:4,5 e se repete no "Grande Mandamento" em Mateus 22:37, Marcos 12:29,30 e Lucas 10:27.

Escute, povo de Israel! O SENHOR, e somente o SENHOR, é o nosso Deus. Portanto, amem o SENHOR, nosso Deus, com todo o coração, com toda a alma e com todas as forças. (DEUTERONÔMIO 6:4,5)

Note que o mandamento começa no versículo 4 com uma simples declaração de quem é Deus. Coloquemos em termos hebraicos para nos ajudar a entender esta afirmação: *Escute, povo de Israel! O Senhor, e somente o Senhor, é o nosso Deus.*

Alguns utilizam este versículo para defender a Trindade. Contudo, a ênfase não está no fato da palavra *Elohim* estar relacionada com a palavra "um". Antes, a ênfase está na singularidade de Deus. Não há outro Deus como o Senhor, o Deus pessoal de Israel. Nenhum outro se compara a Ele. Apenas há um Senhor. Nenhum outro deus está próximo dele. Na realidade, não existe nenhum outro Deus "com maiúscula"!

Esta revelação deveria nos deixar boquiabertos, assombrados e nos colocar de joelhos em adoração, envolvendo todo o coração, alma, mente e forças como algo natural. Ele é o onipotente Deus de toda a criação e escolheu iniciar um relacionamento conosco. Isso é incrível!

Esta é a adoração teocêntrica. *Yahweh* iniciou tudo. Deus é o centro; não eu, meus problemas ou necessidades. Começa com Deus e à medida que vejo mais e mais dele por intermédio da pessoa e obra de Jesus Cristo e a intercessão do Espírito Santo, respondo com adoração.

Nota

1 Os evangelhos não citam todo o texto de Deuteronômio 6:4,5, pois os judeus dos tempos de Jesus conheciam tão bem esta passagem (a repetiam pelo menos uma vez ao dia como confissão de sua fé) que Ele somente teve que fazer menção do versículo 5 para a mente deles automaticamente introduzirem a frase anterior que está no versículo 4.

Capítulo 2

O PRIMEIRO MANDAMENTO: AMAR A DEUS

Escute, povo de Israel! O SENHOR, e somente o SENHOR, é o nosso Deus. Portanto, amem o SENHOR, nosso Deus, com todo o coração, com toda a alma e com todas as forças.
(DEUTERONÔMIO 6:4,5)

Yahweh, o único Deus de toda a criação, é o seu Deus; portanto, AME-O com tudo o que Ele é. Todas suas emoções, toda sua alma, toda sua força física, toda sua capacidade mental! Use cada parte de seu ser para manifestar seu amor por Deus. Isto é adoração!

Adorar a Deus vem como consequência de nosso relacionamento de amor com o Pai, iniciado quando Ele decidiu se revelar e expressar Seu amor a nós. Nossa adoração não será perfeita até que estejamos face a face diante do Seu trono. A adoração não é um programa, é o processo de amar o Senhor. Não é mera teologia nem um conjunto de normas. É um relacionamento que teve início com Deus e para o qual agora somos chamados. É incondicional e imutável a partir da perspectiva divina, porque é parte intrínseca de Seu caráter. De nossa parte, é absolutamente dinâmica e cresce à medida que aprofundamos em nossa compreensão da natureza divina.

O "grande mandamento" e uma pergunta tendenciosa

> *Os fariseus se reuniram quando souberam que Jesus tinha feito os saduceus calarem a boca. E um deles, que era mestre da Lei, querendo conseguir alguma prova contra Jesus, perguntou: Mestre, qual é o mais importante de todos os mandamentos da Lei? Jesus respondeu: — "Ame o Senhor, seu Deus, com todo o coração, com toda a alma e com toda a mente." Este é o maior mandamento e o mais importante.* (MATEUS 22:34-38)

A adoração não é um programa, é o processo de amar o Senhor.
Foi dada a oportunidade para que Jesus definisse, de uma vez por todas, o grande desejo de Deus relacionado a Sua comunhão com o homem. Mateus, Marcos e Lucas relatam o episódio em que os saduceus são postos em evidência pelas respostas de Cristo às suas perguntas pouco inteligentes. Vendo seus rivais envergonhados e em silêncio, os fariseus decidem demonstrar um conhecimento maior sobre a lei obrigando Cristo a listar, por ordem de prioridade, os mandamentos das Escrituras. Sua pergunta tendenciosa é uma tentativa de ludibriar Jesus em uma de suas famosas discussões teológicas. A reação posterior mostra que não tinham um desejo real de ouvir a opinião de Cristo. Os fariseus eram bem conhecidos por suas discussões filosóficas e teológicas da lei, que incluíam acaloradas trocas de palavras sobre a prioridade de certas leis em detrimento de outras. A pergunta foi planejada na mente deles para enganar e desacreditar a Jesus reputando-o como um galileu ignorante (e claro, não o Messias), e ao mesmo tempo, pôr os saduceus em situação embaraçosa.

A pergunta é: Qual é o grande mandamento da lei?
"Os escribas manifestavam que havia 248 preceitos afirmativos, tantos como membros no corpo humano, e 365

preceitos negativos, tantos como dias no ano, sendo o total 613, o número de letras do Decálogo. Deles, descreviam alguns como leves e outros como de peso" (*Vincent's Word Studies in the New Testament* — Estudo de palavras no Novo Testamento de Vincent, tradução livre — domínio público).

"Estes 613 preceitos eram impostos pelos fariseus aos seus seguidores como uma obrigação. Quando um judeu tratava de cumprir com os requisitos de uma lei tão codificada, às vezes parecia que uma lei entrava em conflito com outra. Era necessário, então, determinar qual das duas tinha prioridade para que, se uma lei tinha que ser quebrada devido ao conflito, a pessoa pudesse infringir a menor e não a mais importante. Havia discussões constantes entre os fariseus com respeito a quais mandamentos eram prioritários" (*The Words and Works of Jesus Christ* — As palavras e obras de Jesus Cristo, tradução livre — J. D. Pentecost).

Para se assegurar do êxito em confrontar Jesus, os fariseus elegem um de seus membros, um intérprete da lei, para elaborar a pergunta. É interessante notar que este intérprete era provavelmente, entre os líderes presentes, um dos mais abertos e espiritualmente sensíveis. Este homem queria sinceramente saber mais acerca de Jesus. Enquanto Cristo, mais tarde, condena os fariseus como grupo por não ter entendido toda a essência do Antigo Testamento, não faz o mesmo com o intérprete da lei que faz a pergunta. Ele se dirige a Jesus com total respeito: "Mestre, Rabi". Marcos 12:34 registra que Jesus reconhece o coração aberto deste homem e lhe felicita: "Você não está longe do Reino de Deus". É uma das poucas ocasiões em que Jesus elogia um líder religioso enquanto está no mundo.

Qual é o grande mandamento da lei?

Jesus tem a oportunidade de declarar em uma resposta concisa qual é a grande prioridade de Deus para o homem. Poderia extrair de toda a Escritura. Poderia ter dito: "Obedecer aos Dez Mandamentos," ou "Temer a Deus," ou melhor, "Ser santos". Talvez muitos de nós teríamos resumido a lei desta forma. O Senhor poderia ter dito qualquer coisa que quisesse, porém escolheu Deuteronômio 6:4,5: "*Yahweh* é teu Deus; portanto, ame-o".[1]

Jesus respondeu: — É este: "Escute, povo de Israel! O Senhor, nosso Deus, é o único Senhor. Ame o Senhor, seu Deus, com todo o coração, com toda a alma, com toda a mente e com todas as forças.". E o segundo mais importante é este: "Ame os outros como você ama a você mesmo." Não existe outro mandamento mais importante do que esses dois. (MARCOS 12:29-31)

Toda criança judia conhecia estas palavras de cor. Era e ainda é a declaração distintiva da fé judaica, conhecida como *Shemá*. Quando lhe foi feita a pergunta, por que Cristo acreditou ser necessário repetir um texto tão conhecido? Os fariseus tinham se esquecido dele? Imagino que não. Eles sabiam exatamente o que dizia, mas há tempos tinham deixado de obedecê-lo. Havia se convertido em uma seca ladainha religiosa e nada mais. Cristo quis forçá-los a ver novamente o contexto e o conteúdo de Deuteronômio 6. Conheciam e guardavam a teologia, as formas e as tradições, mas não tinham entendido o que realmente importava.

Seguramente, os fariseus não eram muito diferentes de nós no sentido de que o gênero humano, em se tratando de religião e sua relação com Deus, tende a estabelecer regras e normas e se esquecer do coração e do espírito do autêntico amor a Deus. Esta tendência talvez seja motivada inicialmente por um desejo de ser puro e santo. Execramos tanto os fariseus hoje em dia que esquecemos que em sua maior parte eles eram um grupo de líderes muito sinceros e religiosos. Somente uns poucos nos níveis sociais mais altos estavam tão famintos de poder que sua sinceridade poderia ser questionada. Considerem este intérprete da lei. Era sincero, mas seguia preso a um sistema religioso morto. Conhecia a linguagem referente à adoração, mas não havia captado o espírito dela. Jesus nunca condena os fariseus por falta de sinceridade. Condena-os por falta de amor a Deus! Suas formas quanto à adoração tinham chegado a ser mais importantes do que a finalidade dela (uma acertada definição de farisaísmo em qualquer período da história da igreja).

> Nós chamaríamos a todos eles de "indignos", mas o Senhor os aceitou incondicionalmente.

As coisas não mudaram muito nesses 2 mil anos. Continuamos discutindo sobre a forma de adorar: o estilo de música, tipos de instrumentos permitidos, indumentária apropriada à igreja, ordem do culto, a quem é permitido orar e coisas do gênero sem entender as Escrituras. O Pai quer pessoas que o amem, não conformistas às cegas. Jesus aceitou com agrado a adoração do ladrão na cruz, embora este infringisse qualquer norma religiosa imaginável sobre como se aproximar de Deus. Quantas vezes o Senhor fez o mesmo enquanto estava na Terra? A mulher que lhe lavou os pés com suas lágrimas, os publicanos e pecadores comeram com Ele, Pedro com sua tendência a reagir de forma exagerada... Nós os chamaríamos a todos eles como "indignos", mas o Senhor os aceitou incondicionalmente.

O apóstolo Paulo continuou com a mesma ênfase. Ao organizar a liderança da igreja e tratar questões de autoridade e adoração pública, nunca entra em discussões sobre meras formas, fora do contexto de prioridades espirituais. Os textos que tratam da mulher usar véu, ou da oração estão sempre no contexto de um "problema de coração"; isto é, uma lição espiritual que deve ser comunicada, não uma norma nem uma simples forma que deva ser observada cegamente. Para Paulo, como para Jesus, a questão não era um véu ou uma série de regras para homens e mulheres, senão um coração humilde diante de Deus. O Senhor Jesus, ao fazer referência a

Deuteronômio 6 como resumo de toda a Lei, está estabelecendo claramente que Deus deseja o coração das pessoas. Não está interessado na observância de uma lista de leis. Amar o Senhor deve estar muito acima de qualquer discussão doutrinal ou norma eclesiástica.

Por conseguinte, como os fariseus, necessitamos voltar a Deuteronômio e ponderar novamente sobre o mandamento de Deus. Por que Cristo citou Deuteronômio 6 quando foi dada a Ele a oportunidade de expressar o grande desejo de Deus para o homem?

Um chamado único – uma resposta correta

Escute, povo de Israel! O SENHOR, e somente o SENHOR, é o nosso Deus. Portanto, amem o SENHOR, nosso Deus, com todo o coração, com toda a alma e com todas as forças.
(DEUTERONÔMIO 6:4,5)

Moisés estava se preparando para morrer. Necessitava ter certeza de que o povo de Israel entendia claramente como se aproximar de Deus, como obedecer e adorar a *Yahweh*. Em Deuteronômio 5, Moisés chama a todo o povo e começa a enumerar os estatutos e ordenanças do Senhor. Lembra-lhes em Deuteronômio 5:2 que estas normas são resultado do pacto que Deus fez com eles em Horebe, um pacto firmado pessoalmente por Ele quando "do meio do fogo ali no monte o SENHOR Deus falou com [eles] face a face" (5:4).

O restante do capítulo 5 é uma lista com diversos mandamentos que Deus deu a Moisés durante o encontro deles no monte Sinai. Os principais pontos do tratado são:

- *Eu, o SENHOR, sou o seu Deus* (5:6).
Portanto,
- *Não adore outros deuses; adore somente a mim. [...] pois eu, o SENHOR, sou o seu Deus e não tolero outros deuses* (5:7,9).
E como resultado,

- *Vivam uma vida pura e santa, diferente de todos os que estão ao seu redor* (5:1-21).

O Pai está chamando Israel a uma comunhão íntima, única. Pois deseja ser o seu Deus e espera que esse povo corresponda a este relacionamento com fidelidade expressa em termos de amor e adoração pessoal.

A lei, entregue no monte Sinai, era um pacto incrível, revolucionário, que permitia ao homem se aproximar e agradar a Deus. Ela ia contra as normas anteriores e trouxe, ao mesmo tempo, aos israelitas um sentimento de insignificância devido à grandeza, santidade, mas também de acessibilidade a *Yahweh*. Embora houvesse sido projetada para demonstrar a santidade do Senhor em contraste com a pecaminosidade do homem, continha a provisão para que este se aproximasse dele. Deus havia se tornado seu Deus pessoal. Ele queria se relacionar com o povo, mas se relacionar com o Senhor ainda implicava na necessidade de serem fiéis. Eles entenderam este desejo no Sinai e responderam humildemente. Em Deuteronômio 5:21-33, Moisés registra a resposta de Israel. É uma resposta lógica por parte das pessoas que entram na presença de Deus:

- *Estupefato pela revelação da glória de Deus* (5:22-26).

No entanto, ao mesmo tempo,

- *Dão-se conta de que Deus permitiu ao homem o acesso a Sua presença* (5:24,27). Entretanto, por se sentirem totalmente acanhados, pediram a Moisés que continuasse servindo como intermediário deles.

> Deus deseja um coração que ama mais do que uma mente repleta de doutrinas!

Deus fica satisfeito com sua resposta: "...tudo o que disseram está certo" (5:28). Seus atos eram excelentes, mas Deus queria mais do que isto. No versículo seguinte declara: "Como seria bom se eles sempre pensassem assim, e me respeitassem, e sempre obedecessem a todos os meus mandamentos! Assim tudo daria certo para eles e para os seus descendentes para sempre." Deus desejava a obediência que surge de um coração cheio de amor e que seja constante e permanente, não apenas a observância de um conjunto de leis. Queria um coração que ama mais do que uma mente repleta de doutrinas! Tome nota do uso de palavras como "todos", "sempre" e "para sempre". Deus não queria um culto pomposo de adoração no Sinai. Queria um relacionamento duradouro, permanente, que se expressasse em obediência nascida da resposta de amor.

Seu problema tinha raízes no mesmo erro fatal de toda religião bem-intencionada. Era a enfermidade dos fariseus e de muitas igrejas de hoje. A atuação correta, obediente e doutrinalmente perfeita não é suficiente para Deus. Ele quer o coração!

O Senhor sabia que este tipo de observância de Seu pacto era impossível para o povo naquele tempo. Assim o capítulo termina com Deus dizendo a Moisés para enviar o povo às suas tendas e ele permanecesse diante do Senhor para ser instruído sobre como transmitir aos israelitas as Suas ordenanças. Neste momento, não tinham condições de andar pessoalmente na presença do Senhor. Eram crianças incapazes de compreender um relacionamento de amor adulto e maduro. Somente Moisés estava preparado para isso naquela época.

Adultos diante de crianças

Paremos e consideremos a cena somente um minuto.

Quando Deus disse: "Eu, o SENHOR, sou o seu Deus [...]. Não adore outros deuses...", estava ratificando um relacionamento permanente com o povo, baseado em um pacto. Um adulto poderia entender claramente a seriedade desta declaração e daria conta de que, embora houvesse normas intermediárias, o que Deus estava fazendo na realidade era juramentar, ou seja, realizar a promessa solene, firme e legal de estabelecer um relacionamento. Era uma declaração concebida para adultos.

O problema estava em o povo ser criança quanto ao seu entendimento sobre o Senhor. Os israelitas tinham medo de Deus, o Pai, e preferiram que Moisés falasse por eles, ao invés de eles se aproximarem de Deus. Não captaram o primordial: o desejo de *Yahweh* de ter um relacionamento único com eles. Sabiam que o Senhor queria que o seguissem, mas não puderam ver Seu "amor" em meio a Seu contundente chamado. Moisés o fez. Moisés era adulto. O povo era como criança. Por conseguinte, o capítulo 6 de Deuteronômio será uma explicação pensada para ajudar as "crianças" a entenderem o que Deus desejava exatamente.

Essa descrição de Israel como uma criança pequena, imatura, se reafirma na história do bezerro de ouro. Poucos dias antes, o Senhor tinha mandado o povo de Israel não se aproximar do monte Sinai, levando em consideração Sua santidade, enquanto Ele entregava lei a Moisés. Exigiu obediência e o povo assentiu. Disseram a Deus que seriam fiéis! Prometeram-no! Mas, uma vez que Moisés esteve ausente durante certo tempo, o que fizeram? Esqueceram-se do Senhor, desobedecendo-o e o desonrando extremamente. Sabiam que Ele estava no monte Sinai. No entanto, fizeram um bezerro de ouro, sacrificaram animais ao ídolo, comeram e beberam e depois passaram a se divertir. Cometeram todas as violações que se pode imaginar da santa lei de Deus — poucos dias depois de terem prometido "obedecê-lo"! Como isto pôde ocorrer? É fácil. O relacionamento deles com o Pai não se baseava no amor, se baseava no medo. Ainda não haviam lhe entregado o coração. Estavam praticando a religião, mas não a adoração.

Quando nossa obediência ao Senhor se baseia no medo ou na simples observância de um conjunto de diretrizes, jamais resistirá à passagem do tempo. Considerem os filhos e filhas de cristãos sinceros, bem-intencionados, cuja fé em Deus se baseia na observância de normas, sejam escriturais ou tradicionais, ao invés de terem um relacionamento de amor autêntico com Deus. A alta porcentagem de rebelião, gravidez na adolescência, indiferença, abuso de drogas etc., reafirma esta questão. Se nos relacionamos com Deus somente por obrigação, nossa fé não resistirá à passagem do tempo. Considere o seguinte exemplo: um casamento baseado na obrigação não é saudável e não perdurará. Um casamento baseado no amor real suporta todas as circunstâncias. Este é o amor bíblico *ágape* (1 Coríntios 13 — "o amor tudo suporta"). Deus deseja que o obedeçamos porque o amamos. Anseia pela adoração que vem do coração, não somente da mente.

Israel era uma criança. Apenas ouvia o Pai quando Ele exigia deles a obediência. Uma vez que Deus tinha aparentemente desaparecido, o povo se esqueceu dele. Ainda tinham que aprender que o chamado do Senhor à obediência e fidelidade era, na realidade, a expressão de alguém cheio de amor com profundo anseio por intimidade.

Imagine a cena de Deuteronômio 5 e 6 por um momento:

- **Deus**, expressando Seu desejo, chama o povo a um relacionamento íntimo e pessoal, único.
- **O povo** também deseja um relacionamento, mas em sua imaturidade, se sente oprimido e receoso quanto a Deus, e deste modo reagem com medo em vez de expressarem profundo amor por Ele.
- **Moisés**, um intermediário adulto, é enviado por Deus para auxiliar na instrução desse povo imaturo com o propósito de eles se desenvolverem até o ponto de se aproximarem do Senhor. Deus reitera Seu desejo usando palavras que uma criança poderia entender: "Ama-me!" (CAP. 6).[2]

"Amo você!" A frase que todos desejam escutar em vida. Todo cônjuge quer ouvi-la. O amor é chave para a vida de milhões de pessoas, o sentimento que move o mundo. Toda pessoa que ama a declara. É o que Deus, o Pai, nos diz e é o que Ele deseja ouvir também. Logo, para Seus filhos isto deveria significar: Seguir, obedecer, fazer o que o Pai lhes diz e faz; querer estar junto dele e se relacionar com Ele; ansiar que o Pai seja seu amigo fiel e íntimo. O Pai não deseja nada mais que isso. Se o filho realmente ama o Pai, não há necessidade de exigir que cumpra uma série de regras. Infelizmente, esta visão idealista da fidelidade e amor a Deus raramente se encontra em uma criança, pois somente um filho Seu mais maduro pode expressá-la.

Para nos ajudar a entender esta perspectiva da interação entre Deus e as pessoas, consideremos estes dois exemplos:

1. Dois adultos que expressam sua mútua entrega

O rapaz diz à sua noiva: "Sou o homem certo para você. Entrego-me totalmente a você e tenho plena confiança de que não precisará procurar outro homem. Encontrará em mim a segurança e proteção que anseia. A partir deste momento me comprometo com você para ser seu fiel marido."

Agora, você mulher, se um homem lhe diz isto e você sabe pelo passado dele que ele é totalmente capaz de cumprir o que promete, como responderia? Penso que sua resposta naturalmente seria: "Também o amo."

Mas espere! Ele não usou a palavra amor. Como uma mulher, ao ouvir palavras tão firmes por parte de um homem, chega à conclusão de que na realidade ele está expressando seu amor por ela? O fato é que, um adulto entende que uma declaração de entrega tão consistente é, claramente, uma expressão de amor intenso. Estamos falando de algo muito mais profundo do que simplesmente dizer: "Amo você". É a afirmação adulta, madura, do desejo de um relacionamento duradouro, único, interminável.

2. Um adulto com uma criança

Agora consideremos este mesmo homem tratando de expressar esse amor profundo a seu filho pequeno. O que ocorreria se esse homem usasse as mesmas palavras para uma criança sem a experiência de um relacionamento de amor mais maduro? Certamente, o filho não teria a mínima ideia sobre o que o pai lhe disse. De fato, o mais provável é que uma afirmação tão forte iria aterrorizar a criança e ela se perguntaria por que seu pai estaria falando tão seriamente. A criança ficaria confusa. Portanto, o pai reformularia sua declaração para que o filho o entendesse, explicando simplesmente: "Eu o amo e desejo que você me ame também".

Esta é uma descrição de Deuteronômio 5 e 6. Esses capítulos expressam o desejo de Deus de ter uma comunhão íntima com Seu povo. O capítulo 5 é uma expressão adulta e madura: a fidelidade com base na obediência e o serviço baseado na profundidade do relacionamento. No capítulo 6 é dito em palavras que todos possam entender: *Ama-me!*

Adoração: um relacionamento para adultos

Deus não necessita de nossas débeis tentativas de corresponder ao Seu amor. Não tem a necessidade emocional de nos ouvir expressar doces palavras de reverência e temor. Na realidade, Deus pode buscar adoração por outros meios. Entretanto, decidiu nos conceder o privilégio, a honra de levar Seu nome em nossos lábios, como um "sacrifício agradável, de cheiro suave". A adoração é ouvir a expressão de amor de Deus para mim e responder do mesmo modo. A adoração é meu coração tão cheio de amor por Cristo que não consigo conter minhas expressões de regozijo e amor. Meu desejo de um relacionamento pessoal e íntimo com Deus não pode ser escondido nem encoberto.

> A adoração madura se expressa quando Deus vem a ser, finalmente, o único, o número um, a prioridade em minha vida.

Deus aceita com alegria expressões de amor por parte de uma criança. No entanto, a adoração se destaca à medida que cresço e amadureço em minha comunhão com o Senhor. Esta maturidade se expressa quando Deus vem a ser finalmente o único, o número um, a prioridade de minha vida e que abarca tudo. Não há outros deuses diante dele em nada do que faço, digo ou penso. Isto é Deuteronômio 6:4,5!

Deuteronômio 6: O que Deus deseja realmente?

Um chamado para despertar (6:1-3): **"Parem e Escutem!"**
Moisés disse ao povo: — São esses os mandamentos e as leis que o SENHOR, nosso Deus, mandou que eu ensinasse a vocês. Portanto, obedeçam a esses mandamentos na terra em que vão entrar e que vão possuir. Temam o SENHOR, nosso Deus, vocês, os seus filhos e os seus netos, e cumpram sempre todos os mandamentos e leis que eu lhes estou dando e assim vocês viverão muitos anos. Povo de Israel, tenha o cuidado de cumprir a lei de Deus. Então, conforme disse o SENHOR, o Deus dos nossos antepassados, tudo correrá bem para vocês, e vocês se tornarão numerosos naquela terra boa e rica onde vão viver.
(DEUTERONÔMIO 6:1-3)

Deus está preparado para revelar a Israel a declaração mais importante de toda a Escritura. Moisés volta a reunir o povo para que ouçam o que o Senhor tem a dizer em palavras que poderiam entender. Ele os assegura de que se eles se detivessem e considerassem o que Deus diz, desenvolveriam um temor saudável ou um respeito pelo Pai terno, fiel e comprometido.

O primeiro passo é: "Escute! Quero falar com você!"
Antes de lhes instruir, Moisés fala aos israelitas como alguém falaria a uma criança: "Você deve escutar"; "deve cuidar de fazer o que lhe digo"; "se fizer o que lhe digo, então receberá uma grande recompensa (terra boa e rica)." O versículo 3 é muito condescendente. É um tutor reunindo suas crianças para lhes dar instruções. Tais eram as crianças de Israel. Embora fossem adultos, ainda eram bebês no

relacionamento com Deus. Assim é a maioria de nós hoje: adultos anciãos, encurvados, decaídos, respondendo a Deus como crianças; ainda com a necessidade de que alguém nos diga: "Escute, tenho uma lição para você, e se a obedecer, terá depois um sabor especial, uma bênção única".

Como Deus deve se entristecer ao nos ver andar de um lado para outro tão preocupados com este mundo e sem tempo para "parar e escutar". A adoração bíblica começa com parar e abrir nosso coração e mente à revelação do Pai. O primeiro passo é: "Escute! Quero falar com você!"

O Senhor anseia por se encontrar com pessoas adultas que dediquem tempo para escutar, deixar o que estão fazendo e considerar o que Ele tem a dizer, se relacionar com Ele de coração, ouvir e responder as Suas admoestações como alguém que ama, sem necessidade de listas infantis de "faça" e "não faça". "Como seria bom se eles sempre pensassem assim, e me respeitassem, e sempre obedecessem a todos os meus mandamentos! Assim tudo daria certo para eles e para os seus descendentes para sempre" (5:29). A adoração começa a partir de um coração aberto ao amor, e com um ouvido desejoso de escutar, e ambos, coração e ouvido são capazes de obedecer em tudo.

A Revelação: *"Yahweh* é nosso Deus"

Escuta, Israel: Yahweh *é nosso Deus,* Yahweh *é o único.*
(DEUTERONÔMIO 6:4 — TRADUÇÃO DO HEBRAICO)

> Isto é a adoração bíblica em sua forma mais completa: os filhos de Deus respondendo com amor à revelação da pessoa do Pai.

Deste modo começa a célebre *Shemá* (da palavra hebraica "escutar"), que se converteu na confissão de fé do judaísmo; a afirmação central que define a relação de Israel com Deus que os distinguiu de todos os demais povos.

A pessoa de *Yahweh* como fundamento do chamado para o amarmos no versículo 5, foi analisada no fim do capítulo anterior, não necessitamos repeti-lo. No entanto, com uma maior compreensão do contexto de Deuteronômio 5, é possível ver porque o versículo se traduz melhor como *"Yahweh* é único". O Senhor está se revelando como o único, o único Deus de Israel. Está exigindo primazia. Quer ser o único Deus, o único a ser amado, o único soberano na vida do povo. Conforme o capítulo 5, Deus é um Deus zeloso. É o noivo expressando seu desejo pela noiva. Por conseguinte, baseado nesta revelação de Sua intenção, tem todo o direito de exigir uma resposta de amor fiel e verdadeira. Isto é a adoração bíblica em sua forma mais completa: os filhos de Deus respondendo com amor à revelação da pessoa do Pai.

A expectativa: Ame-me!

Portanto, amem o SENHOR, nosso Deus, com todo o coração, com toda a alma e com todas as forças. (DEUTERONÔMIO 6:5)

Deus se revelou como o único Pai e Deus de Israel; o único verdadeiramente comprometido com eles. Portanto, era natural esperar que eles correspondessem com um compromisso igual. É um chamado a um relacionamento de amor fiel e verdadeiro; um compromisso de entrega total, não adulterado.

Era natural o Senhor pedir a Israel que o amasse em resposta a Sua revelação. A adoração deve ser a consequência natural de se conhecer a Deus. Não é uma expressão litúrgica forçada nem um conjunto de rituais aprendidos. A adoração é a resposta de um coração aberto e dócil. Jeremias entendeu isto. Na época que registrou suas profecias, gerações mais tarde, há muito Israel tinha adulterado espiritualmente e abandonado a adoração ao verdadeiro *Yahweh*. Assim, o profeta, teve que admoestá-los:

O SENHOR disse: — O sábio não deve se orgulhar da sua sabedoria, nem o forte, da sua força, nem o rico, da sua riqueza. Se alguém quiser se orgulhar, que se orgulhe de me conhecer e de me entender; porque eu, o SENHOR, sou Deus de amor e faço o que é justo e direito no mundo. Estas são as coisas que me agradam. Eu, o SENHOR, estou falando. (JEREMIAS 9:23,24)

Ler esta passagem sem ponderação poderia levar alguém a considerar as virtudes de se comprometer mais em estudos bíblicos que ensinem sobre os atributos do Senhor. Embora isto possa estar incluído no processo de "conhecer a Deus", não é o que Jeremias tinha em mente. Este texto não é um chamado para adquirir mais informação. É um convite a um relacionamento íntimo com *Yahweh*; em oposição à dependência de articulações humanas para agradar ao Senhor.

O versículo 23 convida o homem a deixar de usar sua grande sabedoria, poder e recursos para se aproximar de Deus. Não é somente uma repreenda ao sistema de falsas religiões pagãs do mundo. É uma repreensão por qualquer coisa que o homem engendre para conseguir agradar a Deus. Pode incluir a pregação e o ensino na melhor das igrejas, inclusive fazer cultos de adoração que sejam artificiais. Pode incluir qualquer coisa que se distancie de Deuteronômio 6:4,5.

> ...o conhecimento de quem é Deus e o que Ele faz não é suficiente para que uma pessoa o agrade...

Jeremias afirma no versículo 24 que o Senhor deseja que o entendamos e conheçamos. Isto não significa mero conhecimento intelectual. Deus não quer que simplesmente passemos num exame que avalie nossa capacidade mental. Jesus disse que mesmo os demônios conhecem e temem a Deus. Deste modo, o conhecimento de quem Ele é e o que faz não é suficiente para que uma pessoa o agrade.

Escutar sermões sem comprometer o coração, a alma e o corpo, nunca foi o propósito do Senhor quanto à adoração. Este conhecimento deve desencadear uma comunhão mais profunda. A chave é o relacionamento, não a informação. Deus quer adoradores, não estudantes!

Jeremias usa duas palavras. **"Entender"** é um desafio para discernir quem é Deus, compreendendo a diferença entre *Yahweh* e outros deuses. Parece muitíssimo com Deuteronômio 6:4. A outra palavra, **"conhecer"**, é utilizada no Antigo Testamento para descrever o conhecimento íntimo de outra pessoa. A palavra sugere uma intimidade tão profunda que os tradutores a usaram para expressar discretamente, de outro modo, a menção às relações sexuais no Antigo Testamento. Certamente, isto vai além de um conhecimento intelectual. O que Jeremias quer dizer é: "Deus deseja que nós compreendamos exatamente quem é Ele e que o conheçamos até o grau mais íntimo." Por conseguinte, é um chamado à adoração, a estar bem perto de Deus para me relacionar intimamente com Ele e lhe oferecer uma resposta como consequência.

Deus quer adoradores, não estudantes!

Jeremias expôs este desejo por intimidade com duas palavras. Moisés, em Deuteronômio, é muito mais descritivo, explicando a Israel que Deus deseja que eles o amem de todo coração, alma e forças. Não é necessário entrar em grandes detalhes sobre o significado específico das palavras hebraicas para "coração", "alma" e "forças". Não é necessário realmente discutir porque Cristo acrescentou à lista a palavra "mente". Em Deuteronômio e nos evangelhos, o que Deus quer dizer é que devemos amá-lo com tudo o que somos. Deve ser uma expressão de amor que venha de nosso coração (emoções), nossa alma (centro espiritual), nossas forças (capacidade física) e nossa mente (capacidade mental).

A adoração que exclui qualquer parte de nosso ser, ou que enfatize uma área acima da outra, não é bíblica. Aquela que é emocional demais, deixando de lado nossa razão, não é de Deus. Também, a puramente acadêmica, que exclui respostas físicas e emocionais, não tem respaldo bíblico. Os sermões enfadonhos, baseados em informação seca, não são bíblicos. Não vêm de Deus! A Palavra de Deus é viva! É antibíblico separar uma área de nossa vida das outras. Se conhecemos intimamente a Deus, expressaremos nosso amor com tudo o que somos, com nossa mente e coração. Encontraremos meios para expressar emocionalmente, responder profundamente, demonstrar fisicamente e declarar mentalmente nosso amor. Algo menos que isso, não pode ser definido como amor autêntico.

O exemplo do casamento

Quando um cônjuge expressa seu amor para com outro deve envolver o coração, a alma, o corpo e a mente. Isto pode parecer idealista no mundo contemporâneo, mas é o que Deus espera. Como uma mulher reage a um marido que a cada manhã sai para o trabalho dizendo: "Amo você", mas não a abraça, beija-a nem faz uma pausa em sua agenda para demonstrar que não há outra prioridade mais importante em sua vida do que ela? Não leva muito tempo para essa esposa descobrir que, embora ele diga "amo você", na realidade está muito mais interessado nos outros amores de sua vida como trabalho, televisão, esportes, carro, cachorro ou qualquer outra coisa que passe pela sua mente.

O casamento é um exemplo perfeito do que Deus deseja quanto à adoração. O anelo mais profundo na vida de qualquer mulher é ser amada e desejada por seu marido. Se for amada assim, pode suportar a pior das circunstâncias, o ambiente mais pobre, a vida mais dura. Tudo o que quer é ser amada. Mas esse amor deve incluir cada parte do ser de seu marido ou ela irá duvidar, com toda a razão, da sinceridade do amor dele. É necessário que ele lhe diga "amo você" (mente), compartilhe suas emoções e lhe seja fiel (coração), expresse seus mais profundos pensamentos e sentimentos (alma), abrace-a, beije-a, faça-lhe carícias e se relacione sexualmente com ela (físico). Qualquer coisa menos do que isso é puro egoísmo. A esposa sabe disto e o percebe. Pode nosso amor por Deus, pouco entusiasta e adulterado, ser admitido de maneira diferente?

Deus quer que digamos a Ele: "Amo você". Deseja que compartilhemos com Ele nossas emoções e os nossos mais profundos sentimentos e pensamentos. Quer que envolvamos nosso corpo para expressar da maneira mais íntima possível a adoração. Deseja amor integral!

O que faço agora?

Israel agora sabe quem é Deus e que tipo de resposta Ele deseja. A pergunta natural seria: "O que faço com esta informação?"

O versículo 6 começa a responder esta pergunta: "Guardem sempre no coração as leis que eu lhes estou dando...". Primeiro passo: Não escute simplesmente o sermão e saia pela porta se sentindo bem-aventurado. Ponha para sempre estas palavras em seu coração. Que elas façam parte de quem você é. A revelação de *Yahweh* e o chamado para amá-lo deveriam mudar o coração! Meu relacionamento com Deus é uma questão do coração acima de tudo.

Por isto, Jesus utilizou exatamente este texto para reprender os fariseus. Tinham memorizado Deuteronômio 6:4,5. Pregavam-no e o haviam escrito em todas as paredes que puderam, mas isto não era o que Deus lhes havia dito que fizessem. Disse que o pusessem no mais profundo de seu coração e fossem transformados para sempre. **Mateus** anota o comentário de Cristo referente ao coração dos fariseus no capítulo que segue imediatamente ao seu anúncio do "Grande Mandamento" (MATEUS 22:34-40). O capítulo 23 descreve o problema do farisaísmo: dizem que obedecem a Deus, falam em termos espirituais e retêm muitas informações, mas o coração deles está longe do Senhor. Todo o conhecimento que têm está cheio de frieza e insensibilidade. O corações deles são de pedra. **Marcos** registra sucintamente o mesmo conceito quando, logo após mencionar o mandamento (12:29,30), segue com a simples afirmação de que "amar a Deus com todo o nosso coração" é mais do que lhe oferecer holocaustos e sacrifícios (12:33). **Lucas** continua, após a menção do mandamento, com uma das mais poderosas parábolas de confronto aos líderes religiosos. Em Lucas 10:30-37, Jesus compartilha a parábola do Bom Samaritano. Seu tema central? Seu coração para com o Senhor é mais importante do que suas ações; não me diga que ama e serve a Deus se não está desejando fazê-lo com todo o seu ser.

Em Deuteronômio 6:6, Deus diz a Israel que a Sua instrução tem que adentrar profundamente no coração deles. No versículo 7, manda-lhes transmitir o Seu ensino às gerações vindouras. Orienta-lhes também sobre como ensinar seus filhos por meio de seu exemplo de vida. Esse versículo, não dá a entender em absoluto uma educação religiosa formal. Inclusive a menção quanto a ensinar ao estarem sentados está no contexto do lar. É responsabilidade de cada cristão transmitir a instrução por meio de um estilo de vida diário. Este tipo de ensino procede somente de um coração que ama o Senhor.

Tive o privilégio de estudar grego com o Dr. Harry Sturz durante três anos. O Dr. Sturz era um homem gentil que se entregou à pesquisa desse idioma. Sua excelência acadêmica o colocou entre os círculos mais elevados de especialistas em grego. Seus trabalhos incluem partes de várias traduções do Novo Testamento para o inglês. Seus escritos sobre crítica textual grega e gramática do Novo Testamento são usados ao redor de todo o mundo. Um curso com o Dr. Sturz era um exercício de disciplina. Normalmente uma alta porcentagem de alunos abandonava suas aulas por não poderem alcançar seu alto padrão. Era um erudito, mas também amava profundamente o Senhor. Sua erudição tinha sua fonte no relacionamento íntimo com Deus. De que outra maneira poderia descrever a "magia" de ouvir um homem explicando gramática grega, sentindo-me como se estivesse sentado aos pés do próprio Cristo? Este homem vivia Deuteronômio 6, conhecia *Yahweh* e tinha estabelecido uma comunhão íntima com Ele e deste modo, como consequência natural, de seu coração brotava seu amor por Deus e o transmitia às sucessivas gerações.

A prova de nosso amor por Deus está em se ele fervilha ou não de modo natural em nosso coração, mente, alma e corpo, transbordando àqueles que nos rodeiam. Os demais reconhecem nosso amor por Deus quando Ele é o tema de nossa conversa, sempre que falamos daquilo que amamos ou do que temos dentro de nosso coração. O Senhor mesmo nos adverte ao dizer: "...a boca fala do que o coração está cheio" (LUCAS 6:45).

Deus apela ao Seu povo. Em suma os versículos 7-9 podem ser entendidos desta forma: "Ama-me até o ponto que ensinem de forma natural aos que lhes rodeiam por meio de seu exemplo, e minhas palavras estejam ligadas intrinsecamente à sua vida e lares."

O restante do livro de Deuteronômio contém instruções específicas de Deus ao povo a fim de que possam aprender a expressar seu amor com propriedade e entendimento. Mas o tema central de toda a instrução e a lição que perdura até hoje, é que o nosso relacionamento com Deus é um relacionamento de expressão de amor devido à revelação de *Yahweh* como nosso Deus pessoal, único, Todo-Poderoso. Ainda mais, que este amor deve estar fundamentado em nosso coração e ser expresso com todo o nosso ser.

Notas

1 Marcos, ao escrever para um público mais secular e gentílico, registra toda a resposta mencionando os versículos 4 e 5. Mateus e Lucas, que escrevem para o público judeu, não incluem o versículo 4, sabendo que se fosse citado o versículo 5, os judeus automaticamente acrescentariam o versículo 4 em sua mente.

2 Mais tarde, isto se transformaria no sacerdócio de Arão — uma tribo separada para ajudar as "crianças" a se aproximarem do "Pai", e culmina na pessoa de Jesus Cristo, nosso Intercessor e Sumo sacerdote.

Capítulo 3

JESUS — PRINCÍPIO E FIM DA ADORAÇÃO

A adoração começa e termina com Deus. E o melhor exemplo para nós é o Senhor Jesus: Sua vida, atitudes, princípios, motivações, Seu relacionamento com o Pai... Ele é o nosso modelo para tudo.

"Conservemos os nossos olhos fixos em Jesus, pois é por meio dele que nossa fé começa e é ele quem a aperfeiçoa..." (HEBREUS 12:2). Esta é a chave espiritual para vida de todos os que se chamam filhos de Deus. O Senhor Jesus é o princípio e o fim da adoração, e a nossa vida adquire pleno sentido quando mantemos nossos olhos fixos nele. As bases essenciais da renovação espiritual são: restaurar nosso amor pelo Senhor, voltar a considerar o nosso Deus como único Ser digno de adoração, conhecer o Senhor Jesus e ter a nossa vida transformada pelo Espírito Santo, de modo que demonstremos cada vez mais a vida do Senhor e menos da nossa.

Nossa vida precisa ser transformada, pois adorar não é apenas usufruir momentos significativos passados no fervor de alguns cânticos, de nossos sinceros desejos ou de outras pessoas. Não! Adorar é unir nosso coração ao de Deus e a tudo aquilo que vem como consequência:

- Falar e escutar ao Senhor, admirar e obedecer-lhe.
- Buscar e dar-lhe o primeiro lugar em nossa vida.
- Viver sempre na dimensão exata de Sua presença conosco em todo momento e lugar.
- Compartilhar com Ele o mais profundo de nossa alma.

Em poucas palavras: adorar é amar a Deus com todo o coração, toda a mente, todo corpo e todas as forças (MARCOS 12:30).

Apesar de ser Deus, mesmo depois da encarnação, o Senhor Jesus viveu completamente dependente de Seu Pai em Sua vida terrena. Das páginas do Novo Testamento emergem uma infinidade de ocasiões nas quais Ele ora, jejua, utiliza a Palavra de Deus, adora, louva e bendiz ao Pai. Assim, estabelece um exemplo crucial para nossa vida. E nós, que desejamos estar sempre perto do Senhor, temos nele não somente o exemplo, mas também a ajuda idônea para fazê-lo.[1]

Ele é o Alfa e o Ômega, o princípio e o fim. Teve a primeira palavra no Universo e terá a última. O Senhor Jesus é tudo em todos. Nosso contato diário com Ele é o que faz a diferença: viver dia a dia com Cristo, contemplando o que Ele faz em nossa vida e na vida de cada pessoa; glorificando-o pelo que é novo em cada um de nós, pois Sua pessoa é o que dá sentido à nossa existência.

O que aprendemos do Senhor e que podemos compartilhar com os demais é algo único, porquanto a caminhada pessoal com Jesus é diferente para cada um dos filhos de Deus, do mesmo modo que cada filho tem uma aproximação e um relacionamento diferenciado com seu pai natural. As verdades fundamentais são sempre as mesmas, mas a concepção de sua aplicação varia conforme cada pessoa, pois cada um de nós é único e especial. Deus nos criou e nos trata de maneira única, individual. É assim que o Espírito Santo nos ajuda a viver cada dia.

Jesus confirmou a importância do louvor

Este é um momento-chave quanto aos argumentos: O que escrevemos é atual? Qual foi a atitude de nosso Mestre quanto à adoração? Ele atestou as passagens dos cânticos de Israel? O próprio Senhor Jesus usou cânticos e louvor? Como devemos adorar a Deus?

Nada há de mais precioso do que examinar com atenção a vida e o exemplo de Jesus. Não somente neste tema, mas também em qualquer outro. Quanto mais nos compenetramos nele, em Sua vida, Seus ensinos, Seus feitos, Seus pensamentos, Seus desejos... mais nos aproximamos de ser como Ele é. Isto deve ser a verdadeira meta de nossa vida. Trata-se não somente de conhecer Suas palavras ou seguir Seu exemplo. Trata-se de viver Sua vida, pois Ele é a Vida "com V maiúsculo".

E se a adoração é essencial para nossa vida, nosso exemplo deve vir diretamente da manifestação visível de Deus na Terra, Seu Filho Unigênito.

Jesus utilizou cânticos do Antigo Testamento para fundamentar Seus argumentos. Proclamou o evangelho do reino de Deus, embora "quase" não necessitasse fazê-lo, pois Ele mesmo é o Verbo de Deus encarnado. Se folhearmos as páginas dos evangelhos com atenção, perceberemos que, muitas vezes, Cristo citou poesias do Antigo Testamento para expressar a "Verdade" (com maiúscula, já que Ele mesmo é a Verdade). Veja alguns exemplos:

- Isaías 5:1 — O cântico da vinha é descrito pelo Mestre ao se referir ao povo de Israel e Sua recusa ao Messias.
- Salmo 118:23 — O Senhor fala quanto a Sua própria posição como pedra angular, não somente com base no livro de louvor do povo de Israel (MATEUS 21:42), mas também explicando que estas frases são parte crucial das Escrituras. As referências do Senhor ao livro dos Salmos são contínuas (MATEUS 22:44; 23:34; 26:64 etc.).
- Jeremias 7:11 (ISAÍAS 56:7) — O templo é antes de tudo a casa de oração (MATEUS 21:13). O lugar de relacionamento direto com Deus acima de todas as demais atividades ou situações.

Jesus cumpriu as Escrituras profetizadas nos Salmos, dando a elas, assim como aos cânticos de louvor do povo, a maior sublimidade (confira as profecias do Salmo 22 com João 19 e muitas outras profecias cumpridas em Sua morte e ressurreição).

Em várias ocasiões, o Senhor registra que Davi falava por meio do Espírito quando compunha os Salmos, e inclusive usa as palavras de seus cânticos para estabelecer princípios doutrinários (MATEUS 22:41-45). O livro de cânticos do povo de Israel não é somente o livro mais utilizado pelo Senhor quando ora ou estabelece princípios sobre a adoração, mas também na argumentação e proclamação do evangelho. Se examinarmos uma a uma as palavras de Jesus ao longo dos quatro evangelhos e comprovarmos todas as referências que os apóstolos fazem a Ele no livro de Atos, perceberemos a importância que o Salvador deu ao livro dos Salmos. E o fez sem distinções nem argumentos, senão tomando cada uma das frases como Palavra inspirada por Deus. Com este registro tão direto, Jesus nos ensinou a estudar os Salmos não somente como um livro devocional, ou uma coletânea de cânticos de adoração, mas também como o fundamento do caráter e ensinos de Seu Pai. De fato, é o livro da Bíblia que mais nos ensina sobre o caráter de Deus.[2]

O Mestre prometeu estar presente na adoração quando "dois ou três estão juntos" em Seu nome (MATEUS 18:20), cumprindo as palavras do Salmo 22 que são aplicadas desta maneira pelo escritor da carta aos Hebreus, quando diz: "...falarei a respeito de ti aos meus irmãos e te louvarei na reunião do povo" (HEBREUS 2:12). De algum modo, que talvez jamais conheceremos ou compreenderemos, o Senhor Jesus participa em nossa adoração e se deleita nos momentos nos quais elevamos nosso coração ao Pai por meio do Espírito Santo. A promessa de que Ele está conosco não se refere somente a uma presença simbólica ou de aprovação, mas sim que temos bases bíblicas suficientes para afirmar que Ele participa em nosso culto, em nossa adoração e em nossa dependência do Espírito Santo por toda nossa vida. O argumento do autor da carta é que Ele não se envergonha de nos chamar de irmãos e, portanto é "Um a mais" conosco quando nos reunimos em Seu nome (lembre-se: "Alguém maior que o templo está aqui!").

Pensar em algo tão concreto e ao mesmo tempo impressionante, deveria sacudir nossa vida, nossas atitudes e motivações quando estamos juntos e elevamos nossa adoração ao Pai como Corpo de Cristo. Embora jamais possamos chegar além do que o Espírito de Deus possa mostrar em nosso coração, tentaremos voltar a esta verdade ao falar de nossa adoração como Igreja.

Em muitas situações Jesus argumentou sobre o louvor e defendeu quem o louvava com alegria, embora às vezes fossem apenas crianças! Quando na chamada "Entrada triunfal" crianças e jovens "alteraram" a ordem do templo com seus cânticos e brados de júbilo ao Messias de Deus, os responsáveis religiosos responderam com ira e desprezo, de modo que o Senhor teve que lhes rebater: "...Será que vocês nunca leram [literalmente, cantaram] a passagem das Escrituras Sagradas que diz: 'Deus ensinou as crianças e as criancinhas a oferecerem o louvor perfeito'?" (MATEUS 21:16).

Embora às vezes pensemos que os cânticos das crianças tenham pouco sentido, e cheguemos a rejeitar o que elas fazem e dizem, Deus mesmo se alegra ao escutar os balbucios de louvor e a gratidão dos pequeninos. Se isto é tão importante para Ele, como será que escuta a nós que o conhecemos, o admiramos e temos visto Sua mão ao longo dos anos?

Na vida do Senhor Jesus, Seu exemplo de louvor e cântico foi notório para todos, em diversas ocasiões. Uma das frases mais usadas pelo Messias foi: "...Eu te louvo, Pai..." (MATEUS 11:25; LUCAS 10:21 NVI). Não deixou de louvar Seu Pai por Seu caráter e por Seus planos quanto a Ele e quanto ao evangelho do Reino. De algum modo, que supera todo nosso entendimento, a Sabedoria personificada (o Messias de Deus) se regozijava em todos e em cada um dos planos do Pai e na vontade da Sabedoria Divina.

Ainda nos momentos mais difíceis da vida do Senhor, pouco antes de ir à cruz, a Bíblia diz que "...eles cantaram canções de louvor e foram para o monte das Oliveiras" (MARCOS 14:26). Os hinos que cantavam eram salmos relativos à Páscoa, e tanto o Senhor como os discípulos estavam acostumados a fazê-lo porque era parte de Seu louvor a Deus.

Todos fomos criados para adorar ao Senhor

A vinda do Senhor Jesus a esta Terra foi anunciada publicamente por meio do louvor de anjos e pastores (LUCAS 2:8-21). Mais tarde, os sábios vieram de terras distantes para conhecer o Rei recém-nascido e trazer seus presentes como sinal de adoração à criança nascida para todos. Durante toda Sua vida e ministério, Jesus recebeu a adoração de quem o aceitou como Messias (MARCOS 5:6; JOÃO 9:38), da mesma maneira que a recebeu quando se apresentou ressuscitado aos Seus como vencedor da morte (MATEUS 28:9).

De todos os momentos nos quais Cristo recebeu adoração, sem dúvida um dos mais impactantes foi quando Seu próprio Pai o glorificou diante de Seus discípulos, marcando a pauta do que deveria ser a história da humanidade a partir de então: Deus Pai registrou a honra incondicional que todos os seres humanos deste mundo devem ao Filho de Deus.

> *Nós estávamos lá quando Deus, o Pai, lhe deu honra e glória. Ele ouviu a voz da Suprema Glória dizer: "Este é o meu Filho querido, que me dá muita alegria!" Nós mesmos ouvimos essa voz que veio do céu quando estávamos com o Senhor Jesus no monte sagrado.* (2 PEDRO 1:17,18)

O testemunho da glorificação do Senhor foi dado pelo próprio Deus, em voz audível, de modo que ninguém tivesse dúvida. Este é o projeto da Trindade desde o princípio até o fim dos tempos: Todos nós fomos criados para adorar o Senhor. Todos nós encontramos o sentido da nossa vida quando o Senhor Jesus é tudo para nós e o amamos com tudo o que somos e temos. Ele mesmo ensinou Seus discípulos a principal "obra" do Espírito de Deus, desde o momento no qual seria ascendido aos céus até a Sua segunda vinda: "...ele trará glória para mim" (JOÃO 16:14).

A Trindade mesma idealizou um *modus operandi* para que o Senhor Jesus seja o eixo sobre o qual a nossa história gire. Ele, Deus feito homem, é o único digno de receber a adoração de homens e mulheres, da terra e dos seres viventes, de anjos, principados e potestades — resumindo, de todo ser vivente. "Por isso Deus deu a Jesus a mais alta honra e pôs nele o nome que é o mais importante de todos os nomes, para que, em homenagem ao nome de Jesus, todas as criaturas no céu, na terra e no mundo dos mortos, caiam de joelhos e declarem abertamente que Jesus Cristo é o Senhor, para a glória de Deus, o Pai" (FILIPENSES 2:9-11).

Houve um momento na vida terrena de Cristo, no qual a grande maioria do povo lhe rendeu adoração. Muitos o fizeram por contágio popular. Outros, porque estavam esperando um libertador religioso. Alguns mais, porque criam ver nele o Messias político que os livraria da opressão romana. Havia muitas razões para aquele ato de adoração único. Contudo, também havia corações sinceros que ofereceram ao Filho de Deus o melhor de seus desejos. Por amor a estes, principalmente, Jesus aceitou o ato de adoração, que hoje conhecemos na passagem descrita como "A Entrada Triunfal", mas que continua sendo um dos grandes paradoxos da vida do Messias: o Filho de Deus entrando em uma cidade (que não desejava recebê-lo, pois cinco dias mais tarde o crucificariam) sobre os lombos de um jumentinho e sendo aclamado como Rei e Salvador por muitos daqueles que mais tarde gritariam para lhe tirarem a vida.

Parece incrível: A multidão inteira louvando a Deus! "Eles diziam: — Que Deus abençoe o Rei que vem em nome do Senhor! Paz no céu e glória a Deus!" (LUCAS 19:38; MARCOS 11:9; SALMO 118: 22-26).

> Jesus advertiu que se um dia deixarmos de adorá-lo, as pedras o farão!

E, como sempre ocorre em todos os atos de adoração, os religiosos protestaram. Sentiam-se feridos. Como o Mestre (se realmente era quem dizia ser) podia permitir que o povo — sobretudo os jovens e as crianças — gritasse e louvasse o nome do Senhor de maneira tão descontrolada? A resposta do Senhor percorreu todo o mundo. Todos conhecem a frase, a história e a aplicação: "Jesus respondeu: — Eu afirmo a vocês que, se eles se calarem, as pedras gritarão!" (LUCAS 19:40).

Não há uma só igreja cristã em toda a história, na qual não se tenha lido ou citado estas palavras. E, no entanto, temos tirado do contexto a frase do Senhor e a temos aplicado ao ensino, à evangelização, à exortação e a outras inúmeras situações. Não há mal em fazê-lo. Dizemos que não podemos deixar de ensinar ou evangelizar, porque senão as pedras falarão. Porém, esquecemos que o Senhor o disse, primeiramente, com relação à *adoração*? Não se trata de deixar de proclamar a mensagem (também é aplicável), mas de deixar de *louvar* a Deus!

Esta foi a razão pela qual os líderes religiosos se zangaram, porque isto era o que o povo estava fazendo — adorando o Messias. O Senhor Jesus advertiu que se um dia deixarmos de adorá-lo, as pedras o farão. E talvez em algumas igrejas, as pedras já estejam a ponto de fazê-lo.

Os mesmos problemas de sempre

É curioso como alguns dos problemas que Jesus enfrentou com os religiosos de Sua época — quanto à compreensão da comunhão de Deus com o homem e a adoração que somente Deus merece — sejam os mesmos atualmente. Os tempos não mudaram muito... nem as pessoas.

A primeira causa pela qual o Senhor foi acusado pelos líderes religiosos de Israel tinha a ver com o Templo. Eles tinham interpretado mal (ou queriam interpretar mal) as palavras do Senhor relacionadas à Sua própria morte: "Destruam este templo e em três dias o reedificarei." De algum modo, tinham entendido que o tal Jesus de Nazaré cancelaria todo o sistema de sacrifícios mosaico tirando toda a importância de "seu" Templo. O próprio Messias anunciara que os adoradores que o Pai procura, não estariam "restritos" a um templo de concreto, porque estes adoradores o fariam em espírito e verdade (JOÃO 4:23). Assim, o que o Senhor estava anunciando era uma adoração livre, direta, simples, sem intermediários. Estava falando de um Pai que está nos céus, mas que fala com Seus filhos e os ouve.

Este fato não era importante para eles. Sua religião estava muito acima do próprio Deus. O que realmente tinham em mente era: "Se deixarmos que ele continue fazendo essas coisas, todos vão crer nele. Aí as autoridades romanas agirão contra nós e destruirão o Templo e o nosso país" (JOÃO 11:48).

Não lhes importava o que ocorreria com o Salvador, a preocupação deles era somente que não lhes tirassem o templo. Deus não era o centro da religião que professavam, e sim o seu templo, seus rituais, suas concepções, suas doutrinas e suas tradições.

O Senhor Jesus argumentou muitas vezes com eles explicando-lhes com detalhes a Palavra de Deus, mas os mestres da lei e os anciãos não o quiseram ouvir. Por vezes, não ocorre o mesmo conosco? Pode ser que não tenhamos um templo, mas temos muitas outras coisas que, às vezes, colocamos no lugar do nosso Deus. Talvez não defendamos uma construção física, mas somos capazes de morrer pelas formas e tradições que a estruturam. Pode ser que, em muitos casos, por causa da "nossa doutrina" não lembramos do que Cristo disse: "Eu afirmo a vocês que o que está aqui é mais importante do que o Templo" (MATEUS 12:6).

Podemos estar tão emocionados com o "templo", que esquecemos a razão pela qual ele existe. Podemos dar tanta importância às nossas concepções (igreja, costumes, tradições, normas etc.) que as colocamos acima da própria Palavra de Deus. E o que é mais grave: podemos amar tanto o lugar onde estamos, que deixamos o Senhor fora dele.

Às vezes nossa vida cristã se reduz ao serviço, ao trabalho para Cristo, às atividades, ensinos doutrinários, reuniões, ações evangelísticas, que em si não são ruins, mas que nos levarão a pecar se forem a única fonte do sentido de nossa existência. A adoração não é o serviço a Deus em primeiro lugar. A adoração não é um ato, um programa ou forma determinada. Tampouco a vida cristã o é!

O "templo" não pode ser maior do que o Senhor! A adoração deve vir sempre em primeiro lugar, isso resulta numa vida cristã de amor ao Senhor e dependência absoluta da vontade do Pai. Esta advertência: "Escutem! Eu estou à porta e bato. Se alguém ouvir a minha voz e abrir a porta, eu entrarei na sua casa..." (APOCALIPSE 3:20), foi dirigida a uma igreja, e o perigo de se dar mais importância às formas do que ao Senhor, é real e atual. O que o Senhor Jesus reclamou, em princípio no livro de Apocalipse, foi que a igreja de Éfeso tinha "...abandonado o primeiro amor".

Infelizmente, Jesus pode estar à porta de nossas reuniões, enquanto cremos que o estamos servindo. Pode continuar solicitando o nosso amor, enquanto estamos muito ocupados em muitas atividades "para Ele".

> A adoração não é o serviço a Deus em primeiro lugar...
> Tampouco a vida cristã o é!

Existe o perigo de dedicarmos mais amor a tudo o que fazemos do que ao nosso Senhor. Esta triste tendência humana não ficou limitada aos escribas e fariseus dos tempos do Mestre... Ela ainda sobrevive nos dias atuais!

Até onde nos pode levar o perigo de perdermos o significado da realidade do Senhor Jesus como Rei de nossa vida, nossos atos e, consequentemente, de nossa liturgia? Pois é, ao mesmo lugar a que chegaram os religiosos do tempo do Mestre:

...Vocês nunca ouviram a voz dele, nem viram o seu rosto. As palavras dele não estão no coração de vocês porque vocês não creem naquele que ele enviou. Vocês estudam as Escrituras

Sagradas porque pensam que vão encontrar nelas a vida eterna... (JOÃO 5:37-39)

É possível estudar a Bíblia em profundidade *sem ouvir a voz de Deus, e sem que a Sua Palavra resida em nós.* Há algo mais terrível do que isto? Podemos vir a conhecer a Palavra de Deus, e passar horas inteiras lendo-a e ensinando-a sem que Deus nos fale e, o que é pior, sem conhecê-lo! Como? Simplesmente por termos perdido o significado da presença do Senhor em nossa vida. Por termos nos esquecido de que o Deus em cuja presença estamos é aquele que nos salvou e que é superior ao "Templo" e a tudo mais (inclusive as Escrituras, porquanto a Bíblia é a palavra revelada por Deus, e só tem sentido quando ela nos leva a Ele).

Tenha piedade de nós!

O Senhor apresentou o segundo grande problema de maneira admirável (como sempre) na história do fariseu e o publicano. Dois homens subiram para orar (conhecemos muito bem essa história, Lucas 18:9-14), porém um deles era tipicamente orgulhoso e não necessitava em absoluto falar com Deus. Sentia-se bem se vangloriando de si mesmo e de seu comportamento. Se ele fazia tudo certo, por que orava? Talvez subisse frequentemente ao templo para fazer o mesmo estilo de oração. Contudo, o que é claro (o Senhor mesmo o assegurou) é que suas orações não chegavam nem mesmo ao teto do templo. Dia após dia voltava para casa ainda distante de Deus (embora ele cresse em algo muito diferente disso, quanto à sua própria santidade). Se o observássemos com atenção quase poderíamos dizer que não lhe importava o fato de que Deus não o escutasse: seu estilo de vida era buscar em primeiro lugar que os demais o observassem (usando de longas orações nas esquinas das ruas, somente para ser visto — Mateus 6:5). Era uma "boa" pessoa, no pior sentido da palavra.

O outro era um pecador. Um grande pecador: tanto que não queria sequer levantar o olhar para o céu, e a única coisa que pedia era por misericórdia. Nada mais. Nem por favores, bênçãos, súplicas ou necessidades espirituais... buscava apenas o perdão. E Deus o perdoou.

A lição é tão clara, que quase não vale a pena descrevê-la novamente, não fosse pelas inúmeras ocasiões em que *todos* nos comportamos como fariseus. Quando negamos nossa necessidade espiritual, caímos na armadilha daquela oração "...Agradeço-te também porque não sou como este cobrador de impostos" (v.11). No entanto, quando nossa postura é a de vir humildemente e nos ajoelharmos diante do Senhor, podemos simplesmente descansar em Seus braços abertos. Todos nós cometemos equívocos, caímos algumas vezes e necessitamos do perdão de Deus. Por isto devemos aprender a orar com a mesma atitude que o publicano teve.

O risco em que podemos correr é pensar que somos tão bons, que não necessitamos que Deus faça algo por nós. Achando, inclusive, que quando oramos ou o adoramos, o mais importante é o que dizemos, não o que Ele pensa.

Qual o valor do Senhor para mim?

Nossa adoração depende do valor que damos ao objeto ao qual adoramos. Ao nos aproximarmos de Deus, nosso coração arderá à medida que considerarmos o Senhor mais valioso do que tudo. Se nosso coração estiver vazio, pouco importará se nossa mente estiver cheia. Se Deus não é o mais importante em nossa vida, nossa adoração será composta somente por palavras vazias e sem sentido.

Certo dia "...uma mulher chegou [à presença de Jesus] com um frasco feito de alabastro, cheio de perfume de nardo puro, muito caro..." (MARCOS 14:3-9) o qual despertou o repúdio de alguns dos que estavam à mesa com o Senhor. De certo modo, aquelas pessoas representavam toda a humanidade: Seus discípulos, gente religiosa, os indiferentes e os inimigos. E alguns concordaram ao considerar que não era justo o que aquela mulher tinha feito. Era uma crueldade não dar o dinheiro do perfume aos pobres, e esbanjá-lo em um ato de adoração.

> A verdadeira adoração nasce de um coração para o qual o Senhor é sempre o mais valioso.

Qual era o problema? Creio que a resposta é muito simples: o valor que eles davam a Jesus. Sim, é certo que o Senhor era muito precioso para Seus discípulos, mas eles não tinham entendido que Ele seria crucificado, e que necessitava que Seu corpo fosse ungido para a sepultura, por isto pensaram que este ato de adoração era supérfluo.

Muito menos valioso era o Senhor para Simão, que embora o tivesse convidado, e sido curado por Ele, cria que uma simples mulher "mundana" não podia lhe dar lições espirituais. Este homem antes era leproso, mas agora estava curado e já começava a ser considerado como um homem de bem. Infelizmente, quando começamos a crer que somos alguém importante, deixamos de valorizar o nosso Senhor.

Não precisamos perder muito tempo para afirmar que o valor do Senhor para os escribas e fariseus, para os romanos e mesmo para Judas era nulo ou quase nulo (talvez umas poucas moedas de prata ou ainda algo de menor valor).

Tudo muda radicalmente quando chega essa desprezada mulher — rotulada como pecadora e colocada de lado pela sociedade — demonstra que não há nada mais valioso para ela do que o Seu Senhor! Ela oferece tudo o que tem (*tudo*, devemos lembrar que quebrou o frasco, para que não houvesse a possibilidade de restar nada) para ungir o Mestre. Neste momento, ela ensina à toda humanidade que a verdadeira adoração nasce de um coração para o qual o Senhor é sempre o mais valioso. O verdadeiro adorador oferece tudo que possuí.

O Senhor quis que esta mulher fosse lembrada para sempre. Em qualquer lugar onde se pregue o evangelho se falará deste simples e completo ato de adoração, não porque nós o dizemos, mas porque Jesus o prometeu. A atitude dela nos ensina qual é a chave para adoração: entregar tudo o que possuímos ao Senhor.

Quando adoramos a Deus e oferecemos menos do que isto, de fato, ainda não chegamos a compreender o que é a verdadeira adoração. É uma lição muito fácil de esquecer. Passam os dias e cada vez vai diminuindo o valor de nosso Senhor em nossa vida, ao mesmo tempo em que começa a crescer em nosso coração amores que são estranhos a Ele: inclusive nosso próprio sentimento religioso pode chegar a ocupar o lugar que pertence apenas ao Criador. Não é nada novo: o próprio povo de Israel (o povo escolhido por Deus) teve que ouvir a repreensão do Senhor.

Deus disse: Este povo com a sua boca diz que me respeita, mas na verdade o seu coração está longe de mim. (MARCOS 7:6,7; MATEUS 15:8,9)

Falar muito, conhecer muitas coisas, ter aparência religiosa ou seguir ao pé da letra tradições e normas não têm nada a ver com a adoração verdadeira. Diante de Deus não servem absolutamente para nada. Se nosso coração está longe de nosso Pai, a única coisa que acontece é que enganamos a nós mesmos e aos demais, mas não a Deus.

Cada dia necessitamos nos lembrar que a adoração começa e termina em Deus. Cada momento devemos viver em Sua presença para reconhecer que Ele é nossa razão de ser. Ontem, hoje e sempre Ele é tudo para mim. O primeiro, o mais importante, o mais valioso... Minha razão de ser.

Como chegar ao coração de Deus?

Alguma vez você já se perguntou como chegar ao coração de um amigo? Pense em algumas coisas que pode fazer: Reconhecê-lo como amigo; falar e escutá-lo; dedicar tempo e atenção... A lista pode ser interminável, porque sempre há coisas novas que todos nós necessitamos. De certo modo, a meta não é ganhar o amigo, mas ter um tempo com ele/ela. O que desejamos é conhecê-lo e usufruir de sua presença (e que a outra pessoa usufrua da nossa), mais do que as coisas que fazemos em si.

Orar é chegar ao coração de Deus e abrir o nosso coração diante dele. Adorar é chegar à presença de nosso Pai, pois desejamos estar com Ele; o amamos e necessitamos ouvi-lo. Não se trata de se conhecer muitas estratégias ou pensar na maneira de efetuá-las, mas sim simplesmente que o nosso coração deseje estar com Ele. Não há livros que possam explicar isto. Ninguém pode nos "ensinar" quais palavras dizer para que vivamos entusiasmados com o fato de saber que Deus nos ouve.

Se não desejamos estar com o Senhor é porque algo vai mal dentro de nós, não importa quão "espirituais" aparentemos ser, ou as palavras que dizemos ou inclusive o que conhecemos sobre Deus. Nosso "sonho" diário deve ser estar com Deus, escutá-lo por meio de Sua Palavra e falar a Ele. O desejo mais profundo de nosso coração deve ser estar ao lado do Senhor Jesus, porque mesmo quando nos sentimos mal, o Espírito nos ajuda em nossa debilidade e "traduz" nossos desejos ou a falta deles! Se amamos a Deus verdadeiramente, desejamos e necessitamos estar com Ele.

Como nos aproximarmos do coração de Deus em adoração? Como resumir tudo em poucas palavras? A Bíblia nos fala de um momento futuro no qual o céu inteiro aclamará ao Senhor dizendo: "...O Cordeiro que foi morto é digno de receber poder, riqueza, sabedoria e força, honra, glória e louvor" (APOCALIPSE 5:12; 7:12).

A adoração que o Senhor Jesus recebe é o compêndio perfeito do que deve ser nossa atitude para com Ele, pois Ele é o Único digno de receber:

- **Autoridade:** Ser reconhecido como Deus vencedor e Salvador, sabendo que é o Juiz Supremo e diante dele se dobrará todo joelho nos céus, na Terra e debaixo da terra, portanto Ele tem e merece toda autoridade.
- **Riquezas:** Recebendo tudo o que há no Universo, e o que podemos lhe entregar, embora pouco. Ele é digno de receber tudo o que temos e somos, não apenas uma parte.
- **Sabedoria:** Quando o escutamos e recebemos dele toda sabedoria, mas ao mesmo tempo lhe abrimos nosso coração. Não para que Ele seja mais sábio, mas para satisfazer Seu desejo de escutar alguém que o ama profundamente.
- **Fortaleza:** Fidelidade nos tempos bons e ruins. Se nós falhamos nesse quesito, não podemos dizer o mesmo dele, pois Sua fidelidade nos fortalece ao nos assegurar que Suas palavras sempre se cumprem.
- **Honra:** Entregando-lhe todo o nosso tempo e atenção, como o Ser mais digno de ser louvado e honrado. Colocando toda nossa vida diante dele, honrando-o diante de todos; quer o conheçam ou não.
- **Glória:** Oferecendo-lhe nosso amor, zelo e emoção. De certo modo, podemos glorificar a Deus entregando-lhe tudo o que temos. Começando pelo que há em nosso interior.
- **Louvor (ação de graças):** Admiração e agradecimento. Público reconhecimento de que Ele é tudo para nós.

Nosso relacionamento com Deus é a chave para vida. Bendizemos a Deus, mas Ele nos abençoa muito mais, pois tudo o que Ele nos dá é muito mais do que jamais poderemos lhe "devolver". Quanto mais repetirmos este processo, melhor para nós, porque recebemos mais dele, de Sua presença, de Seu caráter, de Seu amor e graça. Quanto mais nos achegarmos à presença de Deus e lhe ofertarmos louvor, glória, honra, será melhor para nós! Embora o mais importante nunca seja o que recebemos, mas nossa relação com Ele. Da mesma maneira o mais importante em uma amizade é o relacionamento, acima de tudo o que cada um dos dois amigos faz.[3]

A adoração começa e termina em Deus. Realmente, toda nossa vida começa e termina com Ele. "Antes de tudo, ele já existia..." (COLOSSENSES 1:17).

Esta é a única razão pela qual escrevemos este livro. Todos os filhos de Deus necessitam se expressar de um modo sincero e plena diante de nosso Pai. Vivemos para lhe oferecer nossa gratidão e amor da melhor maneira possível.

Não queremos causar em ninguém a triste sensação de que as coisas são malfeitas, nem escrever combatendo as concepções de alguém. O que desejamos é enfatizar a importância do nosso relacionamento com Deus, e despertar o leitor para o que realmente significa viver entusiasmado na presença do Senhor, pois a adoração começa e termina com Ele.

Queremos desafiá-lo a ler a Bíblia, a se aprofundar em seu relacionamento com o Senhor, a orar, a adorar, a aproximar-se mais daquele que é tudo o que necessitamos! Sem Ele nossa vida não tem sentido. Sem um coração ardendo em gratidão e amor para com o nosso Deus, nosso trabalho tem pouquíssimo valor.

Jamais devemos nos esquecer: A adoração começa e termina com Deus.

Notas

1 Nada é mais importante para o cristão do que examinar a fundo (e com o coração) todos os detalhes dos evangelhos. Nada pode nos trazer mais luz quanto ao caráter de Deus e Seu modo de se aproximar de nós. É impossível viver conforme a vontade do Senhor, se a Sua vida e presença não forem reais em cada dia de nossa existência. De fato, podemos (e infelizmente o fazemos muitas vezes) deixar passar dias sem nos encontrarmos com nosso Senhor. E esta é a principal razão de nossa pobreza espiritual, de nossos fracassos e quedas em todos os âmbitos da vida.

Examinar com atenção a vida de nosso Senhor implica observar Seu relacionamento com o Pai em oração (Lucas 22:32 — orando inclusive por cada um de nós). O Senhor se levantava bem cedo (MARCOS 1:35; 6:46) e se retirava a lugares desertos para estar com Deus (MATEUS 14:13). Em certas ocasiões, podia orar durante horas (Lucas 6:12 — toda a noite), e em lugares nos quais depois travaria as batalhas mais importantes de toda a história da humanidade (Lucas 21:37 — orando no Jardim das Oliveiras, se familiarizando ao Seu lugar de sofrimento). Do mesmo modo, a Bíblia nos diz que Sua oração estava com frequência "temperada" com jejum (Mateus 4:2 — 40 dias e 40 noites).

2 Sempre me impressiona o fato de darmos tão pouca importância ao livro dos Salmos. Este é o maior livro da Bíblia, e onde está registrado grande parte das referências à primeira e segunda vinda do Senhor Jesus. Faz alguns anos, estava pregando em uma igreja na Galícia, e ao fim do culto, escutei que um dos dirigentes falava com outro e comentavam entre si, sobre à minha pregação (é obvio que não sabiam que eu os ouvia): "Veja, dirigir quase cem quilômetros para vir aqui nos falar de um salmo!" Orei perguntando ao Senhor se eu realmente tinha falado de uma maneira muito "simples" e logo lembrei que Salmos é o livro do Antigo Testamento que Jesus citou mais vezes! Pode ser que em alguma ocasião os mestres da lei tenham dito o mesmo a respeito do Senhor. Não sei. "Diz que é Filho de Deus e nos fala dos salmos, em vez de nos mostrar doutrinas profundas." Perdoem-me esta referência pessoal; em absoluto quero me comparar com o Senhor, mas esta circunstância me fez ver claramente o desprezo que algumas pessoas têm à adoração e ao louvor, e quão longe podem estar do relacionamento pessoal com o Senhor, pois preferem se "entreter" com alguma doutrina, do que estar na presença do Pai.

3 As sete características da adoração podem se resumir em um simples quadro, pois estas sete razões para adorar ao Cordeiro nos ensinam a chave do relacionamento com Deus. Um simples estudo de cada um dos detalhes listados abre o "céu" para nos mantermos próximos do Pai.

1. Louvor / Ação de Graças / Proclamação
- Louvor (SALMO 63:3)
- Ação de graças (1 TESSALONICENSES 5:18)
- Cântico (EFÉSIOS 5:19)
- Dança e festa (2 SAMUEL 6:14,15; JEREMIAS 31:4-7)
- Músicas tocadas (SALMO 33:3)

2. Glória
- Lembrando o que Deus faz (EFÉSIOS 2:12-14)
- Alegrando-nos nele (FILIPENSES 4:4; 2 CRÔNICAS 30:26)
- Fazendo coisas belas para Ele (SALMO 66:2)

3. Honra
- Anunciar o que Deus é e faz (1 PEDRO 2:9)

Face A Face *com Deus*

- Anunciar o que Deus fará no futuro (ISAÍAS 58:1,2)
- Aceitar e reivindicar as promessas (DANIEL 2:20-23)
- Exercer nossa fé nele (HEBREUS 11)
- Tempo a sós com Ele (COLOSSENSES. 4:12; 1 TIMÓTEO 4:7)
- Orar e jejuar (MATEUS 9:15)

4. Fortaleza
- Luta espiritual (EFÉSIOS 6)
- Andar com Deus (GÁLATAS 5:25)
- Receber proteção (SALMO 22:3; 18:46-49)
- Liberação (SALMO 29:1,2)
- Chorar diante de Deus (ESDRAS 9:6-10)
- Sofrer (FILIPENSES 1:29)

5. Sabedoria
- Esperar em Deus (SALMO 130:5,6)
- Confessar (SALMO 32:5)
- Vigiar e estar alerta (COLOSSENSES 4:2)
- Meditar na Palavra de Deus (SALMO 77:12)
- Examinar-se interiormente (2 CORÍNTIOS 13:5)
- Escutar a Deus (ISAÍAS 30:30; ÊXODO 33:11)
- Tomar decisões diante de Deus (GÊNESIS 35:2)
- Cumprir nossas promessas (SALMO 22:25; 24:6)

6. Bênção / Riquezas
- Interceder por outros (ROMANOS 15:30,31)
- Bendizer a Deus e aos demais (NÚMEROS 6:23-26)
- Dar (e ajudar os pobres) (ISAÍAS 1)
- Amar e alentar aos demais (1 TESSALONICENSES 5:11)
- Entrar em acordo com outros (MATEUS 18:19)
- Perdoar (JOÃO 14:13,14)
- Dar e receber consolo (SALMO 73:16)

7. Poder / Autoridade
- Pedir (MATEUS 6:1)
- Entrar na presença de Deus (ÊXODO 17:16)
- Silenciar diante Deus (ISAÍAS 60:11)
- Conhecê-lo e a Sua Palavra (COLOSSENSES 3:16)
- Humilhar-se na presença de Deus (TIAGO 4:10)
- Descansar diante dele (HEBREUS 4:11)
- Prostrar-se diante de Deus (JÓ 1:20,21)

Capítulo 4

ANA: ONDE ESTÁ SEU CORAÇÃO?
1 SAMUEL 1 E 2

Ela era uma pessoa que não chamava a atenção. De acordo com a cultura e a religião de seu tempo, deveria passar o restante de sua existência sozinha, ou na melhor das hipóteses, usufruindo da compaixão dos que estavam ao seu redor. Para muitos era considerada inútil.

A vida pode ser injusta. Estas eram as regras do jogo. Porém, o pior não eram as zombarias, a solidão ou o desprezo. Eram as palavras ferinas dos que a cercavam. Deus mesmo a havia tornado infértil (1 SAMUEL 1:6) e isto parecia dar a alguns o direito de a humilhar ou abandoná-la.

Ana levava uma vida muito "vazia". Compreendia o que significava deixar passar as horas na lenta agonia da solidão e tristeza. Nunca escutara o pranto de um filho seu. Não houvera uma noite na qual alguma criança necessitasse dela. Não tinha um bebê para chamar de seu. Nunca obteve o prazer secreto de desfrutar dos gritos e da alegria de uma sonora travessura infantil. Sua vida estava rodeada de certo silêncio e rotina mortal.

> Dia após dia, as lágrimas eram suas únicas companheiras.
> As lágrimas e a fome, pois a tristeza havia lhe roubado todos os pequenos prazeres.

Deus lhe cerrara a madre, e alguns podiam chegar a pensar que também havia fechado sua alma. Desde criança, escutara que o Senhor amava as mulheres que tinham filhos. O sumo sacerdote falara milhares de vezes que a mulher que não desse à luz, não servia para quase nada.

Alguns inclusive lhe diziam coisas piores: "Qual é o seu pecado?"; "Se Deus não lhe dá filhos, algum motivo há!"; "Seu marido já tem filhos de outra mulher, por que você não desaparece de uma vez?"

Tinha o dia inteiro para meditar e examinar sua consciência. Sem nada mais com que se ocupar, cada instante de sua existência era um campo fértil para a amargura e o ódio: para com Deus, seu marido, os demais e consigo mesma.

Conhecia muitas histórias; algumas mulheres em sua situação haviam abandonado tudo e tinham ido ao deserto chorar sua condição. Outras, inclusive, haviam se suicidado.

Mas Ana não fez isto. Não tinha necessidade. Nenhum deserto poderia ser mais árido do que o seu futuro. Além do mais, seu marido (apesar de a querer muito bem) tinha sucumbido à tentação de buscar uma rival que pudesse lhe dar filhos. Sua rival também a desprezava! Dia após dia, as lágrimas eram suas únicas companheiras. As lágrimas e a fome, pois a tristeza havia lhe roubado todos os pequenos prazeres. Diariamente, sua rival se aproximava dela para ferir-lhe a alma. Fazia isto levando seus filhos e filhas sempre consigo, frutos de seu amor com Elcana, seu marido (1 SAMUEL 1:5-7).

Deus fizera de Ana uma mulher estéril. Ela não tinha filhos, porque, aparentemente, era desprezada pelo Senhor. Ela podia ter renunciado a tudo e se desesperado. Tinha todo o direito de cair na tristeza, desânimo e desalento. Nada tinha sentido em sua vida.

Contudo, Ana respondia adorando a Deus! Orava e derramava sua alma diante dele apesar de ter toda razão do mundo para se encher de amargura. Havia encontrado seu significado como pessoa na presença do Senhor, face a face com Ele, conhecendo e amando-o, tentando compreender as razões de Sua maneira de atuar, buscando na intimidade com o Senhor a razão de sua própria vida! Vivia face a face com o próprio Deus que a criara infértil (1 SAMUEL 1:10-13). Cada dia era novo para ela, pois seu coração ardia diante do Senhor e, assim, se levantava cedo para adorá-lo (v.19). Tudo isso, embora semanas, meses, anos se passassem, sem que aparentemente algo de diferente acontecesse.

A humilde mulher que mudou a história de um povo

O maior avivamento na história de Israel não começou com a família de um sumo sacerdote. Nem mesmo ocorreu entre as famílias reais ou de profetas ou mais tarde, na história do próprio evangelho. A majestade do reino de Israel, nos anos seguintes, não repousou sobre a vida de alguns dos dirigentes religiosos; muito menos com a consagração de algum líder político ou social. Esta história começou com uma humilde mulher. Sua oração mudou o rumo do povo de Deus (v.10), pois Ana, em sua simplicidade, tinha aprendido o segredo do relacionamento com o Todo-poderoso: "...estava orando, contando a minha aflição ao SENHOR" (v.15).

Sua situação era desesperadora. Sua frustração imensa. Sua vida estava cheia de tanta tristeza, que seu coração parecia se partir em vários momentos (v.7). Porém, isso jamais aconteceu, pois vivia perto de Deus. Tudo o que queria era a glória dele! E se tivesse um filho, seria para Ele (v.11). Quando Deus lhe concedeu seu desejo, Ana trouxe Samuel ao templo, e o deixou ali, para servir ao Senhor. Não se importou em continuar sozinha pelo restante de sua vida, apesar de que, para a cultura daquela época, não houvesse sentido na vida de uma mulher que não se tornasse mãe. Reconhecia que seu valor como pessoa estava em viver ao lado de seu Criador. Derramando seu coração diante dele. Adorando-o!

Enquanto isto, os filhos de Eli eram sacerdotes no mesmo templo. Quando Ana e seu marido Elcana iam adorar, escutavam, vez ou outra, as histórias destes rapazes: suas mentiras e enganos, seu desprezo pelo sagrado e seu desejo de servir apenas a si mesmos. Mas Ana continuava adorando a Deus e indo ao mesmo lugar, apesar daquela corrupção.

Apesar de ser estéril, ela continuamente adorava e buscava o Senhor. Ninguém a entendia nem sequer o próprio sumo sacerdote (Eli), que a acusou de estar embriagada, pois não podia compreender como essa mulher, com uma vida aparentemente sem sentido, pudesse estar mais perto de Deus do que ele, que era o representante de Deus entre o povo!

Viu-a adorando e a repreendeu por pensar que ela estava embriagada.[1]

Por que, ainda hoje, algo semelhante continua a acontecer? Por que a presença de Deus, por vezes, é menos real aos líderes religiosos do que para algumas pessoas do povo? Por que muitos dos que se denominam "mestres e líderes espirituais" não somente são incapazes de se aproximar de Deus, mas também zombam dos que o desejam com toda a alma?

O povo de Israel havia perdido a sensação da maravilhosa presença de Deus em sua vida, e a tinham trocado pelo ritual frio e mecânico dos sacerdotes. Não é de estranhar que o avivamento não começasse pela família de Eli, nem por algum intérprete da lei, nem entre os mestres, instrutores ou sábios religiosos, tampouco por um juiz.

Tudo começou com uma mulher humilde que amava adorar a Deus, apesar de sua vida estar repleta de tristeza.

Deus não deixa de ouvir nossa oração

Deus respondeu a oração de Ana. Seu coração era tão diferente dos demais! O Senhor estivera, muitas vezes, a sós com esta mulher, consolando-a e colocando Sua mão sobre ela. Preenchera quase todos os vazios que a vida deixara em seu coração, mesmo que anos tivessem se passado e Ele parecesse ausente a cada vez que ela lhe rogara por um filho.

Não é a mesma situação que enfrentam milhares de pessoas hoje? Gente que ama profundamente a Deus, e está disposta a fazer qualquer coisa para obedecê-lo e o seguir, mas que parece receber somente amarguras e queixas (quando não insultos) de todos, enquanto o tempo passa e as circunstâncias não mudam.

Ana continuou adorando a Deus, e em Seu tempo, o Senhor lhe respondeu. **Tornou-a fértil!** Deus sempre chega na hora certa, e o filho de Ana foi um verdadeiro exemplo, diante de todos, de consagração, obediência e serviço ao Eterno. E a mãe voltou a derramar sua alma diante de Deus.

Então Ana orou assim:

O SENHOR Deus encheu o meu coração de alegria; por causa do que ele fez, eu ando de cabeça erguida. Estou rindo dos meus inimigos e me sinto feliz, pois Deus me ajudou.

Ninguém é santo como o SENHOR; não existe outro deus além dele, e não há nenhum protetor como o nosso Deus.

Não fiquem contando vantagens e não digam mais palavras orgulhosas. Pois o Senhor é Deus que conhece e julga tudo o que as pessoas fazem.

Os arcos dos soldados fortes estão quebrados, mas os soldados fracos se tornam fortes.

Os que antes estavam fartos agora se empregam para ganhar comida, mas os que tinham fome agora estão satisfeitos. A mulher que não podia ter filhos deu à luz sete filhos, mas a que possuía muitos filhos ficou sem nenhum.

O SENHOR Deus é quem tira a vida e quem a dá. É ele quem manda a pessoa para o mundo dos mortos e a faz voltar de lá.

Ele faz com que alguns fiquem pobres e outros, ricos; rebaixa uns e eleva outros.

Deus levanta os pobres do pó e tira da miséria os necessitados. Ele faz com que os pobres sejam companheiros dos príncipes e os põe em lugares de honra. Os alicerces da terra são de Deus, o SENHOR; ele construiu o mundo sobre eles.

Ele protege a vida dos que são fiéis a ele, mas deixa que os maus desapareçam na escuridão, pois ninguém vence pela sua própria força.

Os inimigos de Deus, o SENHOR, serão destruídos; ele trovejará do céu contra eles. O SENHOR julgará o mundo inteiro; ele dará poder ao seu rei e dará a vitória a esse rei que ele escolheu. (1 SAMUEL 2:1-10)

Ana conhecia a Deus profundamente. Não podia ser de outra maneira! Tinha passado toda a sua vida na presença do Senhor, adorando-o face a face!

Durante muitos anos, o único objetivo de sua vida era se prostrar diante de seu Criador, tentando compreender o modo de agir do Todo-poderoso, observando Sua pessoa e usufruindo de Sua presença.

Esta é a explicação do porquê pôde expressar tanto sobre o caráter do Senhor. Ao longo de toda a história, seu cântico é tido como uma das mais completas descrições teológicas de Deus em toda a Bíblia.[2]

O próprio Senhor que vivia no coração dessa mulher estava tão distante dos sacerdotes!

Esta é a razão pela qual a lição mais importante da adoração, foi colocada por Deus no coração e nos lábios dessa mulher: "Deus levanta os pobres do pó e tira da miséria os necessitados. Ele faz com que os pobres sejam companheiros dos príncipes e os põe em lugares de honra..." (1 SAMUEL 2:8).

Ana sentira que Deus lhe havia dado um lugar de honra em Sua presença.

Ana não somente deleitava-se em Deus, mas também tinha aprendido a sentar-se em Sua gloriosa presença. Seu conhecimento de Deus era real, não teórico. Sabia que Deus lhe tinha dado um lugar de honra diante dele.

Como chegou a entender isto? Visto que, Ana era mulher não podia frequentar os lugares onde a lei fosse explicada, tampouco ninguém teria "perdido" tempo com ela falando destas coisas.

Conhecia o Criador porque cada dia estava em Sua presença o escutando, adorando e abrindo seu coração diante dele.

O significativo convite de Deus para nossa vida

O SENHOR disse: — O sábio não deve se orgulhar da sua sabedoria, nem o forte, da sua força, nem o rico, da sua riqueza. Se alguém quiser se orgulhar, que se orgulhe de me conhecer e de me entender... (JEREMIAS 9:23,24).

Não se adquire conhecimento sobre Deus com sabedoria, poder ou riquezas. Para compreendê-lo é preciso amar o Senhor e buscar Sua presença.

A emoção que vivem os salmistas, ao desfrutar do tempo a sós com o Senhor, é algo que ficou distante para muitos de nós. Sabemos quase tudo sobre Deus, mas não aprendemos a compreendê-lo, a passar tempo em Sua presença. Nos relacionamos com Ele da mesma forma que conhecemos uma celebridade: pelo que outros falam a seu respeito, pelo que lemos nos meios de comunicação, ou por tê-lo visto algumas vezes, mas sem chegar a um contato pessoal nem desenvolver a amizade com ela.

Deus pode estar quase ausente para nós. Podemos saber muitas coisas sobre Ele apenas pelo que ouvimos ou lemos. O Senhor deseja se relacionar intimamente conosco. Quer que estejamos em Sua presença diariamente. O Senhor nos quer perto dele!

Ana cantou o desejo de Deus quando disse que Ele quer que nos sentemos à Sua mesa, que vivamos em Sua presença. O Senhor eleva nossa dignidade como pessoas nos convidando a deleitar-se nele, a conhecê-lo e a ser semelhante a Ele. Lembre-se de que a adoração no sentido bíblico é aceitar o convite de Deus para se sentar com Ele, e aprender a amá-lo e a obedecer.

Adorar é estar na presença de Deus. Este é o segredo do nosso relacionamento com o Altíssimo, o segredo da adoração e da vida cristã... O segredo de tudo!

Deus quer estar conosco. Ele nos salva, perdoa, limpa, declara-nos justos, outorga uma nova vida, faz-nos santos, nos levará um dia ao céu e nos concede outras centenas de bênçãos!

Adorar é viver na presença de Deus.

Mas tudo isto são bênçãos. Apenas bênçãos. O importante não é o que Deus nos concede, o mais importante é Ele mesmo. Nunca saberemos quem somos realmente, a não ser que estejamos face a face com Ele, pois nosso significado como pessoa surge desse encontro. O mais importante é viver em Sua presença e nos parecermos com Ele!

A história de Davi e Mefibosete reflete de modo nítido o que Deus tem feito por nós (2 SAMUEL 9). Não seria descabido pensar que Davi tinha entendido o conceito desse convite em função de suas conversas com Samuel que, por sua vez, teria aprendido de sua mãe Ana. Não podemos esquecer que Davi "copia" as palavras do cântico de Ana em dois de seus salmos (75 e 113). Inclusive Maria, no Novo Testamento, repete algumas frases em seu louvor ao Senhor depois da anunciação!

O relato é crucialmente importante: Davi convida o filho de seu pior inimigo, a fim de devolver-lhe toda sua dignidade, a sentar-se com ele à mesa de modo permanente. A chave de seu comportamento não é tanto o perdão, a restauração e a "salvação" de seu inimigo. O que é realmente significativo é que Davi convida Mefibosete à sua própria mesa. Davi quer estar com ele, tê-lo em sua presença todos os dias de sua vida.

Nada poderia dignificar mais a vida de Mefibosete, que este "pequeno" detalhe. Da mesma maneira, nada dignifica mais nossa vida do que estar na presença de Deus e atender ao Seu convite.

O Senhor nos faz dignos ao desejar estar conosco. Ele quer que cheguemos todos os dias à Sua casa para nos alimentar espiritualmente. Quer falar conosco e escutar o que temos a lhe dizer. Quer estar conosco. É verdade que deseja que saibamos mais dele, que quer que o sirvamos. Jamais podemos negar que o Senhor anela que trabalhemos para Ele e falemos aos demais sobre Sua glória. Porém, Seu maior desejo é de que o nosso coração esteja próximo a Ele.

> *Como seria bom se eles sempre pensassem assim, e me respeitassem, e sempre obedecessem a todos os meus mandamentos! Assim tudo daria certo para eles e para os seus descendentes para sempre.* (DEUTERONÔMIO 5:29)

Deus o ama. Ele deseja enchê-lo dos tesouros de Seu caráter. Você e eu somos importantes como pessoas, pois o próprio Deus nos dá tudo (incluindo Seu próprio Filho) para nos revelar Sua graça a fim de que o conheçamos de modo pessoal e nos convidar à Sua mesa.

Enquanto isto, onde está nosso coração?

Há apenas uma resposta válida ao amor de Deus

É impossível que conheçamos o que Deus tem feito por nós, que saibamos que um dia Ele mudou nossa vida, e que inclusive falemos a outros de Seu amor, enquanto nosso coração está frio e insensível. Os filhos de Eli viviam assim. Infelizmente, enquanto faziam seu "trabalho" como servos de Deus, seu coração estava longe dele e todo o povo podia perceber isto. Viviam uma mentira permanente.

Nosso amor a Deus deve ser único[3] e nossa resposta também. Temos que amar ao Senhor com todo nosso coração. Precisamos voltar a pôr nossa atenção naquilo que deveria ser o nosso pão diário e aprender sobre a intensidade do amor que Ana sempre demonstrou por Seu Criador.

1. O desejo de nossa alma

Ó SENHOR, nós seguimos o caminho das tuas leis e em ti pomos a nossa esperança; o nosso maior desejo é conhecer-te e pensar em ti. Com todo o meu coração, quero estar contigo de noite; com todo o meu ser, procuro conhecer a tua vontade. Pois, quando julgas e castigas o mundo, os seus moradores aprendem o que é justiça. (ISAÍAS 26:8,9)

O desejo profundo de nossa vida deve ser a presença do Senhor, do contrário nada tem sentido.

> Ela o entregou ao Senhor, pois tinha passado toda sua vida na presença de Deus e não precisava de seu filho para ter dignidade como pessoa.

Ana anelava sempre estar com o Senhor. Buscou a Deus no dia da tribulação, quando o Senhor aparentemente não a escutava, e continuou buscando-o quando este lhe concedeu seu desejo mais profundo — o de ter um filho. Ela poderia ter ficado com seu filho Samuel, afinal ele era um presente de Deus. Mas ela o entregou ao Senhor, pois tinha passado toda sua vida na presença do Altíssimo e não precisava de seu filho para ter dignidade como pessoa. Para ela, Deus era tudo. Antes e depois.

Se nosso desejo e nosso norte não são o próprio Deus, tudo o mais será uma forma hipócrita e dissimulada de legalismo religioso. E o legalismo nos torna cegos; nos afasta da presença de Deus. Certa vez, o Senhor disse para o povo de Israel que não queria mais seus sacrifícios. Que parassem de trazer ofertas inúteis, pois não conseguia mais suportar suas reuniões cheias de iniquidade (ISAÍAS 1:11,13).

Sentimo-nos amparados sob as tradições e no "fazer o que sempre temos feito", mas esquecemos do que Deus espera de nós. Cremos que podemos continuar obedecendo de forma fria e insensível, e tudo continuará bem. Esquecemo-nos de que é possível ir à igreja, cantar, trabalhar e inclusive ler a Bíblia todos os dias, sem contudo escutar a voz de Deus (JOÃO 5:37-40).

Moisés e outros servos de Deus podiam passar 40 dias e 40 noites diante do Senhor (DEUTERONÔMIO 9:25). E nós? Qual é o desejo de nossa alma?

Há muitas pessoas que não chegam a compreender (nem a comprovar) o que significa passar muito tempo a sós, nem como família ou igreja, na presença de Deus. Às vezes, escutamos argumentos como: "Não é bom repetir um cântico" ou "O tempo de louvor não deve ser muito longo", "No final das contas, o que se produz, ao repetir a música, é apenas um efeito psicológico nas pessoas" e coisas do gênero. Quem diz isto, não somente não entendeu o evangelho, mas também em sua própria vida não entende o que é ter tempo com a pessoa que amamos. Felizmente na Bíblia, não achamos base para tais afirmações, pelo contrário. Em Apocalipse aparecem coros que repetem dia e noite seu cântico: "Santo, Santo, Santo é o Senhor". Os céus se regozijam com o louvor!

É possível argumentar que o Senhor Jesus falou contra as vãs repetições, mas o mesmo argumento nos explica a razão: elas são "vãs". Quando repetimos algo sem que tenha sentido para nós, ou esperando que Deus nos escute melhor, estamos usando as tais vãs repetições. Porém, quando o fazemos porque nosso coração quer glorificar a Deus, biblicamente não há razão alguma para não fazê-lo.

Seria cansativo ouvir sua mulher, marido ou filhos dizerem que o amam?

Acharia entediante que alguém fizesse canções para você e as cantasse estando em sua companhia? Todos os que têm defendido a monotonia e as formas acima de tudo, quando chegarem ao céu, se encontrarão com uma explosão de louvor, beleza e alegria diante da presença de Deus, e talvez irão perceber o tempo que perderam aqui nesta Terra. Tempo que poderiam ter sido imensamente felizes em companhia do Criador.

Parte dos problemas começa por não compreendermos o que significa o relacionamento com o Senhor, e como Ele deseja que o adoremos. Em muitas ocasiões, a adoração pode chegar a ser um fim em si mesmo, se entendemos que estar com Deus é o propósito. Estar com Ele, sem necessitar de nada mais. Sem pedir nada mais.

Deus nos criou com emoções, com a capacidade de externá-las, e muito mais quando se trata do nosso relacionamento com Ele! Devemos colocar todo nosso ser diante do Criador, e adorá-lo com tudo o que somos! Dizer que pode ser perigoso ver-se influenciado psicologicamente pelas próprias emoções e se entusiasmar demais com nosso Salvador é o mesmo que tentar afirmar que não se deve amar muito a Deus!

Quando examinamos o livro dos Salmos, percebemos que ele está carregado de desejos ardentes pela presença de Deus ("Eu tenho sede de ti, o Deus vivo!" — Salmo 42 e muitos outros). Ao lermos frases assim, me pergunto: Do que temos sede?

O próprio Senhor Jesus anelava pela presença do Pai em todos os momentos de Sua vida (apesar de ser o próprio Deus). O desejo profundo da alma do cristão deve ser a presença de Deus. Se não for assim, perdemos de vista a beleza do evangelho, e, portanto, nossa própria dignidade. Nossa alma não pode encontrar satisfação fora desta presença. Nosso coração não pode ficar dividido por nenhum outro tipo de amor. Nossa "sede" espiritual deve ser saciada somente por Deus. Toda nossa vida e ainda a eternidade não nos bastará para desfrutar por completo de nosso Criador.

2. Buscar o Senhor de todo coração

Fizeram uma aliança com o SENHOR, o Deus dos seus antepassados, prometendo adorá-lo com todo o coração e com toda a alma [...] Em voz alta juraram a Deus, o SENHOR, que seriam fiéis à aliança e depois deram gritos de alegria e tocaram trombetas e cornetas. O povo de Judá ficou alegre por causa desse juramento, que tinha feito com todo o coração. E, por terem procurado o SENHOR com toda a boa vontade, ele deixou que o achassem e permitiu que vivessem em paz com todos os povos vizinhos. (2 CRÔNICAS 15:12-15)

Deus entra em nossa vida e jamais nos abandona. O que ocorre é que às vezes o perdemos de vista.

Quando colocamos nossa visão em outras coisas, nosso coração se "dispersa" e Deus passa a ocupar o segundo plano em nossa vida. E infelizmente, por vezes ainda continua descendo para o terceiro ou quarto plano (devemos reconhecer que certas ocasiões se encontra quase no último).

Precisamos buscar o Senhor como uma atitude de vida. Além disto, é a atitude que lhe devemos, pois quando buscamos o Senhor, Ele se "deixa" encontrar. Este é o desejo mais profundo de Sua alma. Todo o plano de redenção foi idealizado pelo coração de Deus com a finalidade de restabelecer Sua comunhão eterna com o nosso coração. Não porque o Senhor o necessitasse, mas porque nós o necessitamos. E esta necessidade jamais acaba. Pelo contrário, ela cresce a cada dia. E nosso coração obtém satisfação somente no processo de buscar e encontrar o Criador. Nossa alma somente descansa quando está face a face com o Mestre. Nosso Espírito pode ser renovado apenas quando é moldado pelo Espírito de Deus.

Lembra-se? Embora Ana vivesse angustiada e chorasse amargamente, cada manhã se levantava cedo para buscar ao Senhor e adorá-lo (1 SAMUEL. 1:19).

3. Pôr a alma no que fazemos
Por isso amem somente o SENHOR, nosso Deus. (JOSUÉ 23:11 — LEIA ATÉ O VERSÍCULO 16)

Às vezes nos envolvemos com muitas coisas, mas não nos ocupamos do essencial: amar nosso Deus com toda a alma. Trabalhamos, servimos, estudamos etc. Cremos que nossa relação com o Senhor vai bem, entretanto estamos caindo em três grandes perigos:

1. Fazemos as coisas de qualquer maneira quando estamos na presença de Deus, sem nos preocupar com o que Ele diz, nem com Seus desejos. Cremos que nosso modo de fazer as coisas é o correto, sem nos importar com a opinião do Senhor.
2. Adoramos com o coração frio, insensível, como se o que estivéssemos fazendo não tivesse importância alguma, como se estivéssemos aniquilando o relacionamento com Aquele que mais fez por nós.
3. Chegamos à presença de Deus como se estivéssemos em qualquer outro lugar e, de fato, muitas vezes estamos com nosso coração em muitos outros lugares, ao invés de concentrar nossa mente e alma no Criador.

Poucas coisas são mais pecaminosas do que vir à presença de Deus de modo apático. E não esqueça que não são palavras nossas. É Deus mesmo quem adverte: "...Esse povo ora a mim com a boca e me louva com os lábios, mas o seu coração está longe de mim..." (ISAÍAS 29:13). Quem não sabe clamar com sua alma, não aprendeu a orar. Se queremos que nossa adoração seja verdadeira, devemos levar à presença do Senhor todas nossas emoções, e estas devem ser autênticas. Pretender adorar a Deus sem expor tudo o que somos é somente enganar a nós mesmos. Querer vir à presença do Senhor de forma fria, calculada e insensível é abominável diante dele. Todo aquele que não esteve na presença de Deus com a alma quebrantada, derramando lágrimas diante do Criador ou sentindo Sua alegria, jamais descobriu a mais profunda beleza do evangelho. E o que é mais triste: não aprendeu a aproximar seu coração do coração de Deus.

4. Derramar nosso coração como água

Confie sempre em Deus, meu povo! Abram o coração para Deus, pois ele é o nosso refúgio. (SALMO 62:8)

Todos conhecemos a história de Marta e Maria (LUCAS 10:38-42). Com certeza muitos, pregam sobre os ensinos desta passagem. A pobre Marta, sempre trabalhando! (Graças a Deus, que ainda há "Martas" em Sua obra.) Temos dito as mesmas coisas tantas vezes, que nós mesmos as esquecemos.

A verdade é que não usufruímos muito da boa parte que Maria escolheu. Todos parecemos estar mais de acordo com a importância do trabalho, mas, de certa forma, desconsideramos o tempo a sós aos pés do Mestre. Importamo-nos mais com coisas que fazemos do que com a comunhão íntima com Jesus. Se fosse ao contrário, o enfoque estaria em nós, e não em Deus, assim Ele diria que somos bons porque nos preocupamos com o trabalho. Já que passamos dias inteiros (por vezes meses inteiros) sem vir à presença de Deus visto que "temos tanto a fazer para Ele". Tanto que colocamos toda nossa ênfase no trabalho e não no desejo de estar com nosso Senhor acima de todas as coisas.

O segredo na presença de Deus é o descanso, não o trabalho. A chave do poder não é um coração forte que esbanja energia, mas um coração limpo, aberto e transparente diante de Deus; um coração que não esconde nada. Um coração que ama se encontrar com seu Criador e permite que Ele o limpe. Esta era a experiência dos salmistas, jamais ocultaram nada de Deus. Os mais profundos sentimentos são expressos pelos salmistas inspirados por Deus. Não ocultavam nada de seu Senhor, falavam a Ele sobre seus sentimentos, desejos, frustrações, injustiças às quais eram submetidos; falavam inclusive de seus desejos de vingança (SALMO 137) e Deus aceitava a "adoração" deles, pois é agradável a Ele que lhe descortinemos o nosso coração. A adoração não se trata somente de falar de nosso Senhor; Ele deseja que lhe digamos o que sentimos![4]

Este era o segredo de Ana; quanto mais amargura havia em seu coração, mais se chegava à presença de Deus para deixá-la ali. Inclusive, a maturidade espiritual que tinha adquirido em seu contato diário com o Senhor era tal, que foi capaz de responder com requintada inocência quando Eli a acusou de estar fora de si (1 SAMUEL 1:15,16). Os que vivem na presença de Deus mantêm o coração limpo.

A conclusão é óbvia: Se nosso coração não se abre e estremece ao entrar na presença do Rei dos reis, estamos somente dizendo palavras, agindo apenas como religiosos.

5. Entusiasmar-nos em Seus caminhos

Ana estava tão envolvida com os caminhos de Deus que quando recebeu a promessa de que sua oração seria respondida (pela palavra de Eli), reagiu com alegria; não ficou mais triste e voltou à sua vida diária sem amargura. Estava tão entusiasmada com o Senhor, que aceitou e creu na Sua resposta, antes mesmo de ficar grávida![5]

Deus nos apresenta em Sua Palavra muitas pessoas que souberam viver junto a Ele.

Se estivéssemos falando em termos esportivos, diríamos que Josafá era um de nossos "jogadores" preferidos. Não foi o melhor. Talvez não foi o que mais influenciou a história. Pode ser que muitos nem se lembrem dele. Mas deixou escrito para a posteridade uma qualidade impressionante: seu entusiasmo pelo Senhor. "Continuou cada vez mais decidido a obedecer às leis de Deus..." (2 CRÔNICAS 17:6). E esta é a melhor lembrança que alguém poderia ter de nós.

Atente a isto: Algo não está bem, quando o entusiasmo vale em qualquer situação menos na vida cristã. Às vezes usamos nossa cultura como desculpa: "Não nos emocionamos porque, bem... culturalmente somos bastante sérios...", "Não é bom que expressemos emoção por amarmos a Deus... deve haver certa ordem...", "Além disto, pessoalmente não me parece correto que façamos certas coisas...", "A adoração deve ser séria e solene...".

Temos visto as mesmas pessoas, que nos deram estas razões para sua falta de entusiasmo na presença de Deus, pulando e gritando diante de seu time preferido em uma partida de futebol! Aplaudem efusivamente um desportista ou as palavras de uma celebridade! Entusiasmam-se e quase choram diante de um desfile militar! Emocionam-se com um jogo e dão fortes gargalhadas com uma piada! É melhor não ir adiante e mencionar as alegrias produzidas por um pouco de vinho, uma peça satírica de teatro ou um filme com som potente.

> Um cristão que não usufrui de seu relacionamento com Deus, não entende o evangelho.

Lembra-se da definição de adoração como um "orgulho entusiasta" sobre tudo o que Deus é e faz? Por que passamos por cima do que Deus diz e ensina? É normal que nos entusiasmemos em muitas situações diferentes e não na presença do Senhor? É decente saber de alguém que vive alegre devido a um pouco de álcool — ainda que se denomine cristão — e tenha uma expressão de desânimo cada vez que estiver na igreja?

Qual é a razão pela qual defendemos nossas maneiras até a morte, enquanto ignoramos o que o Senhor espera de nós? O conceito de "deleite" é crucialmente importante na comunhão com Deus: "...vocês comerão do melhor alimento, terão comidas gostosas" (ISAÍAS 55:2). Este não é um texto tomado ao acaso; deveríamos nos lembrar de que não há outra qualidade ou emoção em toda a Bíblia maior do que o gozo e a alegria encontrado no relacionamento pessoal com Deus. Um cristão que não usufrui de seu relacionamento com Deus, não entende o evangelho. Se ostentamos "duas caras"

— uma jovem e alegre para a vida e outra triste, séria e desfigurada para a igreja — não estamos sendo hipócritas?

Recentemente em uma de nossas últimas visitas à cidade de Roma, toda a família pôde passar uma manhã visitando as catacumbas — lugar que os cristãos dos primeiros séculos utilizavam para se reunir quando eram perseguidos e também para sepultar os corpos dos que morriam no Senhor. Ainda são preservadas mais de 70 quilômetros sob a terra, e para nós foi um presente de Deus percorrer alguns daqueles corredores subterrâneos. A sensação de paz que encheu nosso interior naqueles labirintos frios e escuros, só podia ser sobrenatural. Onde Deus está, Sua paz nos enche por completo, independentemente do que vemos ao nosso redor.

A segunda impressão clara que nos surpreendeu foi ver a simplicidade de tudo ali. Não havia ouro, prata, pedras preciosas ou qualquer tipo de ostentação nas tumbas. Nada a ver com um cemitério "normal" de hoje em dia. Os primeiros cristãos viveram e usufruíram do amor e da companhia de Deus ainda nos momentos mais difíceis. Usufruíram do amor e da companhia mútua sem se preocuparem com nada material.

Porém, a grande surpresa foi comprovar que há milhares de inscrições, sinais e desenhos deixados pelos cristãos nas paredes. Contudo, não há uma só cruz! Ali se encontram somente símbolos de vida: a pomba, o peixe, o pão, tumbas vazias etc. Isto não quer dizer que não amavam a Cruz de Cristo. O que nos ensinam é que para os primeiros cristãos a vida era o mais importante. Sabiam que o Senhor tinha morrido em uma cruz, mas sabiam também que havia ressuscitado, e mais: Viviam esperando por Ele, pois sabiam que voltará.

O cristianismo está se "perdendo" ao longo dos anos pela frieza. De Roma surgiram ideias religiosas, penitências, peregrinações e ritos que "mataram" a vida da qual usufruíram os seguidores de Cristo dos primeiros séculos. Não é estranho? Um Salvador morto, sério e litúrgico é muito mais fácil de "controlar" do que o Messias vivo e radiante que os evangelhos nos apresentam. Uma comunhão calculada e exclusivamente racional com Deus traz menos problemas à nossa vida (pois queremos que continue sendo nossa) do que um entusiasmado relacionamento que envolva todo nosso ser (coração, mente, corpo e forças, lembra-se?) com o Autor da vida.

Pode ser que até tenhamos deixado que nossas ideias e conceitos ceguem os olhos de nosso coração e nosso entendimento ao ler a Bíblia e ver como Deus nos fala e se emociona conosco, ao passo que devolvemos a Ele toda nossa seriedade e frieza religiosa calculada, medida e controlada.[6]

A comunhão de Deus com Seu povo é explicada principalmente em termos do relacionamento entre o Noivo e a noiva. "Nós nos alegraremos e cantaremos um hino de louvor por causa daquilo que o SENHOR, nosso Deus, fez. [...] Somos como um noivo que põe um turbante de festa na cabeça, como uma noiva enfeitada com joias" (ISAÍAS 61:10).

Você já conheceu um casal de noivos que estejam sempre tristes, sérios e mal-humorados? É curioso como inclusive pessoas mais tímidas e introspectivas se transformam quando se trata de conquistar a quem amam. O rapaz que quase não falava é capaz de alterar sua personalidade; a moça, que antes ria pouco, encontra diversão em tudo o que seu amado diz.

Quem tinha todas suas ações e respostas perfeitamente controladas, fica com expressão de bobo por causa da pessoa amada, não importa diante de quem esteja!

Temos testemunhado esse fato muitas vezes. Isso acontece conosco mesmo!

E nosso Deus? Não merece entusiasmo de nossa parte? Como Ele pode ser a pessoa que mais desejamos, sem que jamais nos entusiasmemos em Sua presença?

Não apenas isto, como podemos falar de Deus sem nos entusiasmar? Como podemos falar com Ele, sem sentir a profunda emoção de quem se aproxima do Criador em adoração humilde e feliz?

O que Deus sente por nós é muito claro: "...assim como o noivo fica feliz com a noiva, também o seu Deus se alegrará com você" (ISAÍAS 62:5).

Esta comparação é repetida em toda a Palavra de Deus. Pense durante um momento: Como duraria um casamento que celebra seu amor de maneira exclusivamente racional, sem nenhum entusiasmo? Como se sentiria uma esposa intelectualmente amada, sem que receba nenhuma outra manifestação de carinho por parte de seu esposo? Admitiríamos que alguém que diz que nos quer, o expresse sempre de modo sério, significativo e solene, sem que haja um sorriso sequer? Sem que seus olhos brilhem ao falar ou estar com quem ama?

> A Palavra de Deus sempre é radical: se o amamos, então o adoramos.

Somos a esposa de Cristo e um dia haverá as bodas do Cordeiro, na qual este relacionamento ficará firmemente estabelecido por toda a eternidade. Como noiva (e futura esposa), nosso amor a Deus está adornado com júbilo o que Deus sente ao nos ver. Ele afirma que nos deseja e nos espera com Seu coração cheio de alegria. Muito mais alegria deveríamos ter ao estar com o nosso Salvador!

Quando amamos, cantamos. Ficamos entusiasmados quando entregamos nosso coração e nossa vida a quem desejamos. Cantamos o amor, a família, a natureza. Muitos cantam seu país, outros têm canções para seu time favorito. Se em nosso coração há uma canção é porque amamos alguém, mas nenhuma religião "canta" ao seu deus, e as que o fazem é por imitação, porque para todas as demais crenças seu "deus" está distante. O povo de Israel jamais imitou a música dos povos pagãos, porque estes nunca cantavam para seus deuses. Somente o povo que ama pode cantar e usar absolutamente toda a música para dedicá-la ao seu Criador. Somente quem ama realmente ao único Deus pode cantar de coração, pois Deus aceita nossas canções e estilos diversos.[7]

Se em nossa vida há uma canção é porque amamos o Autor da vida. Adoramos ao nosso Criador, honramos o Senhor Jesus, ficamos entusiasmados com nosso Pai. E usufruímos desta comunhão, pois o Espírito Santo nos enche de Seu amor e Seu fervor!

Talvez ainda não tenhamos atentado para o fato de sermos a esposa do Cordeiro, assim quando vamos atrás de outros "deuses" estamos caindo em "prostituição" (EZEQUIEL 16:24). Se nosso coração não responde ao amor do Senhor, é porque outros "amantes" ocuparam Seu lugar especial. São eles que roubam nossa alegria, enquanto pecamos contra nosso Pai.

Estes deuses podem ter muitos nomes e circunstâncias diferentes. Podem ser coisas boas inclusive, que podem nos levar a esquecer (e infelizmente o fazem) de expressar nosso amor ao Único que o merece, ao Único que nos salvou.

As consequências são terríveis: "...se vocês não o servirem com alegria e gratidão, serão escravos dos inimigos que o SENHOR mandará contra vocês..." (DEUTERONÔMIO 28:47,48). A Palavra de Deus é sempre enfática: ela nos ensina que o maior problema não é deixar de servir ao Senhor, mas sim deixar de fazê-lo com "alegria e gratidão".

É tempo de examinar o nosso coração. Não nossas circunstâncias culturais, nosso caráter ou nossas rebuscadas escusas, mas nosso coração, pois o próprio Senhor Jesus afirmou que "...onde está o teu tesouro, aí estará também o teu coração" (MATEUS 6:21 ARA). Nosso tesouro é aquilo que nos traz alegria.

A expressão para "alegrar-se no Senhor" na língua hebraica é a mesma utilizada para se referir à felicidade do homem e da mulher no casamento. Da mesma forma como uma pessoa que se casa com um bom cônjuge não fica triste ou solene o tempo todo, assim não podemos conceber a ideia de não nos regozijarmos no relacionamento com Aquele que nos faz mais que felizes. Como poderíamos deixar de servir ao Senhor com alegria e deleite no coração.

Como podemos ler versículos como o Salmo 100:2 (e são muitos salmos que fazem a mesma afirmação) — "Adorem o SENHOR com alegria e venham cantando até a sua presença"— e nos manter indiferentes? As consequências de não servir ao Senhor com alegria são fatais: acabaremos servindo aos nossos inimigos, e nossa vida perderá todo sentido.

Se nossos lábios não cantam a Deus com entusiasmo, é porque não o amamos. Se nosso coração não transborda de adoração entusiasmada, talvez seja porque Deus não está em nós.

6. Compreender o coração de Deus

Mas eu olho confiante para Iahweh, espero no Deus meu Salvador... (MIQUEIAS 7:7 — BÍBLIA DE JERUSALÉM)

Olhar nos olhos de alguém é tentar ver o que há em seu coração, compreender o que quer nos dizer e tentar estar ao seu lado com todo nosso ser. Colocar nossos olhos no Senhor é aprender a pensar como Ele pensa e ver as coisas como Ele as vê.

Adorar com todo o ser é chegar a compreender o coração de Deus. Quando glorificamos ao Senhor (HEBREUS 12:2) e Ele ocupa o centro de nossa vida, nosso coração pode se aproximar intimamente do dele.

Jamais poderemos chegar a compreender tudo sobre Deus, pois Ele é imensamente maior do que nós, e nossos "pensamentos não são Seus pensamentos", mas quando estamos face a face com o Senhor é mais fácil obedecê-lo, compreender Sua vontade, ensinar a outros, e claro, evangelizar.

Se você não acredita nisso, faça um teste! Tente obedecer ao que Deus pede em Sua Palavra, sem estar próximo a Ele e amá-lo. Tente evangelizar mecanicamente, sem que o seu coração arda em devoção ao Senhor e em amor aos que se perdem. Tente ajudar a outros para que vivam perto do Senhor sem estar em Sua presença... A propósito, muitas vezes não apenas tentamos isso, mas essa é a nossa forma de vida.

O exemplo de Ana tira nossa máscara. Enquanto os sacerdotes de seu tempo viviam e exerciam seu trabalho como se Deus não existisse, Ana compreendia e escrevia teologia da melhor qualidade. Ela tinha descoberto como era o coração de Deus, pois expunha seu coração diante dele.

Do mesmo modo, os escritores dos Salmos viveram sempre perto do coração de Deus, pois nunca ocultaram nada dele.

> Os salmistas compuseram cânticos que são a Palavra de Deus, falando de seus próprios sentimentos e desejos.

É verdade que louvaram, adoraram, agradeceram, honraram a Deus, mas também expressaram seus sentimentos a Ele. Revelaram seus desejos de vingança, às vezes; seu cansaço, em muitas outras; em outras tantas, seu desânimo, mas sempre expressavam sua necessidade de encontrá-lo. Sim, os salmistas compuseram cânticos que são a Palavra de Deus, pois falaram de seus sentimentos e seus desejos. Embora adorassem ao Senhor, também cantaram sobre suas necessidades e seus anseios. E seu maior desejo sempre foi conhecer o coração de Deus.

7. Andar diariamente com o Senhor

> *...decidam hoje a quem vão servir [...]. Porém eu e a minha família serviremos a Deus, o SENHOR.* (JOSUÉ 24:15)

Se buscar a presença do Senhor é algo de um só momento, da emoção de uma boa mensagem ou da decisão do primeiro dia do ano (por exemplo), esse será um mau negócio! Não existe substituto possível ao andar diário com o Senhor. A busca com toda a alma pela presença de Deus não deve ser um objetivo ocasional, em momentos apropriados. Nossa vida deve prosseguir nele![8]

Quando deixamos de refletir a presença de Deus em nosso caminhar, estamos à beira da ruína e do fracasso. Jacó sentiu na própria carne, quando exclamou a Deus: "...Não te deixarei ir se me não abençoares" (GÊNESIS 32:26 ARA). Não é tanto as bênçãos (que há em abundância), mas sim a própria presença de Deus que dá dignidade, descanso e sentido à nossa vida diária!

Esta é a razão pela qual na Bíblia o louvor está sempre relacionado com a proximidade do Senhor. "Apeguem-se a Ele [...]. Seja ele o motivo do seu louvor..." (DEUTERONÔMIO 10:20-21 NVI). Deus quer que busquemos Sua face a cada dia. Inclusive fala de um modo figurado quanto à Sua presença para que entendamos nossa relação com Ele e nossa necessidade de comparecer diante dele. "Então voltarei para o meu lugar e ali ficarei até que eles reconheçam o seu pecado e, na sua aflição, venham me procurar" (OSEIAS 5:15).

Jamais devemos nos esquecer que Deus pede que busquemos Sua face, não porque Ele necessite disto, mas porque nós o necessitamos. "Faze resplandecer o rosto sobre o teu servo..." (SALMO 119:135 ARA). Quando Deus faz resplandecer Seu rosto sobre nós é como se sorrisse para nós. Sua face brilha em nós e chega até o mais profundo de nosso coração, de forma que, pouco a pouco, começamos a refletir o Seu semblante em nossa vida e nos parecemos mais com Ele. Paulo resumiu isto de uma forma genial, inspirado pelo Espírito Santo:

Portanto, todos nós, com o rosto descoberto, refletimos a glória que vem do Senhor. Essa glória vai ficando cada vez mais brilhante e vai nos tornando cada vez mais parecidos com o Senhor, que é o Espírito. (2 CORÍNTIOS 3:18)

Buscar diariamente o Senhor de todo o coração não é uma disciplina opcional para os que almejam uma santidade mais elevada. É a própria base da vida cristã (JEREMIAS 29:12). É admirável o exemplo da mulher em 1 Samuel 4:19-22. Quando sabe que foi roubada a arca da aliança que representava a presença de Deus no meio do povo, prefere morrer, porque sua vida já não tem nenhum sentido sem essa glória.

Não lhe importava ver seu filho homem nascer (importantíssimo para uma mãe israelita), e colocou-lhe o nome de Icabô (sem glória), pois não pode haver glória se Deus não está presente. Se tivéssemos um conceito tão alto da glória de Deus e Sua presença significasse tanto para nossa vida, pode ser que não necessitássemos tantos livros, nem tantas explicações sobre como ter um coração mais próximo ao Senhor.

Hoje mesmo, se você não teve um encontro a sós com o Senhor e está vivendo sem perceber que Ele vive em seu interior, está perdendo tempo. Por ora, pegue sua Bíblia e deleite-se na graça de poder falar e escutar seu Criador.

Deus busca pessoas leais

Fidelidade, esta é uma das características mais importantes na vida de um amigo, e a que nos "deixa" mais próximos do coração de Deus: "As outras nações adoram e obedecem aos seus deuses; mas, quanto a nós, o SENHOR é o nosso Deus, e nós o adoraremos e lhe obedeceremos para sempre" (MIQUEIAS 4:5).

Decidir ser fiel a Deus é o passo mais importante em uma verdadeira adoração de coração. Independentemente do que vier a acontecer, decidimos que o Senhor sempre será o nosso Deus. Mesmo que sucedam muitas coisas que não entendemos. Mesmo que não tenhamos filhos. Mesmo que o mundo pareça estar de cabeça para baixo. Mesmo que a tristeza inunde nossa vida... Sempre desejaremos estar na presença do Senhor.

Deus ama a fidelidade mais do que todos os sacrifícios (OSEIAS 6:6). E queremos amar tudo o que o próprio Deus ama.

Ana sempre vinha à presença de Deus. Era fiel em buscar o Senhor em todo momento, mesmo que Ele tivesse permitido que fosse infértil. A fidelidade que Deus busca não é a perfeição, mas sim a necessidade e o desejo de que estejamos em Sua presença todos os dias.

Alguns têm confundido os termos e transformam em conceitos como "obrigação" de estar com o Senhor, ter um tempo devocional com Ele etc. Não estamos deixando de lado a disciplina de fazer o correto, mas jamais devemos esquecer que Ana não tinha a obrigação de ir à presença de Deus, mas ela desejava isso profundamente.

Lembra-se também do episódio de Maria e Marta? Marta tinha compreendido sua obrigação de trabalhar para o Mestre. Maria ansiava estar com o Senhor.[9]

Nossa fidelidade é medida por nosso desejo mais profundo de que Deus seja o primeiro em todas as coisas, que nosso amor por Ele seja inquebrável e cresça cada dia. Nosso maior desejo é estar com Ele.

Por favor, lembre-se

Sim, lembre-se, porque recordar etimologicamente quer dizer "voltar a passar pelo coração", ver as coisas não somente com nossa mente, mas também com nosso coração. Na etimologia latina, *cardis* é coração, e *re* é prefixo para "voltar". Esta é a razão pela qual recordamos de algo quando o temos no coração.

As ideias na mente são apenas informações, não recordações. Enquanto todos os nossos princípios não passarem pelo nosso coração, eles não adquirirão vida em nós. As ideias pertencem a todos; as recordações são pessoais.[10]

> As ideias pertencem a todos;
> as recordações são pessoais.

Somos especialistas em ensinamentos e reuniões que apenas alimentam nossa mente. A consequência é que nos parecemos muito com Eli, que não somente tinha perdido o valor de Deus em sua vida cotidiana (seus filhos desobedeciam e afrontavam o nome do Senhor), mas também cria que aqueles que viviam na presença do Senhor (o caso de Ana) estavam embriagados. Eli estava tão preocupado com sua religião, com o templo, com as formas, que chegou a confundir a obra do Espírito de Deus com o efeito do vinho. E não foi o único. Vários séculos mais tarde (no Dia de Pentecostes), o povo judeu confundiu a maravilhosa manifestação do Espírito Santo com os efeitos do álcool (ATOS 2). Mas não podemos julgar a todos de um modo tão severo, pois nós mesmos somos especialistas em maneiras religiosas, e muito fracos em recordações. Não é a primeira vez (e infelizmente não será a última) que propomos todo tipo de desculpas e razões para não querer admitir a obra do Espírito de Deus na adoração de Seu povo.

Ó SENHOR Deus, eu lembrarei dos teus feitos maravilhosos! Recordarei as maravilhas que fizeste no passado. (SALMO 77:11)

Ter o coração cheio de recordações e gratidão é uma das formas mais sublimes de agradecer a Deus. Ao longo da Bíblia encontramos muitos exemplos quanto à importância de ter diante de nós as obras de nosso Criador. Desde o primeiro livro, Deus pediu a muitos de Seus filhos (como a Jacó em sua "Betel") que levantassem diferentes tipos de "monumentos" para lembrar o que Ele havia feito em sua vida. Página a página, o Espírito nos ensina que é crucial lembrar o que Deus fez, faz e fará por nós e nos ensina que se deixarmos de "recordar", perderemos o rumo.

Não é por acaso que Jesus mesmo disse em um momento crucial de Sua vida: "...Façam isto em memória de mim" (LUCAS 22:19). E nós o fazemos, mas, às vezes, nosso coração não está presente. Às vezes nosso entusiasmo está guardado para vaidades sem sentido. Em muitas ocasiões, adoramos a Deus e comparecemos diante de Sua presença sem pôr nossa alma nisso. Sabemos quase tudo sobre essas coisas, e as temos bem guardadas e classificadas em nossa mente. Precisamos voltar a lembrar. É imprescindível que voltemos a passar todas essas coisas pelo nosso coração.

Notas

1 A Bíblia nos ensina que os filhos de Eli se perderam, porque nunca serviram a Deus de fato. É muito triste que às vezes ocorra o mesmo com os filhos de alguns líderes de igrejas, cuja única referência que têm do sagrado são críticas de seus pais para com os outros e sua tristeza por um serviço ao Senhor que deveria ser cheio de entusiasmo. Quando nos preocupamos apenas com o comportamento exterior, cremos que aqueles que usufruem da presença de Deus estão quase "embriagados" e os julgamos, as consequências podem ser terríveis em nossa vida e na vida de nossos filhos. Em muitas ocasiões, estamos mais preocupados com formas, tradições, estruturas e atividades, do que com nossa vida espiritual, e isto nossos filhos observam e seguem.

2 Uma das melhores coisas que podíamos fazer agora é examinar com atenção a teologia do cântico de Ana, pois ela conhecia profundamente a Deus. Esta é a razão pela qual encontramos muito mais características de Deus nestes poucos versículos, do que em muitas palavras de muitos mestres religiosos. Ana não havia frequentado nenhum seminário para chegar a este conhecimento. Ela não menciona qualquer problema, em seu cântico; tudo o que sabe e conhece é a Deus. E valeria mais aprendermos a viver como ela.

3 Desde as primeiras páginas da Bíblia, Deus deixa muito claro que não admite concorrentes na adoração (ÊXODO 20:5) e que o coração é o centro da adoração (DEUTERONÔMIO 6:5; 11; 1 SAMUEL 12:24). Inclusive em situações como a consagração do templo por Salomão, o coração é mencionado uma e outra vez como fonte do amor ao Senhor (1 REIS 8:39,45,48). O coração como centro da vida, dos sentimentos e das decisões é citado uma e outra vez na Palavra de Deus como quesito em Sua presença. Uma adoração desmotivada é algo muito inútil para Deus.

4 Às vezes, quando alguns pregadores ou professores "despejam" declarações contundentes, deveríamos ser capazes de respondê-los para que os cristãos que os ouvem não fiquem confusos. Digo isso porque alguém disse num congresso: "Atualmente, não há muitas canções de louvor a Deus e o Senhor não as aceita, pois elas falam muito sobre os sentimentos e pouco sobre Deus. A verdadeira

adoração fala somente a respeito de Deus." Muitos assentiram com a cabeça como se dissessem: "É mesmo, é isso que está acontecendo hoje." O problema é que essa frase foi dita na ignorância da Palavra de Deus. Se removêssemos da Bíblia todas as canções que falam sobre sentimentos e circunstâncias, praticamente excluiríamos quase todo o livro de Salmos, a maioria das músicas do Antigo Testamento e muitas outras palavras do Senhor Jesus e dos apóstolos.

5 O entusiasmo, a alegria, o gozo e a festa são imprescindíveis na presença de Deus. Tanto que quando lemos a Bíblia, se torna impossível compreender de onde saíram nossas frias reuniões.

A Bíblia nos ensina a fazer uma festa de celebração diante do Senhor: "Alegrem-se ali na presença de Deus, o Senhor" (DEUTERONÔMIO 27:7); "...alegrem-se e louvem a Deus, pois o santo e poderoso Deus de Israel mora no meio do seu povo" (ISAÍAS 12:6). Convida-nos a celebrar o dia de repouso (ÊXODO 31:16) e nos lembra que por não celebrar as festas estabelecidas pelo Senhor, o povo foi levado cativo à Babilônia.

A Festa das Trombetas (Números 29) foi instituída por Deus para que o povo se reunisse para adorar e celebrar. Não devia ser realizado nenhum tipo de trabalho, sendo que o povo devia sacrificar algo de valor diante de Deus. A festa era contínua na presença do Senhor.

A Bíblia ensina que o louvor traz alegria "...os honestos andam livres e felizes." (PROVÉRBIOS 29:6; SALMO 9:11; 33:11; 100). São centenas de versículos que nos mandam cantar alegres a Deus (SALMO 98:4). Em outro lugar explicamos como a ordenança mais repetida na Bíblia é precisamente este: "Cantem alegres a Deus". Por outro lado, não podemos esquecer que a primeira coisa que desaparece quando deixamos de louvar ao Senhor é a alegria (JEREMIAS 48:33).

A alegria do Senhor é imprescindível em nossa vida. "A alegria que o SENHOR dá fará com que vocês fiquem fortes" (NEEMIAS 8:10); "Tenham sempre alegria, unidos com o Senhor! Repito: tenham alegria!" (FILIPENSES 4:4; 1 TESSALONICENSES 5:16; ISAÍAS 25:9; 1 REIS 4:20); "Com alegria eterna" (ISAÍAS 35:10 ARA; 51:3; 52:8; 9; 54:1). Uma e outra vez enfatiza a alegria e o regozijo (2 CRÔNICAS 30:26; 1 CRÔNICAS 29:22; JEREMIAS 30: 18,19).

Deus ordena que o louvor seja alegre e entusiasta. "[Vocês] pegarão os seus tamborins e dançarão de alegria" (JEREMIAS 31:4), "O SENHOR diz: cantem de alegria..." (v.7). (Qual a ideia que as pessoas que participam de nossas reuniões têm sobre Deus? Um Deus cheio de alegria?) "Mas vocês cantarão de alegria como fazem nas noites das festas sagradas; vocês ficarão felizes como os que, ao som da música de flautas, sobem o monte sagrado para adorar o Senhor, o forte protetor de Israel" (ISAÍAS 30:29); "...Se alguém está contente, cante hinos de agradecimento" (TIAGO 5:13); "...vocês ficarão felizes na minha casa de oração" (1 PEDRO 1:8; ISAÍAS 56:6,7).

O que tem acontecido com o gozo e a alegria em nossa vida? E em nossas reuniões? De todo coração, peço que você leia toda a Bíblia para compreender a manifestação de Deus aos homens e ao Seu povo, e comprovar como sempre há alegria nesta comunhão. É o relacionamento de um Pai amoroso com Seus filhos, do Criador com Seu povo; do Esposo com a esposa. Este relacionamento está sempre sinalizado por Deus com gozo e alegria.

6 Todas as nossas canções são únicas para Deus, porque cada canção que brota de um coração que ama é recebida com carinho por nosso Pai. O problema é que alguns cristãos e igrejas ainda não entenderam o que significa amar a Deus e as consequências disso. Eles não sabem viver na presença do Senhor expressando amor.

Lembro-me de uma vez em que preguei numa reunião de oração, falei sobre estar com Deus e usufruir de Sua presença, e então pedi-lhes para cantar uma canção conhecida cujo uma das frases diz: "Meu único desejo é estar ao seu lado."

Mais tarde fiquei sabendo que algumas pessoas não acharam apropriado que se cantasse a canção que sugeri. Eles não entenderam o que significa prostrar-se na presença de Deus, adorá-lo e entoar-lhe louvares, porque Ele é o único desejo de nosso coração. Nosso Senhor é o grande amor da nossa vida!

7 Quando não vivemos face a face com Deus, perdemos de vista a grandeza e a beleza da vida com Jesus, cheio do Espírito Santo. Acredito que devido a vida cristã que levamos, nem percebemos quão longe estamos de tudo o que Deus preparou para usufruirmos de sua presença, inclusive do quão longe estamos de crescer e nos parecermos mais como Ele.

Uma vez um criador de peixes me ensinou que se pode ter tubarões pequenos desde que você os crie num aquário ao invés de colocá-los no mar. Tubarões crescem de acordo com o lugar onde estão. Você pode ter um tubarão de apenas 30 cm, perfeitamente acondicionado ao lugar em que cresce, porém se você levá-lo ao mar, este crescerá o quanto for possível.

Assim, são muitos cristãos, eles têm sempre tudo "sob controle" e não querem crescer "além" do lugar em que estão, dos padrões de sua igreja, de seus líderes ou de suas tradições. Não são capazes de mergulhar no mar da graça de Deus para nadar, alimentar-se e usufruir muito mais do que imagina. E assim, crescer na comunhão face a face com o seu Criador e atingir a plena medida de Cristo.

Depende de nós se queremos viver acondicionados em nosso aquário ou entrar no vasto oceano.

8 Andar com Deus é a chave na Bíblia para guardar Seus mandamentos. Não é questão de saber somente, mas de saber e praticar.

"[Ponham] o seu interesse nas coisas que são do céu..." (COLOSSENSES 3:1). Esta é a maneira de se "saciar" de Deus — não somente por estar completo, mas sim por estar transbordando.

"Vocês terão comida até não querer mais e louvarão o SENHOR, seu Deus..." (JOEL 2:26). Esta é a razão pela qual o louvor flui no coração do que anda dia a dia (apesar de todos seus problemas) com o Senhor. Da pessoa que é capaz, não só de levantar as mãos em adoração ao Senhor, mas de "abrir o coração " (LAMENTAÇÕES 3:41).

Não estamos falando de conhecimentos nem de formas: a base é o caminhar diário com o Senhor. Daí surgem decisões, compromissos com Ele e mudanças que o Espírito de Deus efetua em nossa vida.

9 Embora não seja o momento para um exame bíblico mais profundo, chama imensamente a atenção que, apesar das qualidades de Marta (que eram muitas) e seu serviço abnegado, a vida do Senhor se refletia em primeiro lugar em Maria, como mostra o fato de que pessoas vinham escutá-la, e não a sua irmã serviçal (JOÃO 11:45).

Muitas vezes trabalhamos e trabalhamos na igreja para que as pessoas conheçam ao Senhor, e não terminamos de aprender a lição que o que eles precisam é ver Jesus em nós, não tanto em nosso trabalho.

10 Ainda que seja apenas um jogo de palavras, vale a pena mencionar que o termo para "recordar" em inglês é *remind*, que vem da combinação de *mind* (mente) e re (de novo). Com isso chegamos à conclusão de que, às vezes, é a cultura que cria uma diferença entre nós. Os saxões usam mais sua mente, e, portanto, não gostam de expressar suas emoções — isso é um fator sociológico e não um princípio bíblico — e os latinos pensam mais com o coração.

É apenas um pequeno detalhe para nos lembrarmos que não podemos impor algo às pessoas ou grupos apenas por razões culturais.

Capítulo 5

ISAÍAS: TREMENDA RELIGIÃO, TRISTE RELAÇÃO... QUANDO NEM TUDO É O QUE PARECE

Desmascarando um problema de confiança (ISAÍAS)

Quanta prosperidade! A economia era pujante, os inimigos estavam tranquilos, as pessoas viviam em paz. O reino de Uzias fora tremendo. Não havia tanto bem-estar desde os dias do rei Salomão (ISAÍAS 2-4). Neste contexto apareceu um homem que pregava o fim do mundo: Que louco! Não sabia que a vida era boa? O que dizia do castigo de Deus?

Isaías se chamava *yeš'yahû*, "Yahweh *é salvação*" e trazia uma mensagem dura e forte a uma sociedade que desfrutava plenamente do materialismo, cuja filosofia de vida se baseava no humanismo com a centralidade do homem e de suas necessidades. Nascido em classe alta, nobre, bem-educado e respeitado, foi conselheiro real em assuntos de relações exteriores. Mas se converteu em inimigo público número 1 quando iniciou seu ministério ao dizer:

Escutem, ó céus, preste atenção, ó terra, pois o SENHOR Deus falou! Ele disse: "Criei filhos e cuidei deles, mas eles se revoltaram contra mim. O boi conhece o seu dono, e o jumento sabe onde o dono põe o alimento para ele, mas o meu povo não sabe nada, o povo de Israel não entende coisa nenhuma." Ai desse povo mau, dessa gente cheia de pecados!... (ISAÍAS 1:2-4)

Coube ao profeta Isaías viver em uma época na qual a maioria estava equivocada quanto ao seu relacionamento com o Senhor, embora eles não o tivessem percebido. E além de ter que suportar esta era, Deus o escolheu para falar ao povo mostrando-lhe seu equívoco e pecado. Israel tinha perdido sua comunhão com Deus, o que se manifestava através da perda de uma verdadeira adoração. Seus cultos eram impressionantes, tudo estava em ordem e projetado de maneira perfeita, mas na realidade careciam do conceito da presença de Deus em sua vida diária. A relação com o Senhor se limitava aos cultos como comunidade. Uma vez fora do templo não havia nada mais, tudo era uma fachada religiosa que logo viria abaixo, levando atrás de si toda a prosperidade e segurança do país. As pessoas não criam nisto. Eram cegos espirituais. Somente viam seus bons cultos, cheios de cânticos e bom ensino. No entanto, Isaías lhes disse: Deus abomina sua adoração, pois é falsa e igual às suas vidas; não tem profundidade nem intimidade com o Senhor.

> Deus abomina nossa adoração, pois é falsa e igual a nossa vida:
> não tem profundidade nem intimidade com o Senhor.

Isaías se deparou com um povo cheio de maldade, mas ao contrário do que se poderia pensar, não eram pessoas blasfemas, pecadoras ou espiritualmente ignorantes. Não, o problema residia em pessoas que acreditavam que eram santas, pois vinham adorar a *Yahweh* e passavam longos momentos em assembleias solenes e cultos impressionantes.

Um povo profundamente religioso, que tinha abandonado o Senhor para flertar com o perigoso mundo do nominalismo, materialismo, ativismo e egoísmo. Não confiavam verdadeiramente no Senhor. Sua confiança estava posta em si mesmos e nos recursos do mundo e por isto Deus lhes disse: "estou farto" de sua adoração.

Tinham uma tremenda religião, mas um insipiente relacionamento com Deus.

> *O SENHOR diz: "Eu não quero todos esses sacrifícios que vocês me oferecem. Estou farto de bodes e de animais gordos queimados no altar [...] Não adianta nada me trazerem ofertas; eu odeio o incenso que vocês queimam [...] As Festas da Lua Nova e os outros dias santos me enchem de nojo; já estou cansado de suportá-los. "...Ainda que orem muito, eu não os ouvirei, pois os crimes mancharam as mãos de vocês."* (ISAÍAS 1:11-15)

Deus revelado: Santo, santo, santo

Isaías foi denominado como o "Evangelista da Antiga Aliança", o "Profeta evangélico", ou a "Águia dos profetas". Sua mensagem foi um chamado para voltar a confiar em Deus. As pessoas pensavam que tudo ia bem devido à sua prosperidade e porque (naquele momento) não tinham guerras nem ataques por parte de seus inimigos. Entretanto, Isaías, por meio da inspiração do Espírito Santo, deu-lhes a Palavra de Deus que é "...viva e poderosa e corta mais do que qualquer espada afiada dos dois lados. Ela vai até o lugar mais fundo da alma e do espírito, vai até o íntimo das pessoas e julga os desejos e pensamentos do coração delas" (HEBREUS 4:12). Esta palavra identificou tão eficazmente a condição do coração deles que aprenderam que Deus os via com olhos de águia, observando cada detalhe, pensamento e motivação. Não importava o que fizessem. O Senhor podia ver a realidade de sua adoração e por isto Sua Palavra iria penetrar em seus corações do mesmo modo que o ataque preciso de uma águia, que vê do céu um pequeno coelho e desce rapidamente para capturá-lo.

É possível entender a confusão das pessoas. Como Deus pode nos condenar quando o adoramos com tantos sacrifícios e cultos especiais? A resposta está na revelação de seu caráter.

Santo, santo, santo é o SENHOR Todo-Poderoso; a sua presença gloriosa enche o mundo inteiro! (ISAÍAS 6:3)

Deus é santo e deseja que Seus filhos também sejam santos, totalmente comprometidos e que confiem somente nele. O Senhor não tem interesse na religião. Não é qualquer ato de adoração que é válido. Por isto, Sua expectativa é uma adoração santa; ou seja, algo fora do normal, algo radical e que inclua todo nosso ser. Deus é santo e quer corações santos.

Portanto, a base da adoração é a santidade de Deus. Ele é exaltado acima de tudo, tão alto que não existe comparação com nada na Terra.

Quem mediu a água do mar com as conchas das mãos ou mediu o céu com os dedos? Quem, usando uma vasilha, calculou quanta terra existe no mundo inteiro ou pesou as montanhas e os morros numa balança? Quem pode conhecer a mente do SENHOR? Quem é capaz de lhe dar conselhos? Quem lhe deu lições ou ensinamentos? Quem lhe ensinou a julgar com justiça ou quis fazê-lo aprender mais coisas ou procurou lhe mostrar como ser sábio? Para o SENHOR, todas as nações do mundo são como uma gota de água num balde, como um grão de poeira na balança; ele carrega as ilhas distantes como se fossem um grão de areia [...] Para ele, as nações não são nada; na presença dele, elas não têm nenhum valor. Com quem Deus pode ser comparado? Com o que ele se parece? Ele não é como uma imagem feita por um artista, que um ourives reveste de ouro e cobre de enfeites de prata. Quem não pode comprar ouro ou prata escolhe madeira de lei e procura um artista competente que faça uma imagem que fique firme no seu lugar. Será que vocês não sabem? Será que nunca ouviram falar disso? Não lhes contaram há muito tempo como o mundo foi criado? O Criador de todas as coisas é aquele que se senta no seu trono no céu; ele está tão longe da terra, que os seres humanos lhe parecem tão pequenos como formigas. Foi ele quem estendeu os céus como um véu, quem os armou como uma barraca para neles morar. É ele quem rebaixa reis poderosos e tira altas autoridades do poder. Eles são como plantas que brotaram há pouco e quase não têm raízes. Quando Deus sopra neles, eles murcham, e a ventania os leva para longe, como se fossem palha. Com quem vocês vão comparar o Santo Deus? Quem é igual a ele? Olhem para o céu e vejam as estrelas. Quem foi que as criou? Foi aquele que as faz sair em ordem como um exército; ele sabe quantas são e chama cada uma pelo seu nome. A sua força e o seu poder são tão grandes, que nenhuma delas deixa de responder. (ISAÍAS 40:12-26)

Deus é "santo" no sentido mais completo dessa palavra. Isto é, Ele é tão elevado que Seu caráter, Seus pensamentos, todo Seu ser não tem comparação e é separado de tudo. Não há nada nem ninguém como Ele! O Senhor é distinto de tudo aquilo pelo qual queiramos substituí-lo e por isto merece nossa total confiança.

Esta magnitude de Deus deve nos levar a nos prostrarmos diante dele em adoração. Conforme Filipenses 2, é exatamente o que irá ocorrer quando o mundo comparecer diante de Seu trono.

Por isso Deus deu a Jesus a mais alta honra e pôs nele o nome que é o mais importante de todos os nomes, para que, em homenagem ao nome de Jesus, todas as criaturas no céu, na terra e no mundo dos mortos, caiam de joelhos e declarem abertamente que Jesus Cristo é o Senhor, para a glória de Deus, o Pai. (FILIPENSES 2:9-11)

Adoração é proclamar que "Deus é santo" em minha vida e, portanto, esperar somente nele. É curioso que ao longo dos séculos a principal revelação de Deus quanto a uma base teológica para adoração, tenha sido a de Sua santidade. Em toda a Bíblia, quando Deus quer se revelar ao mundo e mostrar Sua comunhão com Seus

filhos, Ele lhes diz: "Sou santo!" Esta mensagem nunca mudará: "...E dia e noite não paravam de cantar assim: "Santo, santo, santo é o Senhor Deus, o Todo-Poderoso, que era, que é e que há de vir."
(APOCALIPSE 4:8)

Deus é "santo", ou seja, "único e sem igual". Não quer receber o tipo de adoração que recebem os outros deuses (ISAÍAS 42:8) nem ter adoradores iguais aos de outras religiões. Tem zelo por Seus filhos e por uma adoração distinta, que seja verdadeira e unicamente dedicada à Sua pessoa. Não tem nenhum interesse em meras formalidades. Expressou Seu desejo de que assim como Ele é santo, eles também devem ser santos, um povo separado e distinto dos demais.

Bênçãos prometidas

O Santo Deus lhes tinha prometido abençoá-los. Sua promessa foi feita primeiramente na aliança com Abraão (Gênesis 15) e desenvolvida pela aliança com Israel (DEUTERONÔMIO 27-30) e com Davi (2 Samuel 7; Salmo 89). Essa era uma aliança muito conhecida de todo o povo. Cada vez que iam ao templo, ouviam ou cantavam as promessas de bênçãos que provêm de obedecer a Deus; ou de maldição devido à desobediência. Veja esse pacto em forma de cântico:

Ó SENHOR Deus, eu sempre cantarei a respeito do teu amor e anunciarei a tua fidelidade a todas as gerações.

Sei que o teu amor dura para sempre e que a tua fidelidade é tão firme como o céu.

Tu disseste: "Eu escolhi o meu servo Davi, fiz uma aliança com ele e lhe prometi isto: 'Um dos seus descendentes sempre reinará; eu farei com que eles sempre sejam reis depois de você.'"

Ó SENHOR, os céus cantam as maravilhas que fazes, e, reunidos, os anjos cantam a tua fidelidade.

Não há no céu ninguém como tu, ó SENHOR! Entre os seres celestiais não há nenhum igual a ti.

Tu és respeitado na assembleia deles, és temido por todos os que estão ao teu redor.

Ó SENHOR, Deus Todo-Poderoso, não há ninguém que tenha tanto poder como tu! Em todas as coisas, tu és fiel, ó SENHOR!

Tu dominas o Mar poderoso, tu acalmas as suas ondas furiosas [...]

O céu é teu, e a terra é tua; tu criaste o mundo e tudo o que nele existe.

Tu fizeste o Norte e o Sul...

Por causa de ti, eles se alegram o dia todo e te louvam porque és bondoso.

Tu, ó Deus, és o nosso poder glorioso; por tua bondade, nos fazes vencer, pois escolhes o nosso protetor. Foste tu, SENHOR, o Santo Deus de Israel, que nos deste o nosso rei.

[...] dei a autoridade a um homem que escolhi do meio do povo. Escolhi o meu servo Davi para ser rei, ungindo-o com azeite sagrado [...]

Então ele me dirá: 'Tu és o meu pai e o meu Deus; tu és a rocha que me salva.'

Eu lhe darei os direitos de filho mais velho, farei com que ele seja o maior de todos os reis do mundo. Eu sempre o amarei, e a minha aliança com ele ficará firme.

Depois dele os seus descendentes sempre serão reis e reinarão enquanto o céu existir.

Mas, se os seus descendentes desobedecerem à minha lei, se não viverem de acordo com os meus ensinamentos, se desprezarem as minhas ordens e não guardarem os meus mandamentos, então eu os castigarei pelos seus pecados, eu os farei sofrer por causa dos seus erros.

Porém não deixarei de amar a Davi, mas cumprirei a promessa que lhe fiz.

Não quebrarei a aliança que fiz com ele, nem deixarei de cumprir nenhuma das minhas promessas.

De uma vez por todas, jurei pelo meu santo nome que nunca mentiria a Davi.

Ele sempre terá descendentes, e, enquanto o sol brilhar, eu protegerei o seu reinado.

Esse reinado durará como a lua, aquela fiel testemunha que está no céu. (SALMO 89:1-37)

Esse salmo expressa as mesmas ideias de Isaías: A santidade de Deus e Sua expectativa pela nossa santidade são a base da aliança. "Santo" se define em termos da exaltação de Deus, sobre tudo que há, exatamente como em Isaías ("Não há comparação"). A santidade do Senhor é um alicerce estável para Suas promessas a Israel. Em troca, em cada pacto estas promessas requerem a obediência e conformidade à mesma santidade divina. Se não permanecer fiel a seu compromisso de ser santo, o povo poderá esperar um castigo severo da parte de Deus.

Isaías não está proclamando algo novo. Diz-lhes: "Deus fez um pacto com vocês, não para fazer religião simplesmente, mas para que pratiquem uma comunhão santa e comprometida unicamente com o Senhor. Vocês não o fizeram e por isto Deus irá castigá-los."

Este pacto estava cheio de bênçãos prometidas. Se eles cumprissem sua parte, Deus daria lhes tais bênçãos (no fim, Deus cumprirá Sua aliança, apesar da desobediência deles; não obstante, a obediência ser um dos termos de tal pacto — *Hesed*[1]; 65:1 e ss). Era uma fórmula muito simples e que todo o povo entendia. No entanto, eles estavam tentando enganar a Deus. Queriam as bênçãos sem observar as condições do pacto.

Escutem, ó céus, preste atenção, ó terra, pois o SENHOR Deus falou! Ele disse: "Criei filhos e cuidei deles, mas eles se revoltaram contra mim. O boi conhece o seu dono, e o jumento sabe onde o dono põe o alimento para ele, mas o meu povo não sabe nada, o povo de Israel não entende coisa nenhuma."

Ai desse povo mau, dessa gente cheia de pecados! Todos são ruins, todos são perversos. Eles abandonaram o SENHOR, rejeitaram o Santo Deus de Israel e viraram as costas para ele.
(ISAÍAS 1:2-4)

Tirando a máscara

Incrível! Não existe outra palavra para descrever a luminosidade e o colorido do culto no templo. Era uma festa para os sentidos: ovelhas e bois, procissões, cheiro de incenso, música extraordinária, som de moedas das amplas ofertas. Desde os dias de Salomão não se tinha visto uma adoração tão elegante e extraordinária: escribas por todas as partes ensinando e lendo as Escrituras; corais cantando belas melodias com letra dos Salmos; instrumentos e danças ao Senhor; orações elevadas a *Yahweh* durante as 24 horas do dia. Nada se podia comparar ao que estavam fazendo, além de uma conformidade total com a lei — seguiam cada letra da lei, exatamente como Deus tinha pedido.

Deus é santo e busca pessoas santas que o adorem.

Enquanto eles acreditavam que tudo ia bem, e que Deus deveria estar "apreciando" o bem que estavam fazendo, o Senhor lhes lançou as palavras mais duras:

"Estou Farto!"

O SENHOR diz: "Eu não quero todos esses sacrifícios que vocês me oferecem. Estou farto de bodes e de animais gordos queimados no altar; estou enjoado do sangue de touros novos, não quero mais carneiros nem cabritos. Quando vocês vêm até a minha presença, quem foi que pediu todo esse corre-corre

nos pátios do meu Templo? Não adianta nada me trazerem ofertas; eu odeio o incenso que vocês queimam. Não suporto as Festas da Lua Nova, os sábados e as outras festas religiosas, pois os pecados de vocês estragam tudo isso. As Festas da Lua Nova e os outros dias santos me enchem de nojo; já estou cansado de suportá-los. "Quando vocês levantarem as mãos para orar, eu não olharei para vocês. Ainda que orem muito, eu não os ouvirei, pois os crimes mancharam as mãos de vocês.
(ISAÍAS 1:11-15)

Deus não deseja que cumpramos uma lista de normas, quer elas estejam ou não na Bíblia. O mais importante era e continua sendo entregar a Ele todo nosso ser em uma resposta santa e de amor. Podemos ser pessoas perfeitamente religiosas, que cumprem tudo o que a nossa religião pede e, ainda assim, ter um coração morto. Israel tinha aparência de religião, mas estava espiritualmente morto.

Deus é santo e está buscando pessoas santas que o adorem, confiando somente nele. Israel estava seguindo a religião, ostentando uma bela máscara. Deus tirou esta máscara e expôs a alma deles que estava cheia de maldade.

Qual foi exatamente seu pecado? As pessoas pensavam que tudo ia bem. Não eram maus, mas sinceros e piedosos, utilizavam a Bíblia e faziam boas orações. Eram as pessoas mais respeitadas e "santas" do povo. Cumpriam todas as leis à risca e multiplicavam aqueles preceitos nos quais pudessem haver dúvidas, para que ninguém os questionasse quanto à sua própria integridade. Se a lei dizia que deviam jejuar uma vez por semana, faziam duas ou três. Se a lei os ordenava que orassem, não esperavam chegar ao templo, já faziam isto na rua. Se a lei orientasse que deviam lavar as mãos antes de comer, eles as lavavam sete vezes. Pensavam que eram os mais santos. Então, qual era seu problema?

O Deus Santo, Único, necessita de um povo que confie totalmente nele. Israel estava confiando no material, no que tinham em suas mãos, andando pelo que viam, não por fé. Tinham adulterado em seus corações, porquanto não esperavam em Deus para os detalhes de cada dia, porém apenas dependiam de si mesmos e de outras pessoas. Seu deleite estava em outros noivos, não em *Yahweh* e Sua Palavra.

> Confio em mim mesmo e na minha capacidade de me virar na vida conforme minhas necessidades e desejos. E Deus disse: "Estou farto!"

A raiz do problema estava em não CONFIAR em Deus: ter um coração dividido, carente de um relacionamento íntimo com o Senhor, evidenciado habitualmente pela ausência de aplicação de princípios bíblicos às situações rotineiras da vida e à falta de expressões de louvor verdadeiro. Em vez de pedir conselho a Deus quanto aos inimigos ao redor, Israel buscou, naquela época, alianças com o Egito e mais tarde com a Babilônia, para trazer segurança ao país. Estes acordos políticos evidenciavam um problema mais profundo que afetava tudo. Em qualquer assunto separado do culto no templo, os judeus confiavam em si mesmos em vez de confiar em Deus, caso se tratasse de decisões de negócios, atitudes parar com órfãos e viúvas, empréstimos, moralidade etc. Em tudo isto e mais — qualquer situação diária — tinham decidido que eram autossuficientes e não necessitavam consultar a Deus. Deus apenas valia para o culto. Somente se aproximavam dele quando iam ao templo. Seu erro residiu no humanismo: "Confio em mim mesmo e na minha capacidade de me virar na vida conforme minhas necessidades e desejos". Por ser excluído do cotidiano do povo, Deus disse: "Estou farto!"

A adoração expõe o coração

O Senhor estava, de fato, tão aborrecido com eles simplesmente porque conseguiram ajuda do Egito diante de ataques externos? Não.

Isto era uma simples evidência de algo mais profundo. É curioso como Deus descreve o problema em termos de culto. A adoração é nossa resposta à Sua revelação. Por isto, podemos "medir a temperatura" do coração de qualquer cristão vendo o louvor que sai de sua boca. Se sua expressão de amor para com o Senhor não é mais que conformidade à tradição ou normas religiosas, sua comunhão com Deus tem uma doença de coração muito séria. Porém, se a adoração tem vida e está cheia de louvor, focada na Palavra de Deus em vez de em opiniões humanas, embora se engane quanto ao estilo ou expressão externa, esta pessoa agrada a Deus e seus sacrifícios serão aceitos. Ou seja, seu coração está são e santo.

A expressão do amor a Deus é uma demonstração da verdadeira espiritualidade do homem. Quando entramos na presença do Senhor, nosso coração está exposto diante dele. Ele nos vê exatamente como somos, sem fachada nem máscaras. Quando usufruímos de Sua presença, nossos pensamentos e motivações são evidentes. Não importam ao Senhor palavras grandiloquentes nem cultos piedosos. O verdadeiro adorador confia somente no Senhor e permite ao Espírito Santo lhe observar intimamente, para dirigi-lo em todos seus caminhos. Esta é "adoração santa".

> Quando entramos na presença de Deus, nosso coração está desnudo diante dele.

Adão e Eva estavam nus diante do Senhor. Não sabiam o que era roupa e nunca pensavam na necessidade de se esconderem de Deus nem sequer uma pequena parte de suas vidas. Um dia chegou o tentador e ambos decidiram confiar em seu conselho, em vez de esperar pela caminhada habitual com Seu Pai. O resultado foi terrível. Por não confiarem continuamente em *Yahweh*, eles e as gerações posteriores foram castigados. Também, imediatamente após mostrar sua falta de confiança em Deus (isto é, querer confiar em sua própria inteligência), notaram sua nudez e trataram de se cobrir diante do Senhor. O relacionamento espiritual expõe o ser interior!

Que triste! Tinham desfrutado da melhor comunhão possível com o Senhor e um com o outro. No entanto, como consequência de um momento de abandono de sua confiança em Deus, perderam a intimidade que tinham com o Pai. Perderam a inocência de sua nudez física e espiritual, tratando de cobrir seus corpos com plantas e seus corações com justificativas. Deus cobriu seu físico, mas expôs seus corações. Desde então, ao longo de toda a história da humanidade, temos buscado voltar ao conhecimento íntimo do Criador que Adão e Eva tiveram no Éden. Se o conseguimos por meio de nos conformar à Sua Palavra, nosso coração volta a estar exposto diante dele e usufruímos, embora somente por alguns momentos, da comunhão de caminhar com Ele.

O pecado de Israel consistiu em não confiar totalmente em Deus e por isto sua adoração não foi aceita. Israel não tinha se santificado; nem dado a devida importância à supremacia de Deus em toda a vida (decisões, compromissos, relacionamentos etc.). *Yahweh* não era o único Deus na vida deles e por isto não tinham obedecido a Sua Palavra nem escutado seus profetas. Sua soberba foi total e fatal (cf. 2:6 e ss; 3:8; 5:15 e ss; 22:1 e ss; 28:15; 29:14 e ss; 32:9 e ss).

- **O problema:** não confiar em Deus diariamente.
- **A evidência:** um louvor frio, falso e ineficaz, mantido por tradições e formas, sem consciência do propósito.
- **O resultado:** sermos alvo da ira de Deus, que nos expõe para mostrar nosso pecado e nos chamar ao arrependimento.

A solução está em esperar no Senhor

Formalismo, tradicionalismo, adoração fria e sem vida. Como podemos nos assegurar de que Deus irá aceitar nossa adoração? O que devemos fazer se a adoração de nossa igreja está morta ou é menos do que deveria ser?

Isaías tinha uma mensagem clara para Israel:

Povo de Israel, por que você se queixa, dizendo: "O SENHOR não se importa conosco, o nosso Deus não se interessa pela nossa situação"? Será que vocês não sabem? Será que nunca ouviram falar disso? O SENHOR é o Deus Eterno, ele criou o mundo inteiro. Ele não se cansa, não fica fatigado; ninguém pode medir a sua sabedoria. Aos cansados ele dá novas forças e enche de energia os fracos. Até os jovens se cansam, e os moços tropeçam e caem; mas os que confiam no SENHOR recebem sempre novas forças. Voam nas alturas como águias, correm e não perdem as forças, andam e não se cansam. (ISAÍAS 40:27-31)

Esperar e confiar, ou como disse o rei Davi: "Que a sua felicidade esteja no SENHOR! Ele lhe dará o que o seu coração deseja! Ponha a sua vida nas mãos do SENHOR, confie nele, e ele o ajudará" (SALMO 37:4,5).

Confiar e esperar no Senhor muda o coração, nos santifica e dá um espírito de verdadeira adoração.

A solução para Judá não era complicada. Seu problema residia em confiar em si mesmo em vez de esperar no Senhor. A Bíblia permuta estas palavras "esperar", "confiar", "deleitar", "entregar-se" etc., para expressar nossa necessidade de pôr Deus como a prioridade de nossa vida, dando-lhe a primazia, incluindo-o em tudo o que compõe a nossa rotina diária. Sem este passo tão radical é impossível adorá-lo como Ele quer. Podemos seguir todas as etapas da adoração e do culto, mas se todo nosso ser não confia inteiramente nele a cada momento, a cada dia, a adoração não é mais que uma mera formalidade.

Hudson Taylor, o missionário inglês que Deus usou para levar o evangelho aos chineses no fim do século 19 e começo do século 20, teve que aprender a lição de confiar e esperar total e diariamente no Senhor antes que fosse possível tornar realidade o poder e o descanso de uma vida espiritual. Mais tarde disse que seu "segredo espiritual" consistiu em *"lançar a carga sobre o Senhor"*.

"Sofrendo intensamente, saí para andar pela praia. Ali o Senhor dominou minha incredulidade e me entreguei a Deus para este ministério. Disse a Ele que toda a responsabilidade quanto aos resultados e consequências deveria descansar nele; que como Seu servo competia a mim somente obedecer e segui-lo; cabia a Deus me dirigir, cuidar e me orientar e também àqueles que viriam a colaborar comigo. Devo dizer que Sua paz inundou rapidamente o meu coração?" —*O segredo espiritual de Hudson Taylor* (Editora Mundo Cristão, 1984).

Deve-se notar que este grande missionário encontrou seu "segredo" depois de muitos anos em servir ao Senhor na China, não no começo de seu ministério. E devido à sua total confiança em Deus, Taylor começou a usufruir de uma comunhão íntima e verdadeira com Jesus, desenvolvendo uma grande paz e compreensão extraordinária de Sua vontade para o ministério. Como resultado desta espera diária no Senhor em todas as coisas, grandes e pequenas, era impossível deter o louvor em seus lábios. Confiar ou esperar no Senhor muda o coração, nos santifica e dá um espírito de verdadeira adoração. Hudson Taylor encontrou este "segredo" e a mudança foi evidente:

"O segredo de sua própria fortaleza estava à vista. Quando era permitido em seu trabalho, o Sr. Taylor tinha o costume de se sentar diante do pequeno harmônio para se distrair um pouco, tocando e cantando algum hino favorito, mas invariavelmente voltando àquele:
  Cristo, Cristo já confio em Teu nome, em Teu poder
  Cristo, Cristo, bem-amado, faze minha fé crescer. (CC 406)

Um dos 18 evangelistas, Jorge Nichol, estava junto dele em certa ocasião quando lhe foi entregue um pacote de cartas que traziam as notícias de graves motins em dois dos centros mais antigos da missão. Pensando que talvez o Sr. Taylor desejaria ficar a sós, este rapaz ia se retirar quando para sua surpresa alguém começou a assobiar. Era o suave refrão do mesmo bem-amado hino: Cristo, Cristo já confio em Teu nome, em Teu poder...

Nichol não pode deixar de exclamar:

— Como pode você assobiar quando nossos companheiros estão em grande perigo?

A resposta serena foi:

— E você quer que me aflija e me preocupe? Isto não os ajudaria e de fato me incapacitaria para meu trabalho. Não posso fazer nada mais que lançar a carga sobre o Senhor." —*O segredo espiritual de Hudson Taylor* (Editora Mundo Cristão, 1984).

Corrigir a adoração de uma pessoa ou igreja começa com uma correção da confiança: "Lançar a carga". Algo menos que isto é adultério espiritual, pois nosso coração fica dividido. Francamente, somos mais parecidos com o povo de Israel do que queremos admitir.

Dizemos que adoramos ao Senhor, mas nossos olhos estão fechados à realidade de que Deus não aceita o louvor de filhos que não demonstrem total confiança nele. Quantas vezes o Senhor tem que dizer a Seu povo: "Vejo você em suas compras, no uso de seu tempo, sua escolha de férias e amizades; na segurança que busca em uma conta bancária ou em uma grande casa; na dependência da família para lhe dar o conselho e a segurança que somente podem vir de mim!"

A mensagem de Isaías foi clara e simples: voltem a colocar sua confiança unicamente em Deus; se fizerem isto, Ele lhes dará nova força. Ao mesmo tempo, e devido à profundidade de seu pecado, também lhes ensinou vários passos que necessitavam dar para restabelecer uma vida de confiança no Senhor que se traduziria naquela adoração correta.

Primeiro Passo: Examinar-se e confessar

É tempo de se examinar

O SENHOR Deus diz: "Venham cá, vamos discutir este assunto. Os seus pecados os deixaram manchados de vermelho, manchados de vermelho escuro; mas eu os lavarei, e vocês ficarão brancos como a neve, brancos como a lã. (ISAÍAS 1:18)

O SENHOR diz: "Escute, gente surda! Olhe bem, gente cega! (ISAÍAS 42:18)

Examina-me e põe-me à prova, ó SENHOR; julga os meus desejos e os meus pensamentos... (SALMO 26:2)

Ó Deus, examina-me e conhece o meu coração! Prova-me e conhece os meus pensamentos. Vê se há em mim algum pecado e guia-me pelo caminho eterno. (SALMO 139:23,24)

...que cada um examine a sua consciência... (1 CORÍNTIOS 11:28)

A graça e o amor de Deus não nos livram de passar por escrutínios. Ao contrário, para que nossa comunhão com Ele seja boa, necessitamos nos examinar com frequência. Não com o temor de quem se sentirá reprovado ou rejeitado, mas com a confiança de quem está aprendendo a viver melhor a cada dia. Em todo o relacionamento amoroso, uma análise interior pode ser útil para nos aproximar mais da pessoa que amamos. A Bíblia nos ensina que quando adentramos à presença de Deus, devemos sondar a nós mesmos para que nossa atitude seja de um adorador.

Mas tu, ó SENHOR, me conheces; tu vês o que estou fazendo e sabes como te amo... (JEREMIAS 12:3)

Tenham entre vocês o mesmo modo de pensar que Cristo Jesus tinha... (FILIPENSES 2:5)

E não somente nossa atitude deve ser correta, também nosso coração deve estar cheio da Palavra de Deus para que a adoração flua continuamente. Jesus disse: "...a boca fala do que o coração está cheio" (MATEUS 12:34). A Palavra de Deus deve transbordar em nosso interior, encher de sentido o coração, ser a mais importante fonte de nossa alegria.

Assim também é a minha palavra: ela não volta para mim sem nada, mas faz o que me agrada fazer e realiza tudo o que eu prometo. (ISAÍAS 55:11,12)

Pelo contrário, o prazer deles está na lei do SENHOR, e nessa lei eles meditam dia e noite. Essas pessoas são como árvores que crescem na beira de um riacho; elas dão frutas no tempo certo, e as suas folhas não murcham. Assim também tudo o que essas pessoas fazem dá certo. (SALMO 1:2,3)

Ó SENHOR Deus, ensina-me a entender as tuas leis, e eu sempre as seguirei. Dá-me entendimento para que eu possa guardar a tua lei e cumpri-la de todo o coração. Guia-me pelo caminho dos teus mandamentos, pois neles encontro a felicidade. (SALMO 119:33-35)

Por outro lado, se na minha vida e no meu coração não encontro vontade nem necessidade de adorar a Deus e se não surgem espontaneamente palavras de gratidão de minha alma ao meu Mestre, devo me examinar diante do Senhor, e provar meu amor por Ele. Pode ser que meu coração esteja vazio.

Não é tão complicado como pensamos. Deus colocou Seu Espírito em nós para que pensemos nas coisas do Espírito (ROMANOS 8:5). Minha vida espiritual se renova dia a dia se ponho tudo o que sou nas mãos do Senhor a cada momento; se por meio de Seu Espírito aprendo a pensar como Ele pensa e a me deleitar no que Ele se deleita. A transcendência de minha adoração ao Senhor vem marcada por minha própria compreensão e conhecimento de Deus; ou seja, até que ponto confio nele. Deste modo, irá transbordar meu coração, e a parte espiritual terá cada dia mais valor para mim.

Procurem a ajuda de Deus enquanto podem achá-lo; orem ao SENHOR enquanto ele está perto. Que as pessoas perversas mudem a sua maneira de viver e abandonem os seus maus pensamentos! Voltem para o SENHOR, nosso Deus, pois ele tem compaixão e perdoa completamente. O SENHOR Deus diz: "Os meus pensamentos não são como os seus pensamentos, e eu não ajo como vocês. Assim como o céu está muito acima da terra, assim os meus pensamentos e as minhas ações estão muito acima dos seus. A chuva e a neve caem do céu e não voltam até que tenham regado a terra, fazendo as plantas brotarem, crescerem e produzirem sementes para serem plantadas e darem alimento para as pessoas. Assim também é a minha palavra: ela não volta para mim sem nada, mas faz o que me agrada fazer e realiza tudo o que eu prometo. (ISAÍAS 55:6-11)

Algo que confessar

Como pode um jovem conservar pura a sua vida? É só obedecer aos teus mandamentos. Eu procuro te servir de todo o coração; não deixes que eu me desvie dos teus mandamentos. Guardo a tua palavra no meu coração para não pecar contra ti. Eu te busco de todo o coração; não permitas que eu me desvie dos teus mandamentos. Guardei no coração a tua palavra para não pecar contra ti. (SALMO 119:9-11)

A Palavra de Deus possui uma característica essencial para nosso crescimento espiritual, a qual nos declara o que está mal em nossa vida ao compará-la com a santidade de Deus. Como uma potente luz ela nos ensina que devemos nos colocar nas mãos do Espírito de Deus para que Ele nos transforme e corrija tudo o que é pecaminoso. Quando enxergamos quem é Deus, nos damos conta de nossa debilidade e pecado. O que pensamos que é correto e santo, não o é quando o confrontamos com o padrão do Deus Altíssimo. E quando vemos nossa necessidade, devemos nos prostrar diante dele, admitir nossa deficiência e novamente nos comprometer a viver segundo os requisitos de Seu caráter. Nisto consiste a confissão e logo, é parte integrante e essencial da adoração e não simplesmente algo acrescido.

Viver na presença de Deus significa confessar diante dele todas aquelas coisas que sabemos que o desagradam, e fazê-lo continuamente. A promessa é que Ele nos perdoa e restaura e por isto podemos nos achegar diariamente à Sua presença sem medo. Sem este perdão, não existe adoração, porque não há relacionamento.

Mas, se confessarmos os nossos pecados a Deus, ele cumprirá a sua promessa e fará o que é correto: ele perdoará os nossos pecados e nos limpará de toda maldade. Se dizemos que não temos cometido pecados, fazemos de Deus um mentiroso, e a sua mensagem não está em nós. (1 JOÃO 1:9,10)

O autor de Hebreus resume todo o assunto. Considerem como ele explica a relação entre **confissão** (Deus "expõe" o coração), o **repouso** ("esperar no Senhor") que Ele nos dá e conforme prometeu ao Seu povo, e a **confiança** de estar face a face com Deus. É preciso ver que a Palavra se torna parte integrante de todo este processo de entrar em Sua presença sem pecado nem medo.

Portanto, façamos tudo para receber esse descanso, e assim nenhum de nós deixará de recebê-lo, como aconteceu com aquelas pessoas, por terem se revoltado. Pois a palavra de Deus é viva e poderosa e corta mais do que qualquer espada afiada dos dois lados. Ela vai até o lugar mais fundo da alma e do espírito, vai até o íntimo das pessoas e julga os desejos e pensamentos do coração delas. Não há nada que se possa esconder de Deus. Em toda a criação, tudo está descoberto e aberto diante dos seus olhos, e é a ele que todos nós teremos de prestar contas. Portanto, fiquemos firmes na fé que anunciamos, pois temos um Grande Sacerdote poderoso, Jesus, o Filho de Deus, o qual entrou na própria presença de Deus. O nosso Grande Sacerdote não é como aqueles que não são capazes de compreender as nossas fraquezas. Pelo contrário, temos um Grande Sacerdote que foi tentado do mesmo modo que nós, mas não pecou. Por isso tenhamos confiança e cheguemos perto do trono divino, onde está a graça de Deus. Ali receberemos misericórdia e encontraremos graça sempre que precisarmos de ajuda. (HEBREUS 4:11-16)

Hebreus, como Isaías, é um livro escrito originalmente para o povo judeu. Embora os dois autores estivessem separados por séculos, obviamente o pecado de não confiar no Senhor (incredulidade), continuou sendo o mesmo. Grande parte do povo de Israel seguia e "amava" Deus a seu modo, mas não entraram na Terra Prometida. Não foram capazes de descansar de suas obras para confiar completamente em Deus. Para dizer de forma que possamos entender, passaram toda sua vida no deserto vivenciando uma comunhão de "segunda classe" com Deus. Não entraram no repouso, nem foram capazes de aprender a lição para o futuro.

E nós? Infelizmente muitos de nós estamos na mesma posição: salvos por fé, mas confiando nas próprias forças para a vida cristã. Descansando no Senhor para a salvação, mas crendo em nossas ideias, doutrinas, forças, economia, recursos etc., para tentar viver conforme a vontade de Deus.

O grave problema não se expressa somente em ter uma vida cristã cheia de amargura e deficiente quanto à comunhão e à confiança em Deus. O problema é a mensagem que o Senhor tem para nós: "Estou farto!" Por isto, a fórmula para alcançar as expectativas de Deus quanto à adoração deve ser igual: Sua Palavra nos mostra o pecado, assim devemos nos arrepender e confessar que estamos longe do Senhor, e incrivelmente (apesar de nosso pecado e nossa desconfiança de Deus), Ele sempre nos restaura, concedendo-nos continuamente um encontro face a face com Sua presença.

Tenho que voltar para lembrar o que ocorreu muitas vezes com o povo de Deus no Antigo Testamento. Quando se desviavam dos mandamentos do Senhor e vinham diante dele em adoração, Deus sempre os fazia compreender que o louvor que prestavam devia incluir a confissão de seu próprio pecado. Muitos salmos contêm o elemento da confissão (32;51;106), e esta não inclui somente o reconhecimento da culpa, mas também a restauração e a ação.

O processo é sempre o mesmo: quando adentramos à presença de Deus para adorá-lo com um coração sincero, o Pai expõe nossa indignidade e nos ensina tudo aquilo que é contrário à Sua vontade. Porém, não o faz para que nos sintamos culpáveis, mas sim para nos purificar. A disciplina de Deus sempre tem uma missão restauradora. Não tem como objetivo instaurar uma tristeza desesperada; pelo contrário, ela visa a paz e a alegria de um coração limpo.

Por esta razão, em muitas ocasiões, a primeira coisa que o povo faz depois de adorar é lançar fora os deuses estranhos (GÊNESIS 35:2). Reconheceram seu pecado, e a presença de Deus os levou a mudar sua atitude e conduta. Portanto, não podem viver da mesma forma como antes para estar face a face com Deus; agora as coisas devem ser diferentes.

Isaías proclamou exatamente o mesmo aos judeus de sua época. Toda sua profecia está reunida em um livro que enumera os pecados de Israel em comparação com a majestade, humildade, justiça, salvação e santidade de Deus. Sua chamada consistiu em algo simples: "Confessem seus pecados, esperem somente no Senhor e voltem a usufruir de Sua presença". No livro, há lindos hinos e cânticos de louvor que celebram esta mensagem, chamando todos a entrar por

Suas portas com cânticos de alegria e a ter um coração santo, limpo, confiante nele.

Descrição do pecado de Israel:

Vocês estão pensando que o Senhor perdeu a força e não pode nos salvar? Ou pensam que ele está surdo e não pode nos ouvir? Pois são os pecados de vocês que os separam do seu Deus, são as suas maldades que fazem com que ele se esconda de vocês e não atenda as suas orações. (ISAÍAS 59:1,2)

Confissão do pecado:

Temos pecado muito contra ti, ó Deus, e os nossos pecados nos acusam. Não podemos esquecer as nossas maldades; reconhecemos que somos culpados. Não temos sido fiéis, temos nos revoltado contra ti e nos afastado de ti, o nosso Deus. Temos falado de crimes e de revoltas e temos feito planos para enganar os outros. A justiça é posta de lado, e o direito é afastado. A verdade anda tropeçando no tribunal, e a honestidade não consegue chegar até lá. A verdade desapareceu, e os que procuram ser honestos são perseguidos. (ISAÍAS 59:12-15)

Salvação provida por Deus:

O SENHOR Deus diz: "Eu virei a Sião como Redentor para salvar as pessoas do meu povo que se arrependerem." O Senhor diz ao seu povo: — Esta é a aliança que vou fazer com vocês: o meu Espírito, que eu lhes dei, e os meus ensinamentos, que eu lhes entreguei, ficarão com vocês para sempre. Vocês os ensinarão aos seus filhos e aos seus descendentes, agora e para sempre. Eu, o Senhor, falei. Levante-se, Jerusalém! Que o seu rosto brilhe de alegria, pois já chegou a sua luz! A glória do Senhor está brilhando sobre você. (ISAÍAS 59:20-60:1)

Louvor resultante de abandonar o pecado:

> *Cantem ao SENHOR uma nova canção! Que ele seja louvado no mundo inteiro: pelos que navegam nos mares, pelas criaturas que vivem nas águas do mar e pelos povos de todas as nações distantes! Que no deserto e nas suas cidades Deus seja louvado, e que os moradores de Quedar o louvem! Moradores de Selá, alegrem-se e cantem no alto das montanhas! Que o SENHOR Deus seja louvado, e que a sua glória seja anunciada no mundo inteiro! O SENHOR se prepara para a guerra e sai pronto para lutar, como um soldado valente. Com toda a força, ele solta o grito de batalha e com o seu poder derrota os seus inimigos.*
> (ISAÍAS 42:10-13)

Sempre que estivermos diante de Deus devemos nos perguntar, seja individualmente ou como povo: Tenho algo a confessar? Há algo em mim que desagrade a Deus? E uma vez que Sua Palavra nos revele o que há de mal em nós, devemos pedir ao Espírito de Deus que nos transforme, nos encha e nos ensine a agir.

Segundo Passo: Esperar no Senhor

Contemplar a santidade de Deus e, portanto, nossa necessidade de perdão do pecado é o primeiro passo para a restauração da adoração pessoal e corporal, mas isto não é tudo. Isaías explica que a confissão é primordial e boa, mas falta outro passo: a obediência demonstrada por meio da ação.

> *Lavem-se e purifiquem-se! Não quero mais ver as suas maldades! Parem de fazer o que é mau e aprendam a fazer o que é bom. Tratem os outros com justiça; socorram os que são explorados, defendam os direitos dos órfãos e protejam as viúvas. O SENHOR Deus diz: Venham cá, vamos discutir este*

assunto. Os seus pecados os deixaram manchados de vermelho, manchados de vermelho escuro; mas eu os lavarei, e vocês ficarão brancos como a neve, brancos como a lã. Se forem humildes e me obedecerem, vocês comerão das coisas boas que a terra produz. (ISAÍAS 1:16-19)

Esperar, confiar e deleitar-se são palavras profundas e bonitas. O problema é que, embora na vida diária reconheçamos a necessidade de confiar, necessitamos saber o que é concernente a este mandamento. Isto é, como podemos esperar no Senhor diariamente e em tudo? Isaías contém várias sugestões práticas e estas nos ajudam a "esperar" de novo.

1. Andar pela fé: Sem fé é impossível agradar a Deus

Um estudo dos livros de Isaías e Hebreus nos dá uma comparação bíblica entre o povo de Israel em ambas as épocas e também uma aplicação para os dias atuais. Isaías lhes disse: "Confiem em Deus, andem diariamente sob Seu senhorio". Em Hebreus é dito: "Andem pela fé, ou seja, caminhem diariamente de modo que mostrem sua confiança no Senhor e não em vocês mesmos". Fé significa confiança em ação.

A fé é a certeza de que vamos receber as coisas que esperamos e a prova de que existem coisas que não podemos ver.
(HEBREUS 11:1)

Este autor, exatamente como Isaías, diz que os filhos de Deus que não confiam nele, não o podem agradar. É impossível receber o sorriso do Senhor se confiarmos nele somente durante os cultos de domingo e não em cada decisão e ação da semana.

Sem fé ninguém pode agradar a Deus, porque quem vai a ele precisa crer que ele existe e que recompensa os que procuram conhecê-lo melhor. (HEBREUS 11:6)

Chega a ser surpreendente como este texto é tão conhecido por todos nós e recitado como um mantra espiritual e, contudo, tão pouco posto em prática. Cremos que a fé é necessária para a salvação, e é certo. Porém, nunca devemos nos esquecer que da mesma maneira que conhecemos a Cristo devemos andar nele (2 CORÍNTIOS 5:7). Sem fé é impossível agradar a Deus. Sem crer e aceitar profundamente a Palavra de Deus em cada situação da vida é impossível adorar Àquele a quem dizemos amar.

Fé significa confiança em ação.

Certo dia fui tomar um café com um jovem. Sua vida é um exemplo de compromisso com o Senhor, ele é um líder entre os jovens da igreja. Sem pensar na implicação e como parte de nossa conversa, ele me disse que a Bíblia é boa, mas não muito prática e por isto Deus nos tem dado outras ciências como a psicologia, medicina, antropologia etc.; que a Palavra de Deus não menciona as necessidades e tensões da sociedade contemporânea; que quanto à ciência, é um livro antigo e, portanto, sem compreensão da ciência moderna. Do seu ponto de vista, a Bíblia tem aplicação na vida espiritual e da igreja, mas não na vida diária. Que mentira mais comum por parte do adversário. Ela organiza sua vida em blocos: um para a vida espiritual, outro para a família, outro para o trabalho, outro para os estudos etc. E nunca, ou raríssimas vezes, estes blocos se cruzam. Neste caso, a Bíblia não tem nada a ver com a vida cotidiana. Que triste! Este jovem e muitos outros cristãos têm caído exatamente no mesmo mito que o povo de Israel na época de Isaías e do autor de Hebreus, o povo confiava em si mesmo, na ciência, na política, na filosofia ou em qualquer outra coisa, exceto no Senhor. A Palavra de Deus é "eficaz" (2 TIMÓTEO 3:16,17) para toda as áreas da vida e o Senhor anela com zelo ter o lugar de primazia em tudo. Andar pela fé significa que Deus tem a prioridade em tudo, que confio nele em cada passo a cada dia e em cada aspecto da vida.

Quantas vezes, teríamos que nos perguntar como foi a Pedro: "Homem de pequena fé, por que duvidou" (MATEUS 14:31)? O mesmo Senhor explicou aos Seus discípulos que se tivéssemos fé como um grão de mostarda, inclusive os montes mudariam de lugar (MATEUS 17:20). Uma demonstração de tal poder não vem pela grandeza de nossa fé, mas pela confiança absoluta em nosso Deus. Andar pela fé significa confiar totalmente no Senhor. "O justo viverá pela fé" (HABACUQUE 2:4; ROMANOS 1:17; GÁLATAS 3:11; HEBREUS 10:38).

O povo de Israel tinha escutado a Palavra de Deus, mas desconfiou dele.2 Estava vivendo constantemente com a incerteza de que o Senhor seria capaz de manter Suas promessas. Isto nos soa muito familiar, certo? Pode ser que não o façamos tão abertamente como eles, mas às vezes caímos na mesma armadilha. E, portanto, devemos fazer as mesmas perguntas: Tenho um profundo desejo de crer em tudo o que Deus diz? Estou disposto a empenhar toda minha vida por Sua Palavra? Onde está de fato minha confiança?

Meus irmãos, cuidado para que nenhum de vocês tenha um coração tão mau e descrente, que o leve a se afastar do Deus vivo. (HEBREUS 3:12)

A punição para o povo de Israel se concretizou quando foram derrotados por seus inimigos e expulsos da Terra Prometida. Chega a ser incrível que não tenham aprendido a confiar totalmente em Deus, pois essa era a lição principal ao longo de sua história. Inclusive nos primeiros meses do surgimento de sua nação, não entraram diretamente na Terra Prometida por culpa da sua incredulidade. Toda uma geração foi condenada a morrer no deserto por não ter confiado no poder de Deus para lhes ajudar com seus problemas e necessidades. O capítulo 3 de Hebreus diz que "...não puderam entrar na Terra Prometida porque não tiveram fé" (v.19). Que imagem tão simples e clara!

Quando temos fé no que Deus nos prometeu, chegamos a experimentar em nosso interior o repouso e a tranquilidade da confiança no Senhor, pois Suas promessas são reais para nós. "Volta, minha alma, ao teu sossego...", canta o salmista (116:7 ARA), porque sabe que em Deus está seu verdadeiro descanso. Deixar todas as nossas preocupações e desgostos de lado para estar face a face com o Senhor é a atitude que abre nosso coração e nos dá vida.

Os grandes homens e mulheres da Bíblia creram em Sua Palavra, antes mesmo de ver o menor sinal do cumprimento do que Deus lhes tinha dito (HEBREUS 11). E aprenderam a adorá-lo antes que as coisas sucedessem. Lembra-se de Abraão? A Bíblia diz que ele "tinha toda a certeza de que Deus podia fazer o que havia prometido" (ROMANOS 4:21). Daniel adorou a Deus muito antes de receber a resposta de sua oração (DANIEL 2:20-23), e o mesmo povo de Israel aprendeu a crer primeiro, e depois se prostrar e adorar (ÊXODO 4:31).

Andar pela fé manifesta nossa convicção na presença de Deus, e é a conduta de um verdadeiro adorador. Se não andarmos pela fé, não poderemos estar face a face com Deus e nosso louvor será somente um ruído religioso. Felizes os que não viram e creram (JOÃO 20:28,29).

2. Ser humilde: Prostrar-se em Sua presença

Não confiar em Deus é a essência do orgulho. É dizer que não necessitamos dele, que somos autossuficientes naquilo que não deixamos em Suas mãos. O oposto ao orgulho é admitir que a vida é impossível sem Deus, pois somente nesta admissão de dependência, reconhecemos nossa debilidade e Sua suficiência para tudo.

Orgulho é pensar que sou capaz, que não necessito de ninguém; que minha mente é inteligente por si mesma, minha fortaleza resistente e meus recursos suficientes para qualquer situação. O mundo age assim. Este é o pior pecado. Esta foi a razão da queda de Satanás do céu: crer que embora Deus seja Todo-Poderoso, não necessitamos dele para tudo; estabelecer limites humanos ao Deus eterno e santo.

Israel foi culpado de pensar que seria possível viver sem envolver o Senhor em tudo. A acusação de Deus contra Seu povo se apoiou no fato de eles não confiarem no Senhor, por causa do orgulho deles (ISAÍAS 1:2-6; 65:3-5).

O orgulho é o inimigo número um da comunhão com Deus. Israel foi orgulhoso. Deus lhes disse que tinham que se ajoelhar com humildade para obter Seu perdão e voltar a esperar nele. Não se pode confiar no Senhor se estamos cheios de orgulho, centrados em nós mesmos e em nossas próprias prioridades. Ao contrário, humilhar-se é assegurar a ajuda de Deus.

...se o meu povo, que pertence somente a mim, se arrepender, abandonar os seus pecados e orar a mim, eu os ouvirei do céu, perdoarei os seus pecados e farei o país progredir de novo.
(2 CRÔNICAS 7:14)

A pessoa orgulhosa está a caminho da desgraça, mas a humilde é respeitada. (PROVÉRBIOS 18:12)

...Deus é contra os orgulhosos, mas é bondoso com os humildes!
(1 PEDRO 5:5; TIAGO 4:6)

Se o orgulho ergue um obstáculo entre nós e Deus, consequentemente também é o maior inimigo da adoração. Ninguém adentra à presença de Deus de maneira autossuficiente e sai justificado. Estar diante do Rei dos reis e Senhor dos senhores não é algo insignificante. Usufruir da presença do Criador é reconhecer que nada somos e que Ele é quem dá sentido à nossa vida. Nada do que fazemos ou somos teria valor se não fosse por Seu imutável Amor por nós. Nossa resposta deve ser sempre a de um coração que arde humildemente, que reconhece a incapacidade de não fazer nada diante dele. "Humilhem-se diante do Senhor, e ele os colocará numa posição de honra" (TIAGO 4:10).

Humilhar-se é um pré-requisito para a adoração. Deus aceita apenas corações quebrantados em Sua presença. Lembre-se de Filipenses 2. A humildade de Cristo foi a chave do êxito de Seu ministério e da adoração resultante a Ele por parte de todo o mundo. Não se pode mostrar de forma mais clara a conexão entre adoração e humildade. Somente depois de nos humilharmos, é possível experimentar o ápice da adoração.

> *Tenham entre vocês o mesmo modo de pensar que Cristo Jesus tinha: Ele tinha a natureza de Deus, mas não tentou ficar igual a Deus. Pelo contrário, ele abriu mão de tudo o que era seu e tomou a natureza de servo, tornando-se assim igual aos seres humanos. E, vivendo a vida comum de um ser humano, ele foi humilde e obedeceu a Deus até a morte — morte de cruz. Por isso Deus deu a Jesus a mais alta honra e pôs nele o nome que é o mais importante de todos os nomes, para que, em homenagem ao nome de Jesus, todas as criaturas no céu, na terra e no mundo dos mortos, caiam de joelhos e declarem abertamente que Jesus Cristo é o Senhor, para a glória de Deus, o Pai.*
> (FILIPENSES 2:5-11).

O rei Salomão, que era o homem com mais motivos para se orgulhar, expressou em Provérbios sua opinião quanto à humildade e o orgulho:

> *O SENHOR detesta todos os orgulhosos; eles não escaparão do castigo, de jeito nenhum [...] O orgulho leva a pessoa à destruição, e a vaidade faz cair na desgraça. É melhor ter um espírito humilde e estar junto com os pobres do que participar das riquezas dos orgulhosos. Quem presta atenção no que lhe ensinam terá sucesso; quem confia no SENHOR será feliz.*
> (PROVÉRBIOS 16:5,18-20)

Salomão entendia a relação entre humildade e confiança no Senhor. Bem-aventurado é aquele que confia em Deus; ou seja, o que se prostra diante dele. Judá possuía os escritos de Salomão na época de Isaías. Precisariam apenas lê-los para entender o que Deus queria deles:

Confie no SENHOR de todo o coração e não se apoie na sua própria inteligência. Lembre de Deus em tudo o que fizer, e ele lhe mostrará o caminho certo. Não fique pensando que você é sábio; tema o SENHOR e não faça nada que seja errado. Pois isso será como um bom remédio para curar as suas feridas e aliviar os seus sofrimentos. (PROVÉRBIOS 3:5-8)

Quando adentramos na presença de Deus, seja durante um culto de adoração, nosso tempo pessoal ou em meio à rotina diária, há somente uma posição apropriada diante dele: prostrar-se em Sua presença; humilhar-se diante dele. Não há lugar para autossuficiência ou um espírito de independência que comunique que "não necessito de Deus".

Podemos falar francamente? A soberba não é um problema dos outros. É meu e seu problema. Existem motivos para que Deus tenha repetido esta advertência, tantas vezes na Escritura, quanto à Sua resistência contra o orgulho. Como temos dito, este foi o pano de fundo da queda de Satanás e consequentemente de Adão e Eva. Moisés lutou constantemente contra a manifestação da soberba na vida dos israelitas, enquanto os liderava. Davi e Salomão também confessaram a mesma luta. Este foi o principal pecado mencionado por todos os profetas, e mais tarde pelos apóstolos Paulo, Pedro e Tiago. Deus a repete várias vezes na Bíblia exatamente com as mesmas palavras: "...Deus resiste aos soberbos, mas dá graça aos humildes."

Quando a humanidade irá aprender que o Senhor não divide a Sua glória com ninguém? Isaías cita Suas palavras: "Eu sou o SENHOR: este é o meu nome, e não permito que as imagens recebam o louvor que somente eu mereço" (42:8). Entretanto, ainda que conheçamos a verdade de que Deus resiste ao soberbo, preferimos confiar em nós mesmos em vez de colocar nossa confiança no Senhor.

> Podemos falar francamente?
> A soberba não é um problema dos demais.
> É meu e seu problema.

Se chegamos diante da presença de Deus, abrimos Sua Palavra e esperamos que Ele nos fale; se somos sinceros ao fazer tudo isto, pode ser que tremamos diante dele (ESDRAS 9:4). Pode ser que inclusive nosso modo de fazer as coisas seja transformado ao saber que Deus espera nossa submissão à Sua Palavra (DEUTERONÔMIO 5:29).[3]

Na verdade, não só deveria ser assim, como precisamos orar para que o seja. Somente ajoelhados poderemos contemplar Deus face a face. Apenas prostrados diante dele chegaremos a ter dignidade e respeito como pessoas. Somente quando reconhecermos nossa necessidade de Deus, chegaremos a nos sentir completos em Sua presença.

É uma das lições mais antigas da Palavra de Deus. Desde a promulgação da lei, a celebração do dia de descanso sempre esteve relacionada a um exame interior e à humilhação da alma diante dele (LEVÍTICO 16:30,31). Não falamos de formas, mas sim de caráter. A ênfase não está tanto na reverência exterior, mas na renúncia interior a tudo o que seja contrário à Palavra e santidade de Deus.[4]

3. Ser santo: Sem santidade ninguém verá o Senhor
Precisamos voltar e examinar as exigências de Deus no Antigo Testamento:
- Deus ordenou que todos os animais sacrificados fossem sempre sem defeito (LEVÍTICO 1:3).

- Todo o mobiliário relacionado com sacrifícios e adoração devia levar a inscrição: "Santidade ao Senhor" (ÊXODO 28:36).
- As pessoas que louvavam a Deus deviam fazê-lo cobertas com vestiduras santas (2 CRÔNICAS 20:21).
- O lugar onde a presença de Deus se manifestava era sempre um lugar santo (ÊXODO 3:5).
- Da mesma maneira que Deus é santo, devemos nos apresentar limpos diante dele.

> *...Os que chegam perto de mim devem respeitar a minha santidade, e o meu povo deve me honrar...* (LEVÍTICO 10:3)

Nosso louvor abre as portas do céu, e Deus deseja ser tratado sempre com a santidade que o Seu nome merece. Ele quer que nos aproximemos de Sua presença de forma santa. Os encarregados da adoração no Antigo Testamento precisavam estar muito conscientes da santidade do Criador e da própria santidade deles (NÚMEROS 4), pois, caso contrário, podiam perder a vida se aproximassem da presença de Deus ocultando pecados em seus corações ou simplesmente por adorar de um modo adverso à vontade do Senhor (v.20).

> *...sejam santos em tudo o que fizerem, assim como Deus, que os chamou, é santo. Porque as Escrituras Sagradas dizem: "Sejam santos porque eu sou santo."* (1 PEDRO 1:15,16)

Do mesmo modo que os sacerdotes israelitas, não podemos desejar que a glória de Deus se manifeste em nós, se nossa vida é contrária à Sua Palavra e nossas ações desonram o Seu nome. Nem sequer podemos pensar que nossa oração seja pura diante dele se não o santificarmos com a nossa vida. Quando o Senhor Jesus ensinou Seus discípulos a orar, lembrou-lhes de que ao se dirigirem ao Pai deviam "santificar o Seu nome". Somente desta maneira Deus pode ser glorificado com nosso louvor e se alegrar com a nossa vida, pois Ele "...se alegra com a oração dos bons" (PROVÉRBIOS 15:8).

Adorar sem santidade não é mais do que enganar a nós mesmos, pois Deus não aceitará tal adoração. E não somente isto, manchamos o nome de Deus diante dos que nos vêm e escutam. A vida do adorador deve glorificar Àquele a quem está adorando. Se não for assim, o melhor que ele pode fazer é manter silêncio. "Quero que em todos os lugares os homens orem, homens dedicados a Deus; e que, ao orarem, eles levantem as mãos, sem ódio e sem brigas"⁵ (1 TIMÓTEO 2:8).

A santidade nos aproxima de Deus e a adoração nos leva à Sua presença. Quando cremos em Jesus, recebemos, em troca de nossos pecados, a santidade de Cristo e começamos o caminho para a santificação pelo poder do Espírito Santo (EFÉSIOS 2:8-10). Como disse Paulo: "Deus não nos chamou para vivermos na imoralidade, mas para sermos completamente dedicados a ele" (1 TESSALONICENSES 4:7).

A mensagem de Isaías consistiu precisamente em enfatizar este ponto: Deus é santo e também quer que Seus filhos se aproximem dele como santos. É o requisito da adoração. É um passo imprescindível para confiar de verdade em Deus. "...Josafá ordenou que alguns cantores vestissem roupas sagradas e marchassem à frente do exército, louvando a Deus e cantando assim: 'Louvem a Deus, o Senhor, porque o seu amor dura para sempre'" (2 CRÔNICAS 20:21; 1 CRÔNICAS 16:29; SALMO 29:2; 96:2 etc.).

Havia muita adoração nos dias de Isaías, mas ninguém qualificado para dirigir o louvor na "beleza da santidade". Todas as mãos estavam impuras. E hoje? Há muita pregação e canções. Há muitos cultos e palavras bonitas. **Mas onde estão as mãos puras e santas que possam conduzir o povo a uma adoração verdadeira ao Deus Santo?** "Cantem ao SENHOR uma nova canção! Que ele seja louvado no mundo inteiro..." (ISAÍAS 42:10).

Isaías compreendeu isto em sua própria vida. Durante os primeiros capítulos de sua profecia, a mensagem da parte de Deus foi "Ai dos que...!" (5:8,11,18,20) Deus o chamou a denunciar o pecado do povo, e o profeta o fez. Mas quando no capítulo 6, Isaías se encontra face a face com "o Senhor Todo-Poderoso" (v.3) e as estruturas do Templo estremecem e a casa de Deus se enche da presença do Altíssimo, o profeta não olha para ninguém, mas para si e exclama: "...Ai de mim! Estou perdido! Pois sou um homem de lábios impuros e vivo no meio de um povo de lábios impuros; os meus olhos viram o Rei, o Senhor dos Exércitos!" (6:5).

Quando Isaías é tocado pelo anjo de Deus, sua boca é purificada e ele começa a adorar na "beleza da santidade". Deus, então, lhe chama para servi-lo e este profeta é o primeiro a responder: "Envia-me" (v.8).

Quando adoramos a Deus, respondemos ao Seu chamado. Não é possível estar na presença do Senhor e se esconder. É impossível usufruir de Sua pessoa sem obedecer ao que Ele nos pede.

Quando a igreja adora a Deus na beleza da santidade, Ele responde.

Não busque outra maneira. A única forma pela qual as pessoas respondem ao chamado de Deus para evangelizar, servir, ajudar etc., é em meio à adoração.

4. Pôr a fé em ação: Obedecer

Isaías disse ao povo:

> *Procurem a ajuda de Deus enquanto podem achá-lo; orem ao SENHOR enquanto ele está perto. Que as pessoas perversas mudem a sua maneira de viver e abandonem os seus maus pensamentos! Voltem para o Senhor, nosso Deus, pois ele tem compaixão e perdoa completamente.* (ISAÍAS 55:6,7)

O chamado para que Seus filhos confessem e renunciem seu pecado sempre inclui uma resposta de ação. Não basta somente dizer que confiam nele, que querem servi-lo e amá-lo de todo coração. Deus não se "convence" da mudança até ver a atitude de obedecer. Por isto, confiar em Deus e, como consequência, adorá-lo verdadeiramente, será acompanhado de uma demonstração de obediência.

A ação tem a ver em primeiro lugar com a renovação da vida pessoal, familiar e da igreja. De igual modo que para adorar as pessoas necessitavam se preparar previamente, não podemos viver como queremos durante a semana, para vir depois ao culto, na presença de Deus, e tentar adorá-lo como se não significasse nada.

Nos tempos antigos havia todo um ritual de lavagem do corpo, preparação do sacrifício, oração, confissão etc. antes que pudessem vir adorar a Deus no templo. Às vezes, pensamos que Deus mudou tanto Seu caráter que agora nos permite vir de qualquer jeito à Sua presença. Textos do Novo Testamento, como Hebreus 13:15, identificam nossa adoração nos dias de hoje com os sacrifícios do Antigo Testamento. Devemos vir com coração limpo e santificado, totalmente preparados para entrar na presença do Santo Deus.

Na reunião de todo o povo, ó SENHOR, eu te louvarei pelo que tens feito. Na presença de todos os que te temem, oferecerei os sacrifícios que prometi. (SALMO 22:25; 50:14; 56:12; 61:18; 65:1; 116:14,18).

Todo louvor baseado na Palavra de Deus que não passa à ação, fica no meio do caminho. Abrimos a Palavra de Deus, cantamos, oramos, estudamos o que o Senhor diz, nos tornamos verdadeiros especialistas no que devemos ou não ser; chegamos às alturas mais insondáveis quanto ao conhecimento e à compreensão religiosa, mas não fazemos nada. Não cumprimos nossos votos. Somos "ouvintes que se esquecem"; especialistas em palavras e mortos em ação.

O ensino da Palavra forma parte de nossa adoração. Contudo, se a meta é simplesmente incrementar os conhecimentos ou passar informação bíblica, nos enganamos, pois estamos alimentando o orgulho das pessoas e não levando-as a Cristo. Qualquer pregação, mesmo a mais bonita e profunda do mundo, que não motive as pessoas à ação, é humana e não do Senhor.

Pregar para não mudar a vida dos ouvintes é cair no engano do humanismo, pensando que as palavras humanas constituem uma meta suficiente em si mesmas. Paulo nos indicou a meta da pregação ou ensino da Palavra: "Pois toda a Escritura Sagrada é inspirada por Deus e é útil para ensinar a verdade, condenar o erro, corrigir as faltas e ensinar a maneira certa de viver. E isso para que o servo de Deus esteja completamente preparado e pronto para fazer todo tipo de boas ações" (2 TIMÓTEO 3:16,17).

> Pregar para não mudar a vida dos ouvintes é cair no engano do humanismo, pensando que as palavras humanas constituem uma meta suficiente em si mesmas.

Quando é permitido que a Palavra transforme pessoas, estas entram num relacionamento cada vez mais íntimo com Deus e Sua adoração se converte em um sacrifício de agradável fragrância ao Senhor.

Os salmistas acrescentaram uma lição essencial quanto à eficácia do louvor: não é possível cantar ao Senhor sem cumprir o que estamos prometendo em nossos cânticos. Somente enganamos a nós mesmos. A adoração segue firmemente unida ao cumprimento das promessas feitas diante da presença de Deus. As palavras que canto chegam ao céu e ficam gravadas no coração do Criador. E é importante que eu as cumpra.

Encontramos nos cânticos do povo de Israel (o livro dos Salmos) a maior profundidade quanto ao conhecimento de Deus (mais de cem declarações diferentes quanto a Seu caráter e Sua maneira de trabalhar conosco), pois os salmistas conheciam pessoalmente ao Senhor e empenhavam a vida deles em cumprir o que Ele lhes pedia. Estranhamos que às vezes Deus esteja tão distante de nós quando cantamos com toda solenidade: "Tudo o que tenho, tudo o que sou, a ti Senhor entrego" e segundos depois barganhamos dele nosso esforço, tempo e dinheiro?

Se após escutar a voz de Deus somos capazes de continuar insensíveis a Seus mandamentos e desejos, não podemos afirmar que o amamos. Se a adoração ao nosso Senhor não implica diretamente numa profunda mudança de conduta, conforme a imagem do

Senhor Jesus, perdemos tempo e não conhecemos a verdadeira adoração. Se a Palavra de Deus não nos leva à ação, nada aprendemos.

5. Fundamentar tudo na Palavra de Deus: Imprescindível!

Isaías cria na centralidade da Escritura. Sabia que um profeta que expressava simplesmente suas opiniões, embora fossem comentários espirituais, não era melhor que os falsos líderes. Por isto, em sua profecia menciona muitas vezes a fonte de sua autoridade:

> *...escutem o que o SENHOR está dizendo...* (ISAÍAS 1:10; 28:14)

> *Façam planos, mas eles não darão certo. Resolvam o que quiserem, mas tudo fracassará, pois Deus está conosco.*
> (ISAÍAS 8:10)

> *Por isso, o SENHOR vai ensinar-lhes o beabá, como se vocês fossem crianças...* (ISAÍAS 28:13)

Quando o Senhor lhes ofereceu a salvação e a restauração para um relacionamento íntimo com Ele, a oferta se baseava na eficácia de Sua Palavra:

> *Procurem a ajuda de Deus enquanto podem achá-lo; orem ao SENHOR enquanto ele está perto.*
> *Assim também é a minha palavra: ela não volta para mim sem nada, mas faz o que me agrada fazer e realiza tudo o que eu prometo. "Vocês sairão alegres da Babilônia, serão guiados em paz para a sua terra. As montanhas e os morros cantarão de alegria; todas as árvores baterão palmas. Onde agora só há espinheiros crescerão ciprestes, murtas aparecerão onde agora só cresce o mato. Isso será para vocês uma testemunha daquilo que eu fiz, será um sinal eterno, que nunca desaparecerá.*
> (ISAÍAS 55:6,11-13)

A Palavra de Deus é central na restauração da adoração. Sem esta base de autoridade não contamos mais do que com opiniões e humanismo espiritual. A sensação de que a verdadeira adoração é a que "sai de nosso interior", sem uma mínima referência ao que Deus diz em Sua Palavra, espalhou-se enormemente em muitas igrejas e ameaça elevar-nos para um subjetivismo atroz acima de qualquer mandamento do Criador.

Se a adoração fria e orgulhosa constitui um dos maiores pecados da igreja, não ficam atrás aqueles que tentam chegar a Deus passando por alto tudo o que o Criador quer e espera deles. Se definimos como tradição pecaminosa o fato de adorarmos a Deus sem colocar nosso coração nisto, não devemos esquecer que igualmente se afastam de Deus outros que fazem as coisas "do seu modo", **sem se preocupar em absoluto com o que Sua Palavra diz em relação à sua vida e ações.** A Bíblia deve ser o centro em qualquer adoração, nunca suplantada por experiências, circunstâncias nem outros contextos baseados na pessoa.

Desde o princípio Deus se preocupou que a adoração e Sua própria Palavra estivessem intimamente relacionadas. Em Deuteronômio (31:19, 23), a lei era entoada pelo povo: "Agora escreva esta canção e ensine aos israelitas. Mande que eles a aprendam de cor, pois ela será minha testemunha contra eles" (v.19). O fato de aprender os cânticos de cor não supunha somente um exercício intelectual, senão a base do amor profundo do coração a quem tudo deu por nós (DEUTERONÔMIO 31:22; 32:44).[6]

O que há em nossa mente? A Bíblia diz que temos a mente de Cristo, mas é Ele quem dirige nossa vida? Como alimentamos nossos pensamentos? De que desfrutamos? Do caráter de Deus e de Sua Palavra, dos momentos em que chegamos diante de Sua presença em adoração?[7]

O povo israelita não queria ouvir a Palavra de Deus. Por quê? Porque não queriam comparar suas vidas com a santidade de Deus. Colocar a Bíblia como autoridade real de nossa adoração é permitir que o Senhor nos julgue e também nossas ações, sobretudo aquelas sob o nome de louvor ou adoração. Não é coincidência que uma igreja que louva ao Senhor com mais vida seja também uma igreja que tem não somente grandes pregações, mas também a maioria de seus membros participando diariamente no estudo da Bíblia. Não se trata de ouvir a Palavra de Deus na igreja, trata-se de que Deus nos fala através de Sua Palavra cada dia.

Paulo, em sua carta aos Romanos, nos ensina que o próprio Deus relacionou a adoração verdadeira com Sua Palavra:

Portanto, meus irmãos, por causa da grande misericórdia divina, peço que vocês se ofereçam completamente a Deus como um sacrifício vivo, dedicado ao seu serviço e agradável a ele. Esta é a verdadeira adoração que vocês devem oferecer a Deus. Não vivam como vivem as pessoas deste mundo, mas deixem que Deus os transforme por meio de uma completa mudança da mente de vocês [mediante a Palavra de Deus conforme 2 TIMÓTEO 3:16,17 e outros]. *Assim vocês conhecerão a vontade de Deus, isto é, aquilo que é bom, perfeito e agradável a ele.*
(ROMANOS 12:1,2)

> Não se trata de ouvir a Palavra de Deus na igreja, trata-se de que Deus nos fala através de Sua Palavra cada dia.

Chega a ser impossível confiar no Senhor em todos os aspectos de minha existência, caso não esteja lendo diariamente Sua Palavra. Não existe outra maneira de conhecer a vontade de Deus, aprender de Seus propósitos para minha vida, compreender a santidade e a grandeza dele.

Quem pode conhecer a mente do SENHOR? Quem é capaz de lhe dar conselhos? Quem lhe deu lições ou ensinamentos? Quem lhe ensinou a julgar com justiça ou quis fazê-lo aprender mais coisas ou procurou lhe mostrar como ser sábio? (ISAÍAS 40:13,14)

Como são grandes as riquezas de Deus! Como são profundos o seu conhecimento e a sua sabedoria! Quem pode explicar as suas decisões? Quem pode entender os seus planos? Como dizem as Escrituras Sagradas: "Quem pode conhecer a mente do Senhor? Quem é capaz de lhe dar conselhos? Quem já deu alguma coisa a Deus para receber dele algum pagamento?"
(ROMANOS 11:33-35)

A Bíblia foi soprada ou ditada diretamente da boca do Senhor e por isto é a melhor fonte do conhecimento divino (2 TIMÓTEO 3:16,17). Deus dirigiu a atividade destes autores humanos de modo que, enquanto eles usavam suas capacidades individuais, pudessem compor e registrar, sem nenhum erro, a Palavra aos homens. Não existe melhor forma de conhecer ao Senhor e por isto não há outra base melhor para a adoração. Se vou confiar em Deus, tenho que conhecê-lo. Quanto melhor conheço Seu caráter e Sua vontade, mais o louvor flui como uma cascata de meus lábios.

Uma e outra vez este mesmo processo é visto no livro dos Salmos. Um dos exemplos mais claros é o Salmo 18. Durante os primeiros 48 versículos, Davi não cessa de ver Deus, Suas qualidades, o que Ele faz, Seu caráter etc. Parece que falta tempo e espaço para ele dizer muito daquele a quem ama. No versículo 49, como consequência de tudo o que "viu", exclama: "Por isso eu te louvo entre os pagãos; a ti eu canto hinos de louvor." Se desejamos a cada dia adorar a Deus melhor, temos que conhecê-lo. Entusiasmarmo-nos com Ele! E para isto, Sua Palavra deve estar em nossa mente, em nossa boca, em nosso coração.

Não é de se estranhar que a primeira frase deste Salmo seja: "Ó Senhor Deus, como eu te amo!". Não é possível ler a Palavra de Deus de outro modo. Não podemos nos aproximar de Deus sem amá-lo.

Isto é o que significa ter "fome" dele, como tantas vezes lemos em Sua Palavra.

Confessar e confiar — Resumo

Reconhecer nossos pecados exige de nós que os confessemos e depois confiemos ou esperemos em Deus. Esta é a mensagem de Isaías. Israel não teve outra opção, senão receber a punição do Senhor. Sua falsa adoração foi um indicador de sua falta de fé, orgulho, imoralidade (não santificação) e de que não conheciam nem colocavam em ação a Palavra de Deus. A condenação do povo foi total na época de Isaías. O mesmo profeta foi vítima do pecado e da injustiça de seu próprio país, morrendo como mártir. Hoje em dia, o Corpo de Cristo deve ouvir a mesma mensagem e examinar a si mesmo. Deve lembrar que o povo de Israel pensava que sua prosperidade material e espiritual (bons cultos) era evidência do deleite de Deus. Mas foi ao contrário: Deus estava farto do jogo e decretou Seus julgamentos.

O resultado de esperar no Senhor é a adoração viva e o relacionamento íntimo com Ele. Não há outra forma de obter Suas bênçãos nem de agradá-lo. Os que confiam no Senhor encontrarão novas forças por estar tão intimamente em comunhão com Ele. É uma promessa de Deus para Israel e para nós. Confiemos no Senhor em todos os aspectos da vida, deixemos o controle de tudo para Ele, tenhamos prazer em Sua vontade e confiemos em Suas prioridades e recursos. Fazendo isso o resultado será uma adoração que se supõe verdadeiramente um vislumbre do louvor eterno que vamos realizar no céu.

> ...*os que confiam no SENHOR recebem sempre novas forças. Voam nas alturas como águias, correm e não perdem as forças, andam e não se cansam.* (ISAÍAS 40:31)

Notas

1 *Hesed = Misericórdia:* É um termo de "amor leal" e de pacto. Por isto aparece sempre quando Deus fala da aliança com Seu povo. Era uma palavra reservada para as relações que envolviam um pacto e, portanto, uma lembrança diária para os judeus de sua comunhão com Deus.

2 A fé é imprescindível no relacionamento com Deus, não somente quando o aceitamos em nossa vida como Senhor e Salvador, mas também hoje mesmo, amanhã e sempre. Não posso ter um relacionamento perfeito com alguém se não acredito nessa pessoa. O que diria um bom amigo se não confiamos nele, por mais que afirmemos que ele é importante em nossa vida? Nem sequer poderíamos continuar dizendo que é nosso amigo? É melhor ser enganado do que se atrever a desconfiar de quem amamos. Quanto mais quando colocamos nossa confiança no único que jamais nos engana, o próprio Deus!

3 Deuteronômio 10:12-22 resume perfeitamente o que Deus esperava de Seu povo, e em grande parte de Seu conteúdo, o que espera de nós.

4 "...faça sempre exercícios espirituais" (1 TIMÓTEO 4:7). Pouquíssimas vezes comenta-se sobre a disciplina na vida cristã e muitos fogem dela. A disciplina é crucial não apenas na adoração e oração (com frequência nos guiamos somente por desejos e oramos ou adoramos a Deus quando "sentimos algo"), mas também na aplicação da Palavra de Deus. Se nos disciplinarmos nas coisas espirituais e nos exercitamos nelas, Deus imprimirá em nós o caráter de Cristo, de tal modo que coisas que antes nos eram muito difíceis, agora serão possíveis.

5 Levantar as mãos na presença de Deus é, ao longo de toda a Bíblia, um símbolo de submissão à autoridade dele. Também é um símbolo de querer se aproximar de alguém que está muito acima de nós. Do mesmo modo se aplica a querer honrar alguém. Uma das imagens mais belas que vem à nossa mente é quando uma criança ergue suas mãos para que seu pai a tome nos braços e a levante para estar segura e ver tudo da perspectiva dele.

6 Moisés e Josué ensinaram a lei com cânticos que o povo devia aprender a memorizar (DEUTERONÔMIO 31:22; 32:44). Por outro lado, Deuteronômio 27:14 e seguintes explica como a lei foi promulgada também por meio dos cânticos.

7 Ainda podemos avançar mais um passo: Permito que a Palavra de Deus molde meu modo de pensar e minhas convicções? Esta não é uma pergunta desnecessária. Em muitas ocasiões lemos, estudamos e aplicamos apenas o que nos convêm. Desfrutamos exclusivamente do que gostamos e mantemos todos os nossos princípios baseados naquilo que dá "suporte" ao nosso modo de pensar. A concordância bíblica passa a ocupar o papel do Espírito Santo e dirigir tudo aquilo que queremos que Deus nos diga, enquanto pulamos versículos,

e às vezes capítulos, ou livros inteiros da Bíblia, pois não chegam às mesmas conclusões que nós. Isaías 41:20 expõe quatro passos que devemos seguir ao nos aproximarmos da Palavra de Deus:

- Ver
- Conhecer
- Refletir
- Aprender

Em muitas ocasiões, ao nos aproximarmos da Bíblia, ficamos nos dois primeiros itens, ou quando muito, chegamos ao terceiro. Assim nos achamos verdadeiros especialistas em conhecimento bíblico e inclusive em reflexão bíblica, mas o que Deus espera são pessoas que aprendam o que Ele diz, ou seja, que o obedeçam. Para isto, temos a mente de Cristo (1 CORÍNTIOS 2:16) para não ficarmos somente na informação, mas irmos à prática pedindo a ajuda do Espírito de Deus a fim de obedecermos a tudo o que Ele nos diz.

Capítulo 6

JÓ: A ADORAÇÃO E O CORPO

Jó era uma pessoa íntegra, irrepreensível. Seus costumes eram bem conhecidos por todo o povo: diariamente se levantava cedo para oferecer holocaustos ao seu Deus; preparava as coisas de sua casa, se preocupava que não faltasse nada ao seu povo e saía para o trabalho.

> Como uma cascata impossível de ser detida,
> as más notícias fluíram com a rapidez do desespero...
> Sua vida passou a ser uma excelente definição
> de frustração contínua.

Ele era um homem importante: não passava um dia sem que alguém lhe pedisse conselho em alguma questão pessoal ou social. Inclusive, às vezes, tinha que sair às portas da cidade para estabelecer juízo em assuntos de extrema importância. Quando falamos de seu empenho por ajudar aos pobres, sua fama havia se estendido muito além de sua própria cidade. Dizia-se que possuía incontáveis amigos.

E sua família? Nenhuma podia rivalizar com esta em termos de segurança e beleza. Muitos invejavam suas riquezas, sua posição, sua fama e se fosse pouco, o carinho daqueles que viviam ao seu redor.

A retidão de sua vida era admirada até mesmo no céu. O Criador o havia descrito como "...bom e honesto, temia a Deus e procurava não fazer nada que fosse errado" (JÓ 1:1). E desta confiança em Seu Criador brotava a felicidade de sua vida.

Alguns criam que sua reverência era devida à quantidade de seus bens ou à tranquilidade de seu espírito ou ainda melhor, à uma vida familiar cheia de alegria. Mas um dia a catástrofe o atingiu. Sem conhecer as razões nem as causas, esse homem se achou sozinho, doente e totalmente pobre. Como uma cascata impossível de ser detida, as más notícias fluíram com a rapidez do desespero: "Perdeu todos seus bens," disse um dos mensageiros. "Também sua casa", disse outro. "E todos seus filhos morreram", um terceiro lhe anunciou, o que o atingiu no mais profundo de sua alma. E enquanto seu coração ainda não tinha conseguido entender a dimensão de sua tragédia, seu corpo foi envolvido pela terrível agonia de uma enfermidade que o escravizava por dentro e repelia os que o cercavam.

Agora necessitava do conselho de alguém que estendesse seu braço como uma ponte entre o dia fatal e o fim do sofrimento. No período mais cruel de sua vida, a pessoa íntegra e irrepreensível que tantas lágrimas ajudou a consolar, busca consolo. Volta seu olhar a quem tem a seu lado: o ser mais querido na Terra, sua própria mulher. Mas no momento de maior desespero, escuta o que mais lhe podia causar dano: "E a mulher dele disse: — Você ainda continua sendo bom? Amaldiçoe a Deus e morra!" (JÓ 2:9).

Morra!

Na solidão do coração, as palavras cruéis são lembradas uma e outra vez com profunda dor que somente parece encontrar consolo na morte. De repente, não lhe resta mais nada. Perdera sua dignidade como pessoa ao pensar que sua desgraça era apenas produto do castigo divino. Perdeu a companhia de quem se apegava a ele apenas por causa de sua bondade e as pessoas a quem mais amava: sua mulher e seus filhos. Estes pela morte, aquela devido à raiva porque não entendia a situação. Também perdeu, é verdade, todas as suas posses... E quem se importa? Todos aprendemos, alguns muito tarde na vida, que as riquezas não têm valor algum quando estamos perdendo a vida.

E agora fazer o quê?

Esse homem não buscou ajuda. Não foi correndo manifestar seu pesar diante daqueles a quem tantas vezes tinha concedido seu tempo. Nem formulou perguntas, estas que todos nós fazemos quando algo desagradável torna nebulosa a nossa vida. Não imaginou buscar nos livros da lei algum ensino ou doutrina que pudesse maquiar em parte a dor de seu coração. Muito menos pensou em buscar quem conhece todas as respostas religiosas e psicológicas quanto ao sofrimento e ao desespero humano. Nem passou pela sua cabeça enviar mensageiros por todo o país para encontrar alguém que restaurasse sua alma. Simplesmente *adorou* a Deus: "Então, Jó se levantou, rasgou o seu manto, rapou a cabeça e lançou-se em terra e adorou" (JÓ 1:20).

Simplesmente?

Qual é a razão pela qual um homem solitário, desprezado, pobre e perseguido se volta para Aquele que é a causa de sua desgraça para adorá-lo? Por que quem atravessa a obscuridade mais profunda inclina seu rosto até o pó para dar graças pelo que jamais será capaz de entender? Sua vida passou a ser a melhor definição da frustração contínua:

> *Essas noites são compridas; eu me canso de me virar na cama até de madrugada e fico perguntando: "Será que já é hora de levantar?"* (JÓ 7:4)

> *...Estou aflito, tenho de falar, preciso me queixar, pois o meu coração está cheio de amargura* (JÓ 7:11)

> *Maldito o dia em que nasci!...* (JÓ 3:3)

Seu rosto está avermelhado pelo pranto enquanto repete uma e outra vez: "Estou cansado de viver..." (JÓ 10:1). Neste momento, duas coisas multiplicam sua dor: a aparente indiferença de Deus (é assim que ele sente, embora o Criador ainda esteja ao seu lado) e a ironia de seus amigos — ironia que desampara, que fere, que mata ali onde mais dano faz: na lealdade.

Deus não quis responder a Jó. Esta era uma parte do trato, era a primeira premissa da provação. **E Jó, este homem íntegro e irrepreensível lançou suas queixas a um céu aparentemente frio e indiferente.**

Deus me esmaga com uma tempestade e sem motivo aumenta as minhas feridas. (JÓ 9:17)

Por que te escondes de mim? Por que me tratas como inimigo? (JÓ 13:24)

Se ter Deus distante queimava pouco a pouco o coração de Jó, outras feridas surgiam ao escutar as palavras de seus amigos: "Agora volte para Deus e ore ao Todo-Poderoso. Se você é mesmo puro e honesto, Deus virá logo ajudá-lo..." (JÓ 8:5,6; 22:5)

Seus amigos demonstram sua incompreensão e sua falta de afeto. Jó tenta se "defender" como pode de tantas queixas e amarguras. Agora já não importam suas palavras. Ele é somente um motivo de zombaria aos seus mais íntimos: eles o angustiam e o ferem, esquecem-se dele e o tornam repugnante diante de todos. Como se o castigo já não fosse o suficiente, aqueles que diziam falar em nome de Deus acrescentavam veneno e ódio a um coração completamente vencido e humilhado.

> Ainda que seu corpo estivesse com feridas, doente e cheio de dor, Jó adorou a Deus...

E enquanto isto, Jó simplesmente adora a Deus. Ainda em meio as suas queixas e sua dor encontra algo de glória. "Se eu soubesse que Deus faria isso, daria pulos de alegria, mesmo sofrendo muita dor. Pois Deus é santo, e eu nunca fui contra as suas decisões" (JÓ 6:10), diz quase com a voz entrecortada, como quem tem medo de que a verdade possa ferir. Encontra a razão de sua vida no próprio Deus que, aparentemente, a está tirando: "Embora ele me mate, ainda assim esperarei nele" (JÓ 13:15 NVI).

Em tudo o que Jó disse e fez, adorou a Deus. Guardou sua integridade e suas palavras diante de seu Criador. E chorou ao estar durante meses às portas de um inferno que jamais desejou, o inferno de não escutar o Deus a quem adorava.

Deus tinha "apostado" forte a favor de Jó, e ele respondeu. Talvez melhor que qualquer outro ser humano. Somente Deus mesmo, quando o Senhor Jesus veio a esta Terra como homem, suportou uma provação superior. Esta é uma das razões pelas quais Deus recebeu a adoração de Jó como um sacrifício precioso.

Jó adorou a Deus com todo seu corpo, com tudo o que ele era, tinha sido ou poderia ser no futuro.

O príncipe do mal intentou tirar tudo o que Jó tinha fisicamente, quis inclusive danificar o homem íntegro no mais profundo de sua própria saúde. Quis derrotar a mente daquele que sempre estivera perto de Deus, mas perdeu. E este foi o momento mais importante de todos, pois ficou claro para sempre que, ainda que seu corpo estivesse coberto por feridas, doente e cheio de dor, Jó adorou a Deus[1].

Então, em resposta ao SENHOR, Jó disse: Eu reconheço que para ti nada é impossível e que nenhum dos teus planos pode ser impedido. Tu me perguntaste como me atrevi a pôr em dúvida a tua sabedoria, visto que sou tão ignorante. É que falei de coisas

que eu não compreendia, coisas que eram maravilhosas demais para mim e que eu não podia entender. Tu me mandaste escutar o que estavas dizendo e responder às tuas perguntas. Antes eu te conhecia só por ouvir falar, mas agora eu te vejo com os meus próprios olhos. Por isso, estou envergonhado de tudo o que disse e me arrependo, sentado aqui no chão, num monte de cinzas.
(JÓ 42:1-6)

O exemplo de Jó não é o único. Outros se sentiram da mesma maneira e expressaram tudo o que havia em seu coração, ainda com risco de ser mal interpretados. Preste bem atenção:

Ó SENHOR Deus, até quando esquecerás de mim? Será para sempre? Por quanto tempo esconderás de mim o teu rosto?
(SALMO 13:1)

Ó meu Deus, livra-me dos meus inimigos! Protege-me daqueles que me atacam. (SALMO 59:1)

Choro dia e noite, e as lágrimas são o meu alimento. Os meus inimigos estão sempre me perguntando: "Onde está o seu Deus?
(SALMO 42:3)

Não te afastes de mim, pois o sofrimento está perto, e não há ninguém para me ajudar. (SALMO 22:11)

Estou cansado de chorar. Todas as noites a minha cama se molha de lágrimas, e o meu choro encharca o travesseiro. Por causa dos meus inimigos, os meus olhos estão inchados de tanto chorar, e quase não posso enxergar. (SALMO 6:6,7)

Pode ser que agora, essas palavras inclusive lhe soem conhecidas devido a sua própria experiência. Pode ser que para alguns dos que estão lendo, todas essas expressões sejam mais do que palavras, porque refletem o que há em seu coração.

Então, voltemos à pergunta: **Qual é a razão pela qual um homem sozinho, desprezado, pobre e perseguido se volte Àquele que é o causador de sua desgraça para adorá-lo?** Por que quem atravessa a obscuridade mais profunda inclina seu rosto até o pó para dar graças pelo que jamais será capaz de entender? Por que a adoração está tão relacionada com o sofrimento?

Não estamos descobrindo nada ao dizer que os escritos mais cheios de glória quanto à adoração, sempre saíram de homens e mulheres cheios de sofrimento. Davi e os salmistas, Jó, Ana, Isaías, o próprio Paulo. A Bíblia e a história nos mostram que algumas pessoas se agarram mais a Deus, quando Ele parece indiferente a sua dor. A vida dessas pessoas nos ensinam que a melhor maneira de vencer a distância ou o suposto esquecimento de Deus é se lançar aos Seus braços. E este descanso em Deus não pode ser desfrutado nos momentos mais cruéis de um modo superficial. Não, quanto mais o ser humano necessita dele, mais entrega sua vida com todas as consequências nas mãos de seu Criador.

As lágrimas são as melhores partituras para as obras-primas da adoração.

O amor profundo a Deus é demonstrado nos momentos mais difíceis, quando não entendemos nada do que está ocorrendo, quando a lógica impõe esquecer ou pelo menos deixar de lado. O coração ardente de um filho de Deus encontra na adoração a seu Pai, a razão de sua própria existência. Não sabe fazer outra coisa a não ser estar com Ele. Não tem nenhum outro lugar aonde ir ou onde encontrar consolo, pois aprendeu a lição de Jó *"embora ele me mate, ainda assim esperarei nele"*.

O sofrimento prova a verdadeira adoração. Somente os que amam profundamente ao Senhor (os verdadeiros adoradores) podem seguir se deleitando nele, nos momentos mais difíceis.

O Espírito do Senhor Jeová está sobre mim... a ordenar acerca dos tristes de Sião que se lhes dê ornamento por cinza, óleo de gozo por tristeza, veste de louvor por espírito angustiado...
(ISAÍAS 61:1,3)

Quando louvamos a Deus, Ele dissolve nossa tristeza (SALMO 30:1). Só Ele "cura os que têm o coração partido e trata dos seus ferimentos" (SALMO 147:3). E Ele mesmo restaura o nosso louvor ao abençoar nossa vida com Sua presença e poder: "Tu és o meu esconderijo; tu me livras da aflição. Eu canto bem alto a tua salvação, pois me tens protegido" (SALMO 32:7).

Embora não seja este o lugar para falarmos de sofrimento, necessitamos, sim, lembrar o que isto significa em um relacionamento e medir melhor as palavras em nosso relacionamento com Deus.

Em primeiro lugar, devemos sempre lembrar que o Senhor conhece e sente o nosso sofrimento. Ele não é insensível às circunstâncias de Seus filhos. Contrariamente ao que muitos possam pensar, Deus está envolvido em cada momento difícil de nossa vida. Ele não permanece à margem, nem sequer toma uma posição intelectual ou fria diante de nossas desgraças.

...Quem os salvou foi ele mesmo, e não um anjo ou qualquer outro mensageiro. Por causa do seu amor e da sua compaixão, ele os salvou. E todos os dias, ano após ano, ele os pegava e carregava no colo. (ISAÍAS 63:9)

Sim, Deus se compromete com nossa dor, nos acompanha no sofrimento e busca, por decisão própria, carregar nossas tristezas. E o faz não somente com a dor ocasionada pelo pecado ("Ele levou nossas dores" — Isaías 53:4), mas também com todo o sofrimento injusto. Na presença do Pai, o Senhor Jesus conserva em Suas mãos e no Seu lado as cicatrizes causadas por nossa dor: sinal permanente de que Deus não está longe dos que choram. Todo sofrimento sempre deve nos aproximar mais de quem é capaz de compreender ao extremo a razão de nossa dor. Nosso Salvador é a imagem visível e eterna da sensibilidade e o sofrimento do Criador pelo homem.

Esta é a razão pela qual nossas lágrimas sempre nos aproximam mais de Deus. O salmista compreendeu isto perfeitamente quando cantava: "Suba à tua presença a minha oração, como incenso..." (SALMO 141:2).

Devemos aprender a nos refugiar em nosso Deus e depositar em Sua presença todos os questionamentos do nosso coração (SALMO 16:1), pois Ele é o único que pode nos curar (SALMO 41:4). Ele é o único que conhece nossa angústia (SALMO 31:7). E o consolo de Deus vem a nós, em forma de louvor "...eu os consolarei. Nos lábios dos que choram, colocarei palavras de louvor" (ISAÍAS 57:18,19).

> Jesus conserva em Suas mãos e no Seu lado as cicatrizes causadas por nossa dor.

Da mesma maneira, nosso sofrimento nos ajuda a compreender a dor do Senhor Jesus. Quando a Bíblia nos ensina que "completamos" o que falta ao sofrimento de Cristo (COLOSSENSES 1:24), não está tentando explicar que a obra do Senhor fosse imperfeita. O que nosso Deus quer nos dizer é que por meio de nosso sofrimento chegamos a compreender parte do que Ele mesmo sofreu em Sua humanidade e em Sua obra salvadora. De outro modo, sempre teríamos o risco de crer que nossa salvação foi algo simples e que o Senhor Jesus (pelo fato de ser Deus) tinha a habilidade de ocultar Sua dor, ou ao menos não sofrer tanto. Nada disto. Sua própria perfeição aumentava Sua dor e sofrimento por nós. Nunca devemos nos esquecer disto.

Por último, da mesma forma que no caso de Jó, nosso sofrimento (melhor dizendo, a forma pela qual reagimos a ele) pode levar outras pessoas a conhecer mais profundamente ao Senhor. Ajudamos aos nossos irmãos e aprendemos a consolá-los ao saber o que estão passando. "Ele nos auxilia em todas as nossas aflições para podermos ajudar os que têm as mesmas aflições que nós temos. E nós damos aos outros a mesma ajuda que recebemos de Deus" (2 CORÍNTIOS 1:4). Aos que ainda não conhecem ao Senhor, lhes ensinamos com nosso comportamento que Ele é o único que vale a pena.

Alegrem-se por isso, se bem que agora é possível que vocês fiquem tristes por algum tempo, por causa dos muitos tipos de provações que vocês estão sofrendo. Essas provações são para mostrar que a fé que vocês têm é verdadeira. Pois até o ouro, que pode ser destruído, é provado pelo fogo. Da mesma maneira, a fé que vocês têm, que vale muito mais do que o ouro, precisa ser provada para que continue firme. E assim vocês receberão aprovação, glória e honra, no dia em que Jesus Cristo for revelado. Vocês o amam, mesmo sem o terem visto, e creem nele, mesmo que não o estejam vendo agora. Assim vocês se alegram com uma alegria tão grande e gloriosa, que as palavras não podem descrever. Vocês têm essa alegria porque estão recebendo a sua salvação, que é o resultado da fé que possuem.
(1 PEDRO 1:6-9)

Jó, Davi, Ana e outros muitos demonstraram com suas vidas o que necessitamos aprender: que o sofrimento sempre pode nos aproximar mais de nosso Deus. Que na relação com Ele se encontra a fonte de consolo e a razão do que não entendemos. E em último caso, nossa vida sempre terá significado ao reconhecer que tudo começa e termina com o Criador. Esta é a verdadeira razão do problema do sofrimento!

Não vou morrer; pelo contrário, vou viver e anunciar o que o SENHOR Deus tem feito. (SALMO 118:17)

Conserva-me vivo para que eu possa te louvar... (SALMO 119:175)

Quando estamos sofrendo e adoramos a Deus, Ele mesmo responde a nossa adoração, não somente nos acompanhando (pois sempre faz isto), mas também restaurando nossa vida com Sua própria presença. O louvor a Deus é o meio que Ele utiliza para vencer nossa tristeza. Nunca se esqueça disto!

...para dar aos que choram em Sião uma coroa de alegria, em vez de tristeza, um perfume de felicidade, em vez de lágrimas, e roupas de festa, em vez de luto... (ISAÍAS 61:3)

O corpo de Cristo: um bom ou mau exemplo?

E os amigos de Jó, onde estavam? Há outra face no sofrimento: a face dos que estão perto daquele que sofre, a face dos que devem ser os consoladores, os amigos. Se o exemplo de lealdade de Jó a Deus é sublime, a atitude de seus amigos quanto ao consolo e a ajuda que Jó necessitava, não podia ser pior. Tanto que desagradou a Deus. E muito!

Jó necessitava da ajuda de seus amigos e não a teve. Necessitava se sentir parte de um todo, passar pela experiência do sofrimento sabendo que alguém a seu lado podia lhe oferecer compreensão e ajuda, mas não encontrou ninguém. Só encontrou a si mesmo... sozinho.

> ...a adoração tem a ver com nosso próprio corpo, sim. Mas também está intimamente relacionada com outro corpo e em outra dimensão: o Corpo de Cristo.

Deus não nos fez para vivermos sós. Deus não nos salvou para ficarmos sozinhos. O crescimento espiritual, a adoração e o fruto do Espírito não foram projetados para a individualidade, mas para a ajuda mútua.

A comunhão entre os filhos de Deus é imprescindível, já que Deus colocou a todos no mesmo corpo, o Corpo de Cristo. É a maior e significativa base de grupo que existe no Universo. Por isto a adoração tem a ver com nosso próprio corpo, sim. Mas também está intimamente relacionada com outro corpo e em outra dimensão: o Corpo de Cristo.

Toda adoração individual e pessoal que desfruta do Altíssimo, deve trazer como consequência o inevitável desejo de se unir a todos aqueles que conhecem e adoram ao mesmo Rei dos reis e Senhor dos senhores. Aqueles que foram colocados em um mesmo Corpo por meio do sangue do Criador, da morte daquele que nos dá a vida. A igreja deve ser uma comunidade adoradora de Seu Senhor, se não quer perder de vista aquilo que a faz única.

Portanto, cheguemos perto de Deus com um coração sincero e uma fé firme, com a consciência limpa das nossas culpas e com o corpo lavado com água pura. Guardemos firmemente a esperança da fé que professamos, pois podemos confiar que Deus cumprirá as suas promessas. Pensemos uns nos outros a fim de ajudarmos todos a terem mais amor e a fazerem o bem. Não abandonemos, como alguns estão fazendo, o costume de assistir às nossas reuniões. Pelo contrário, animemos uns aos outros e ainda mais agora que vocês veem que o dia está chegando.
(HEBREUS 10:22-25)

Nossa adoração coletiva não está baseada em doutrinas, mandamentos de homens ou formas estabelecidas. **A igreja adora porque ama profundamente a seu Salvador, a seu Senhor... a seu futuro Esposo.** A história nos mostra que quando ela deixa de fazê-lo — quando deixa de olhar para Deus e começa a olhar para si mesma — a igreja chega a se imaginar única e insubstituível, ao invés de admirar e servir ao que é Único e insubstituível. Ao longo do tempo, muitos que levaram o nome do Senhor em sua religião, foram paulatinamente se distanciando dele quando chegaram a se imaginar os únicos mediadores do Altíssimo. Infelizmente, esse é um risco no qual todos podemos cair. Jamais devemos esquecer que nossa missão é nos aproximar do Senhor. E depois uns com os outros. O processo de todo o texto é muito claro e as condições também. Por isto, nos exorta a não deixar de congregar, ajudando e admoestando uns aos outros a permanecer no amor e na fidelidade ao Senhor Jesus.

Nossa profissão de fé, coração, consciência, corpo, nosso tudo é moldado pelo Senhor da igreja em primeiro lugar, quando nos congregamos em Sua Igreja.[2] E não somente nos congregamos para nos aproximar e adorar a Deus, mas também para aprender a ter o mesmo sentimento, espírito e propósito que teve o Senhor Jesus (FILIPENSES 2:1-11). Esta é uma das razões pelas quais a Igreja do Senhor é única.

> *...por meio da Igreja, as autoridades e os poderes angélicos do mundo celestial conheçam a sabedoria de Deus em todas as suas diferentes formas.* (EFÉSIOS 3:10)

Os principados e potestades benignos e malignos aprendem sobre a comunhão de Deus com Sua Igreja e da Igreja com Deus nos observando, a nós que somos parte de um mesmo Corpo. Este conhecimento glorifica a Deus, porque o evangelho está cheio de glória (CF. 2 CORÍNTIOS. 3:18; 4:6). A glória que se desprende do Deus totalmente santo, recebendo a completa maldade de todos os homens sobre si mesmo, para nos declarar inteiramente limpos e justos. E esta glória se manifesta em nosso meio quando o adoramos juntos.

> *...te darão graças os que são fiéis a ti.* (SALMO 145:10)

> *...louvemos juntos o SENHOR.* (SALMO 34:3)

...ele mostrará a sua glória. (SALMO 102:16)

...ofereçam a ele louvores gloriosos. (SALMO 66:2)

A Deus, o SENHOR, pedi uma coisa, e o que eu quero é só isto: que ele me deixe viver na sua casa todos os dias da minha vida, para sentir, maravilhado, a sua bondade e pedir a sua orientação. (SALMO 27:4)

Felizes são os que moram na tua casa, sempre cantando louvores a ti! (SALMO 84:4)

Ainda nas situações mais difíceis, e nos problemas mais profundos, a expressão do salmista é "Eu tenho sede de ti, o Deus vivo! Quando poderei ir adorar na tua presença? [...]. Quando penso no passado, sinto dor no coração. Eu lembro quando ia com a multidão à casa de Deus. Eu guiava o povo, e todos íamos caminhando juntos, felizes, cantando e louvando a Deus" (SALMO 42:2,4).

Nosso desejo deve ser não somente ir à casa de Deus, mas também nos encontrar com os demais irmãos na adoração e louvor a nosso Pai, porque completamos o gozo de Deus quando chegamos juntos à Sua presença.

O que Deus espera de nós

Poucos versículos podem resumir de uma forma mais clara o desejo de Deus quanto ao comportamento corporativo de Seu povo, do que aquele escrito na carta aos Filipenses: "Então peço que me deem a grande satisfação de viverem em harmonia, tendo um mesmo amor e sendo unidos de alma e mente."
(FILIPENSES 2:2)

Cada uma de suas frases nos ensina a viver em unidade. Inclusive a frase anterior: " me deem a grande satisfação", nos diz que sem a unidade do Corpo não podemos efetivar interior e exteriormente a alegria do Senhor na Igreja. Paulo tem em mente as divisões e conflitos causados por duas mulheres, Evódia e Síntique, e nos explica o único modo de resolver os problemas que surgem dentro do Corpo de Cristo: "Que ninguém procure somente os seus próprios interesses, mas também os dos outros" (FILIPENSES 2:4).

Portanto, os quatro objetivos de Deus para a igreja em Filipos, são exatamente os mesmos para nós.

1. Um mesmo sentir: todos devem adorar a Deus

O mandamento é claro: "Congreguem e busquem ao Senhor".[3]

É verdade que Deus está em todas as partes, mas Sua presença se manifesta com poder nos lugares onde Seu povo o louva.[4] A Bíblia nos ensina que Deus vive no meio do louvor de Seu povo. Portanto, se toda vez que buscássemos a presença de Deus em nossa vida, aprendêssemos a adorá-lo e escutar Sua Palavra, não cairíamos na tentação de crer que Ele está distante.

Meu Deus, durante o dia eu te chamo, mas tu não respondes. Eu te chamo de noite, mas não consigo descansar. Tu, porém, és santo e, sentado no teu trono, recebes os louvores do povo de Israel. (SALMO 22:2,3)[5]

A adoração é para todos. Desde os primeiros momentos nos quais Deus quis se encontrar com Seu povo, o convite foi para *todos*, independentemente de idade ou condição, homens, mulheres, crianças ou idosos, estrangeiros ou israelitas, livres ou escravos, ricos ou pobres, sãos ou enfermos. Todos devem adorar a Deus.[6] E este mandamento permanece como único desde a eternidade e até a eternidade (SALMO 41:13). Seja qual for o tratamento que Deus tem com o homem (inclusive no céu), o louvor é o primeiro tributo devido que parte de um coração sincero a Seu Criador.

Devido ao desejo do coração de Deus, o fogo do altar jamais devia se apagar (LEVÍTICO 6:12,13). Os coros de ação de graças não cessavam jamais e os sacrifícios de louvor devem ser nossa resposta a Deus agora (HEBREUS 13:15) e sempre (APOCALIPSE 4-5). O fogo da adoração, a ação de graças, os sacrifícios de louvor etc., jamais devem faltar na Igreja. Do mesmo modo sabemos, pela Bíblia, que o desejo de Deus é imutável e a razão de nossa vida é satisfazer o Seu coração. Quanto mais a satisfação de Seus desejos é a fonte de nossa felicidade, mais devemos adorá-lo e proclamá-lo!

Feliz o povo que te adora com canções e que vive na luz da tua presença! Por causa de ti, eles se alegram o dia todo e te louvam porque és bondoso. Tu, ó Deus, és o nosso poder glorioso; por tua bondade, nos fazes vencer... (SALMO 89:15-17)

2. Um mesmo amor: "amem-se como eu os amei"
Infelizmente é uma história muito repetida:

O culto de adoração do domingo, junto com a Ceia do Senhor, foi um "sucesso" espiritual. As palavras foram bem orientadas e aparentemente o Espírito de Deus conduziu todo o culto para que a congregação saísse contente e satisfeita espiritualmente. No caminho de volta à casa, as coisas já não iam tão bem. Algumas famílias lembraram as falhas deste e de outro membro da congregação, os erros daquele que disse tal coisa e a cara feia de um fulano. Isto sem citar as mudanças equivocadas que os dirigentes fizeram ultimamente em alguma das pequenas coisas de nosso culto!

Passamos do enlevo ao absurdo com uma velocidade endiabrada (nunca melhor dito), embora talvez devêssemos nos perguntar: Estávamos realmente em enlevo?

Portanto, se você estiver oferecendo no altar a sua oferta a Deus e lembrar que o seu irmão tem alguma queixa contra você, deixe a sua oferta ali, na frente do altar, e vá logo fazer as pazes

com o seu irmão. Depois volte e ofereça a sua oferta a Deus.
(MATEUS 5:23,24)

Vir diante do altar de Deus implica que esperamos que nossa oferta seja aceita por Ele, e para que o Senhor aceite nossa adoração, nosso coração deve estar limpo não somente na comunhão com o Criador, mas também com nossos semelhantes. A adoração deve ser afirmada na interação correta entre os membros do Corpo.

Olhar nos olhos de Deus (figuradamente) com um coração sincero implica podermos olhar com honra um ao outro: ver os outros como o Senhor os vê, e amá-los como Deus os ama. É neste sentido que Paulo fala de "discernir o corpo de Cristo" (1 CORÍNTIOS 11:17-34). Quando chegamos diante do Senhor todos juntos e nossos relacionamentos estão prejudicados (pecado manifesto contra Deus e/ou contra os demais), nossa maldade impede que a adoração seja aceita pelo Senhor. **Somente quando discernimos o Corpo de Cristo e tratamos aos demais com amor, vendo-os como parte do Corpo de nosso Salvador, e não com o juízo orgulhoso de quem se acha com direito de passar por cima de todos, podemos apresentar nossa adoração na Ceia do Senhor corretamente.** E não devemos esquecer que as consequências de não se proceder assim são graves (podem ocasionar a morte).

A atitude do Senhor Jesus quanto a Seu serviço por todos e Sua contínua consideração aos demais em maior estima, não é somente um exemplo, mas sim um mandamento sem o qual não podemos ser verdadeiros adoradores. Os três primeiros capítulos da primeira carta do apóstolo João demonstram, de uma forma extraordinária, o nosso relacionamento com Deus e nosso amor em relação aos demais membros do Corpo de Cristo, de modo que se torne impossível um sem o outro. As palavras são tão claras, que não vale a pena adicionar comentários.

Quem diz que vive na luz e odeia o seu irmão está na escuridão até agora. (1 JOÃO 2:9)[7]

Amor e adoração estão intimamente unidos, pois ambos vêm diretamente do coração de Deus. É a graça amorosa do Senhor que estende Seu braço ao homem para que este desfrute da comunhão e do significado como pessoa que apenas Deus pode lhe dar. A Bíblia inteira foi escrita com base nestes dois conceitos. A atuação de Deus com o homem está marcada em Sua manifestação graciosa e perfeita: a pessoa do Senhor Jesus Cristo, que se fez homem para trazer a luz e o amor perfeito de Deus.

Amor e adoração estão intimamente ligados, pois ambos são o eixo sobre o qual nosso relacionamento com Deus na eternidade se moverá. Paulo narra ao final de 1 Coríntios 13 que o amor na Igreja nunca deixará de existir, e o cerne de todo o livro de Apocalipse é o triunfo final do Cordeiro, e a adoração que *todos* (nos céus e na Terra) devem a Ele prestar. Se não usufruímos aqui da adoração e da lealdade completa a nosso Rei assim como do amor aos filhos do Rei, talvez estejamos nos enganando quanto ao nosso destino eterno.

Amor e adoração estão intimamente unidos, pois todos os exemplos bíblicos nos quais Deus fala, ama, perdoa e restaura Seus filhos, o faz em virtude de Sua comunhão com eles, e não com base em ensinos, conhecimentos ou algo similar (nem baseados no serviço ou no trabalho). Se não houver amor, todo o restante é sobra. Os argumentos se tornam estúpidos. Não devemos esquecer que o "conhecimento ensoberbece e o amor edifica".[8] A religião se tinge de fanatismo fundamentalista e a música perde todo seu encanto. Deus exige o amor mútuo como uma condição necessária para receber nosso louvor. Não apenas isto! Deus pede nosso amor incondicional entre irmãos, para que o evangelho seja algo mais que teorias teológicas, mais ou menos bem formuladas.

Deveríamos nos lembrar dos ensinos de Efésios 5:20-33, quando nos é explicado o relacionamento entre Cristo e a Igreja em termos da interação marido-mulher. Esse texto fala de amor e respeito, e termina pedindo que nos submetamos uns aos outros. Talvez nossa vida como igreja não resistiria a uma simples leitura de João 17...

E minha vida pessoal resistiria? O melhor que poderia fazer agora é deixar aqui este capítulo e ir buscar minha Bíblia.

3. Um mesmo espírito: a bênção de Deus

Nos últimos anos, Deus levantou pessoas que falam e escrevem sobre a transcendência da bênção. Menos mal. Passamos alguns séculos nos quais bendizer a Deus e nos bendizer mutuamente era um costume esquecido.

Não temos espaço aqui[9] para abordar tudo o que significa a bênção bíblica, mas partindo do princípio de que é o próprio Deus quem primeiro nos abençoa, devemos lembrar de algumas coisas.

- **A bênção é parte de um processo sem fim.** Deus nos bendiz, não somente com Suas palavras, mas também com Seu amor, misericórdia, cuidado, proteção, ajuda, Sua própria presença etc. A Bíblia diz que o desejo de Deus em abençoar, jamais terminará, permanecerá firme por toda a eternidade. A graça e misericórdia de Deus não tem fim, apesar de nossas numerosas falhas.
- **Nós o bendizemos por meio de nossa adoração.** O Salmo 103 nos exorta a bendizer a Deus e a não esquecer *nenhum* de Seus benefícios. De nossa gratidão surge a proclamação de quem Deus é e de tudo o que faz por nós: não somente o que proclamamos para o louvor a Ele, mas também o que fazemos para que todos os que nos rodeiam o conheçam. Esta bênção contínua também tem a ver com nossa própria vida (SALMO 139), pois quando nossos feitos são agradáveis ao Senhor, trazemos bênção ao mundo e a Ele, por ser nosso Pai. "...para que os outros vejam as coisas boas que vocês fazem e louvem o Pai de vocês, que está no céu" (MATEUS 5:16).
- **Abençoamos aos demais e a tudo o que foi criado por Deus** (NÚMEROS 6:23-26). Utilizamos nosso coração e nossas palavras para expressar a beleza de tudo o que Deus tem feito, do mesmo modo que abençoamos aos demais não somente com

palavras, mas também com atos. Algo grandioso é que Deus promete bênção quando nos abençoamos mutuamente. O desejo do penúltimo versículo deste texto em Números é realmente belo e é o melhor desejo que podemos expressar para com outra pessoa: "o Senhor faça resplandecer o rosto sobre ti" (v.25 ARA). Todos, individualmente e como povo, bendizemos a Deus e dele recebemos novamente bênçãos para nossa vida.

O SENHOR lembra de nós e nos abençoará; ele abençoará o povo de Israel e todos os sacerdotes de Deus[...]. Que vocês sejam abençoados pelo SENHOR, que fez os céus e a terra! [...]. Mas nós, que estamos vivos, daremos graças ao SENHOR agora e para sempre. Aleluia! (SALMO 115:12,15,18)

A bênção é um estilo de vida, um círculo que jamais se fecha. Devemos aprender a abençoar a todos, a cada momento do dia. É muito mais simples do que pensamos: um gesto, uma palavra de agradecimento, um sincero interesse na vida dos demais, um apoio incondicional. Enchemos de alegria os lugares nos quais estamos inseridos se abençoarmos aos demais, pois levamos conosco a presença de Deus. E isto não é qualquer coisa! Quando entramos em qualquer lugar, o Espírito de Deus arde em desejos de se manifestar em bênçãos para todos nós. Permitimos isto? Ao contrário, infelizmente em muitas ocasiões nós o entristecemos!

Também não devemos esquecer que a bênção é parte de nossa vida natural, pois bendizer a Deus e a outros é participar do espírito de adoração. Quando fazemos bem nosso trabalho, estamos adorando a Deus. Quando nos esforçamos para que nossas obras (quer a consideremos importantes ou não) sejam benfeitas, bendizemos e glorificamos ao nosso Criador. Esta foi a grande lição que Teresa de Ávila aprendeu quando afirmava que "Deus está entre as panelas". Todo aquele que glorifica a Deus o adora. Tudo o que faço de coração, fixando meu olhar naquele a quem amo, enche de bênção minha vida e a vida dos demais.

Neste sentido, nossa vida é totalmente nova a cada momento e devo aprender a vivê-la com entusiasmo. E claro, sem tédio, pois Deus faz cada dia diferente. Quando aprendo a bendizer a Deus a cada momento e com cada trabalho, Deus me abençoa com Sua presença.

Quando fazemos bem o nosso trabalho, adoramos a Deus.

Por isto, nunca devemos esquecer que nossa vida pode trazer bênção ou maldição.

É muito difícil escrever isto, mas jamais devemos esquecer de que o Príncipe dos murmuradores é o diabo (TIAGO 3:9) e muitas vezes, parecemos mais filhos dele do que do próprio Deus. Se maldizemos (ou seja, falamos mal do outro) estamos fazendo o trabalho daquele cujo nome é "caluniador". Se nossa vida está cheia de amarguras e ciúmes, nada refletimos daquele que nos salvou. Se nos ocupamos em destacar os defeitos dos outros (que com certeza têm, do mesmo modo que nós), jamais poderemos falar do evangelho ou ser uma fonte de bênção para eles.

Quando maldizemos alguém, perdemos imediatamente todos os direitos de adorar a Deus, e não somente de adorá-lo, mas também nossa oração pode ser interrompida (um conflito com algum familiar torna-se um empecilho à oração, 1 Pedro 3:7) e o Senhor deixa de nos usar para abençoar esta pessoa (ou de usar esta pessoa para nos ajudar). Lembre-se: Somos nós que escolhemos se desejamos bendizer (inclusive a nossos inimigos, 1 PEDRO 3:9) ou ser lembrados como caluniadores.

O Espírito de Deus é um espírito de bênção. E neste Espírito devo viver, usufruir e aprender a sós, nos momentos íntimos de adoração com Deus, e em comunhão com os demais. No mesmo Espírito devemos evangelizar, pregar, falar e orar, para que nossas palavras não sejam de destruição (às vezes podemos destruir outros tentando pregar a Palavra de Deus). A plenitude do Espírito de Deus em uma vida repleta de bênçãos para todos é imprescindível.

4. Um mesmo propósito: ajudar aos demais

A bênção deve se expressar sempre de modo prático: bendizer não é dizer palavras bonitas e nada mais. É de estranhar que as ofertas monetárias sejam colocadas sempre pelo próprio Deus, tanto no Antigo como no Novo Testamento, como parte da adoração? Não é bíblico que pensemos que estamos adorando a Deus quando nosso dinheiro não está em Suas mãos. Não é cristão chegar à presença de Deus sem nos preocupar com os demais.[10]

A adoração a Deus tem um propósito definido e prático: ajudar o nosso próximo com o nosso amor e bênção. A adoração perde a grandeza da presença de Deus manifestada entre o Seu povo, quando fica no mero prazer e entusiasmo pessoal. O amor se descaracteriza, se não agir. A bênção se torna tédio religioso se não está em ação, sofre e corre para estender sua mão e levantar ao caído.

Você pode discutir tudo o que quiser, mas biblicamente falando não *podemos adorar a Deus* sem olhar e ajudar a quem passa necessidade ao nosso lado. Não podemos dizer que amamos o Senhor se desprezamos aos que necessitam de nossa ajuda. Não podemos defender a maturidade espiritual com base nos bens que possuímos ou na posição social que ocupamos, pois todas as nossas posses são *nada* diante de Deus. Não se pode comprá-lo. Isto é apenas brincar de ser religioso, e nesta brincadeira já houve muitos especialistas ao longo da história.

Seria um bom exercício litúrgico ler o primeiro capítulo de Isaías ao menos uma vez a cada semana em nossas igrejas. Deus odeia todas as nossas assembleias solenes se deixamos o órfão, a viúva e o necessitado morrer de fome. Deus abomina a adoração que fica apenas na liturgia e na solenidade e não vai ao encontro da desgraça e da dor daqueles que não têm nada. Deus jamais compreende que tentemos nos deleitar em Sua presença, por termos os bolsos cheios, enquanto temos o coração endurecido e insensível para com os demais. Talvez haja outros irmãos que estejam passando dificuldades, enquanto continuamos orando: "Supra, aos que não tem nada para comer!" Por que não fazemos algo por eles?

Algumas de nossas orações são muito fáceis de responder!

No entanto, vocês desprezam os pobres. Por acaso, não são os ricos que exploram vocês e os arrastam para serem julgados nos tribunais? Mas, se vocês tratam as pessoas pela aparência, estão pecando, e a lei os condena como culpados. (TIAGO 2:6,9)

Sei que é difícil falar deste assunto. Mas jamais devemos esquecer que desde o princípio dos tempos ("Quem persegue os pobres insulta a Deus, que os fez, mas quem é bom para eles honra a Deus" — PROVÉRBIOS 14:31) até a doutrina do Novo Testamento (2 CORÍNTIOS 9:6) as páginas da Bíblia nos ensinam a glorificar a Deus com nossas posses. O próprio Senhor Jesus o proclamou uma e outra vez: "...todas as vezes que vocês deixaram de ajudar uma destas pessoas mais humildes, foi a mim que deixaram de ajudar" (MATEUS 25:45). Nem apenas um copo de água ficará sem recompensa (MATEUS 10:42).

Lembra-se dos amigos de Jó? "Grande exemplo!" Eles não se preocuparam em dar um copo de água ao seu amigo. Não pensaram em como o consolar ou o que fazer para que suas horas de sofrimento não fossem tão cruéis. Não tiveram a dignidade de confortar a pessoa que chorava. Não se preocuparam em amar, abençoar ou ajudar... Seu único objetivo era deixar bem clara sua doutrina e suas ideias. O único propósito de sua existência era demonstrar que tinham razão.

Coitados! Do que serve falar perfeitamente se não é possível ajudar a alguém? Que importância tem conhecer todas as doutrinas e ser capaz de pregar de um modo impressionante, se nosso coração está longe dos que sofrem? Como alguém pode ser feliz com suas ideias teológicas, se não há vida nelas? Como alguém pode ter sua mente tão fechada, que não caiba nela uma mínima ação de carinho por um amigo e irmão?

Adorar sem amar, amar sem abençoar, abençoar sem ajudar. Quantas vezes ficamos na metade do caminho! Necessitamos urgentemente voltar a ler o primeiro versículo que quase todos aprendemos de cor ao conhecer o Senhor e praticá-lo (JOÃO 3:16). O exemplo é supremo, é o melhor. Agora depende de nós que todos, cristãos e não-cristãos, vejam a mesma atitude em nossa vida, que *todos* nos reconheçam como filhos do Deus ao qual adoramos.

Lembra-se?

Porque Deus amou o mundo tanto, que deu... (JOÃO 3:16)

Notas

1 Todo o corpo de Jó estava envolvido na adoração a Deus, e isto que pode parecer uma verdade evidente, tem sua importância. A maioria dos salmistas separaram uma a uma todas as partes do corpo como fontes de adoração a Deus.

- Louvar a Deus com todo o coração: Salmo 9:1; 112:7; 63:3; 65:5; 24:4; 17:3
- Com toda a alma: 108:1; 24:4
- Com o corpo, a alma e o espírito: 103:1
- Com os lábios: 65:5; 17:1; 40:9; 71:23
- Com nossos olhos: 17:2; 25:13
- Com nossos pés: 17:5
- Com nossas mãos: 24:4; 26:8; 63:4
- Com os ossos: 35:10
- Com as palavras: 141: 3

No Novo Testamento, encontramos a afirmação em Romanos 12:1 com a ordem de nos entregarmos a Deus como sacrifício vivo, tomando como referência o exemplo de Isaque, "sacrificado" por seu pai Abraão (GÊNESIS 22:12). Isaque foi sacrificado diante de Deus, embora não literalmente, pois o Senhor proveu um cordeiro para ocupar seu lugar. Neste sentido, Isaque podia ter sido tomado como um tipo de sacrifício vivo. E embora todo nosso ser deva estar envolvido na adoração, a verdadeira ordem em que ela se processa é a descrita em 1 Tessalonicenses 5:23:

1. Espiritual,
2. Emocional,
3. Corporal.

2 É um dos grandes erros do passado crer que Deus trata a todas as denominações da mesma maneira e que, portanto, todas devem expressar seu amor a Ele do mesmo modo. Muitos missionários, grandes homens e mulheres de Deus, quiseram impor as formas de seus respectivos países nos lugares onde pregaram o evangelho, o que é um equívoco imenso. Não apenas as cartas do Novo Testamento nos ensinam que cada igreja era tratada de modo distinto (não naquilo que era essencial, mas quanto à forma), mas também as próprias mensagens de Deus às igrejas (livro de Apocalipse) nos certificam disso.

Da mesma forma, na atualidade, há quem queira impor um sistema e formatos na adoração e louvor, iguais para todos. O problema é sempre o mesmo: não entender a forma de Deus lidar com Seus filhos. Quando falamos com nossos próprios filhos (e eles conosco) usufruímos da singularidade de cada um, e jamais imaginaríamos lhes impor normas comuns a todos para que se expressem, falem e inclusive nos abracem da mesma forma. A base, o relacionamento, a profundidade, o carinho são os mesmos para todos, mas o tratamento é diferente. Poucas coisas são tão tristes como encontrar igrejas perfeitamente idênticas em todas as suas formas de expressão, talvez por não terem aberto seu coração ao contato diário e íntimo com Deus através de Sua palavra, em vez de fazê-lo por meio de formas impostas por homens.

É um dos grandes perigos de todos aqueles que estão à frente das igrejas: crer que somente um tipo de adoração (ou forma) é o correto diante de Deus, e que o Senhor não ouve qualquer outro estilo. Inclusive somos capazes de tentar apoiar com a Bíblia, aquilo que são apenas pensamentos próprios.

Assim ocorreu ao longo da história que muitos criaram um estilo de adoração (hinos tradicionais) para equipará-lo quase à adoração celestial, e como anátema têm colocado todos aqueles que não se sujeitam ao mesmo estilo.

Também do "outro lado" muitos tem defendido um estilo de música e cântico, quase "incontrolado" como símbolo da liberdade do Espírito. As duas são situações gravíssimas e ocasionam problemas seríssimos. A adoração não tem nada a ver (em primeiro lugar) com formas e estilos, e ninguém pode defender um estilo como sendo o único. Deus é muito maior do que isto, e Ele ouve e ama o Seu povo, em todo lugar, com cada cultura própria, com cada forma que procede de um coração sincero e obediente a Ele. Sem mais condições.

Na Bíblia, não existe um só parágrafo no qual Deus introduz ideias ou preceitos sobre as formas musicais. Não é o formato que torna a nossa adoração digna diante do Altíssimo, mas sim a nossa própria vida. A Bíblia não fala contra formas, mas vai diretamente às atitudes. Deus não se preocupa com nossas formas e costumes; Ele olha diretamente para o nosso coração.

3 Ao longo de toda a Bíblia, o desejo de Deus de estar perto de Seu povo, e que este o busque e o adore, se expressa sempre como um mandamento. Não se trata apenas de gostarmos de estar com o Senhor, na verdade Ele nos ordena que o façamos! Em nenhum outro lugar encontraremos a sabedoria, ajuda, consolo e poder como quando nos congregamos juntos para glorificar a Deus

(2 CRÔNICAS 31:18; ISAÍAS 24:16; SOFONIAS 2:1-3). Todos os Salmos estão repletos (transbordando) do louvor do povo reunido diante do Seu Deus (95:1,2; 68:4; 68:24; 105:1; 116:12). O glorioso mandamento de estarmos unidos ao Senhor é ainda mais sublime pelo desejo profundo do coração (Salmos 27; 42; 84), louvando com os demais irmãos no templo (109; 5:11; 133:1 e muitos outros).

4 "Deus vai subindo para o seu trono. Enquanto ele sobe, há gritos de alegria e sons de trombeta" (SALMO 47:5). Na Bíblia, as referências à adoração e ao louvor proveniente dos anjos e seres celestiais são numerosas: Salmo 148:1,2; Isaías 6:3; Hebreus 1:6; Apocalipse 5:8-13; Jó 38:6,7.

5 O louvor no povo de Israel era considerado (figurativamente) como o aposento do trono de Deus. Como nuvens de incenso, a adoração tomava o lugar do sangue aspergido sobre a arca da aliança. A arca representava a presença de Deus entre o povo. Daí a expressão "vir à Sua presença".

Em Apocalipse 19 (os primeiros versículos) cita como o céu inteiro (seus habitantes) adora a Deus, e esta adoração sobe como incenso ao Rei dos reis e Senhor dos senhores, voltando a ser um reflexo de um trono baseado na justiça sim, mas também no amor e na graça de Deus. Deste modo, também nos capítulos 4 e 5 de Apocalipse, a função dos anciãos, seres viventes, e demais seres no céu e na Terra é de adorar ao que vive pelos séculos dos séculos.

6 Em Êxodo 10:9, todos deviam assistir à festa solene, inclusive são mencionadas as crianças de peito (e não é de estranhar, os Salmos 8 e 9 indicam que Deus tem prazer em ouvir seu louvor). Inclusive todo o povo louvava junto a Deus por toda a cidade (DEUTERONÔMIO 31:13; 2 CRÔNICAS 20:13; LEVÍTICO 9:23; 2 CRÔNICAS 22:27,28).

7 Às vezes o sentimento de "aborrecer" a outros é muito claro: ódio, invejas, murmuração, amargura etc., mas outros não se tornam tanto, e muito mais quando falamos do tema da adoração coletiva. Um dos exemplos mais claros que temos visto sobre como aborrecemos aos irmãos está relacionado aos momentos em que estamos juntos na presença de Deus. Todos conhecemos casos assim: vemos, em muitas ocasiões, que há pessoas que não entendem o que significa adorar juntos. Sua ideia de adoração é "fazer o que creem que devem fazer e da forma como querem". Quando em um determinado lugar, outros estão cantando de uma determinada forma, alguns ficam calados (às vezes sem sequer levantar-se ou acompanhar com sua voz o cântico que todos cantam), simplesmente porque "creem" que não deveria ser daquele modo. Porém, quando chega o momento em que estes têm a possibilidade de fazer tudo ao seu modo, então se acende o "espírito" e as coisas mudam. Todas essas atitudes não são mais que manifestações absolutamente carnais e muito distantes do caráter de Deus.

Como é diferente o que a Bíblia ensina sobre a adoração! Adorar a Deus é se unir de coração com o povo redimido e elevar a voz unânime a Ele. Embora às vezes não estejamos cem por centro de acordo com as formas! Adorar em unidade é esquecer qualquer coisa insignificante para nos comprometer em um só corpo e em um só espírito! Ou a unidade somente é aceita quando todos fazem o que digo? Estamos tentando enganar a nós mesmos e aos demais dizendo que a verdadeira adoração começa somente quando "assumimos o comando"? Vivemos tão cegos em nosso orgulho que somos capazes de pensar que Deus escuta somente o que fazemos ou dizemos? Muitas vezes nossos "jogos" espirituais revelam que nosso temor a Deus é quase nulo, e que vivemos mais nas trevas do que nos damos conta.

8 "...todos nós temos conhecimento. Porém, esse tipo de conhecimento enche a pessoa de orgulho..." (1 CORÍNTIOS 8:1) — esse texto crucial ficou esquecido por muitos, ao longo da história da igreja: a restauração e a admoestação sempre devem estar relacionadas ao amor e à adoração. "...Ensinem e instruam uns aos outros com toda a sabedoria. Cantem salmos, hinos e canções espirituais; louvem a Deus, com gratidão no coração" (COLOSSENSES 3:16). Não se trata de impor nossa opinião baseada em versículos bíblicos para deixar claro que temos razão, mas de nos aproximarmos da presença de Deus e nos edificar mutuamente em amor.

Com o mesmo teor estão escritos Tiago 4–6 e 1 Pedro 1:5-8, que tratam da interação entre irmãos. E o exemplo mais sublime e mais terno é o próprio Senhor Jesus restaurando Pedro (JOÃO 21:5-21) não no fundamento de Sua Palavra, doutrina ou princípios, mas com o Seu amor! Quando caímos, não há nada mais importante do que respondermos intimamente às palavras do Senhor dirigidas a cada um de nós: "Amas-me?". Se pudéssemos compreender que somente a graça amorosa de Deus pode nos levantar! Haverá um tempo (quando formos restaurados) para falar de equívocos, palavras e princípios e para aprender a não cair outra vez!

9 Como dissemos anteriormente, este não é um livro dedicado em primeiro lugar à bênção, mas não é demais presumir que este é um tema importante na Bíblia. Abençoar se relaciona a muitas coisas diferentes, situações nas quais podemos refletir o caráter de Deus.

1. Falar bem (1 PEDRO 3:9)
2. Ser amável (GÁLATAS 5:22,23)
3. Animar (1 TESSALONICENSES 5:11) — Alentar (1 TESSALONICENSES 4:18)
4. Ter misericórdia (EFÉSIOS 4:32)
5. Cuidar (GÁLATAS 6:2)
6. Ajudar (GÁLATAS 5:13)
7. Dar carinho (JOÃO 13:34)
8. Abraçar (1 TESSALONICENSES 5:26)
9. Agradecer (COLOSSENSES 2:7, "transbordando gratidão")
10. Interessar-se pelos demais (1 TESSALONICENSES 5:15)
11. Apoiar (EFÉSIOS 5:21)

12. Aceitar (ROMANOS 15:7)
13. Fazer de coração (COLOSSENSES 3:17), emocionar e entusiasmar-se no que fazemos
14. Respeitar-se ("...preferindo-vos em honra uns aos outros." — ROMANOS 12:10)
15. Pensar o melhor (FILIPENSES 4:8)

Explicar cada processo espiritual levaria muito tempo agora, mas encorajamos a todos a buscar na Bíblia tudo o que Deus nos ensina quanto a este tema.

10 Talvez alguns possam dizer: "Estamos, como sempre, falando de dinheiro." É necessário fazê-lo! O que lemos na Palavra de Deus? Deus nos fala muito claramente quanto ao uso que fazemos com o que Ele nos dá e do nosso dever de ajudar aos outros. Pretender deixar de lado as questões econômicas para nos aproximar de Deus é desprezar uma das partes mais importantes de Sua Palavra. E de fato é impossível fazê-lo, porquanto a mesma Bíblia nos adverte que "...o amor ao dinheiro é uma fonte de todos os tipos de males..." (2 TIMÓTEO 6:10). Se "adoramos" mais ao dinheiro que a Deus, estamos totalmente perdidos!

Capítulo 7

PAULO: ADORAÇÃO COM TODAS AS FORÇAS

Vivia com a sensação de ser quase único.

Ele era o melhor. Seu orgulho beirava o irracional, pois qualquer coisa que se propusesse fazer, conseguia. Desde muito jovem tinha sido admirado por todos. Tanto que era considerado o exemplo ideal para toda família de bem.

Destacava-se em todos os âmbitos do saber: leis, história, filosofia e inclusive a religião, não escapavam de seus hábeis raciocínios. Em sua juventude, as principais universidades da época tinham sido o berço de sua aprendizagem. Mais tarde, as mentes mais inteligentes da cultura dominante se dedicaram a ensiná-lo o que já não podia encontrar em âmbitos normais. Tinha se destacado tanto, que seu conselho era escutado e apreciado por seus superiores, de tal modo que todos apreciavam nele a maturidade fora do normal.

Socialmente, seu nome tinha alcançado os primeiros lugares nos comentários habituais da época. Os rolos que continham as crônicas do momento navegavam de uma cidade à outra, estavam cheios de suas façanhas intelectuais e de seus bons feitos. E este reconhecimento social o havia levado inclusive a formar parte do órgão mais excelso em questões religiosas, o sinédrio, onde se encontravam sábios e profetas, potentados e latifundiários, sacerdotes e líderes. A nata do conhecimento judeu.

Não teve muita dificuldade para escalar os mais altos postos de seus conterrâneos. Sua família era uma das mais importantes da cidade de Tarso. Portanto, usufruíam da cidadania romana, como qualquer outra pessoa de "altos escalões". Esta foi uma das razões pelas quais nosso amigo cresceu falando e confiando em seus próprios direitos. Ninguém podia competir com ele em ousadia, valor ou luta. Era um vencedor nato.

Para que nada faltasse em sua formação ou caráter, seus pais tinham acumulado uma das fortunas mais importantes da época. Tanto, que poderia ser dito que sua vida jamais conheceu a necessidade. A abundância era sua companheira, e ao mesmo tempo uma das causas de suas muitas viagens, em uma época na qual somente uma de cada mil pessoas podia conhecer algo mais do que sua própria aldeia. Percorreu a Europa, Ásia e o Norte da África bem como adicionou, ao seu conhecimento teórico, a segurança de ter visto muitas das coisas que os melhores mestres de sua época lhe tinham contado.

Além disto, foi um líder. Ao contrário de muitos dos sábios de sua época, tristes e acanhados, desde muito criança aprendeu que somente os que vão à frente podem tomar decisões cruciais na vida. Politicamente, o futuro estava em suas mãos. Muitos previram, ao conhecê-lo, que logo todo o povo judeu e, talvez o próprio império romano, estaria aos seus pés, e tinham quase certeza disto.

Ele era o melhor. Uma pessoa verdadeiramente importante.

E chegou o momento-chave em sua aprendizagem, quando todos os olhos do mundo estavam postos em uma recém-nascida heresia baseada na suposta ressurreição de um crucificado. Não se amedrontou em absoluto, e reagiu como todos esperavam. Com sua sabedoria irrepreensível e posição econômica e política bem elevada, percorria o império perseguindo os hereges e fazendo que as pessoas mais influentes do momento escrevessem cartas que decretassem a morte dos que ousavam transtornar seu mundo. Ganhou a admiração de todos: "Este é um verdadeiro líder! Sábio, ousado, rico, decidido, espiritualmente zeloso da lei e dos profetas."

Os mais fanáticos inclusive começavam a promover reformas da lei para que pudesse chegar à mais alta liderança religiosa. E por que não? Amava a lei. Defendia a tradição mais que nenhum outro. Era um dos principais dos fariseus, e a justiça vivia permanentemente dentro de seu coração. Conhecia o Antigo Testamento e recitava livros inteiros de memória, alguns inclusive diziam que o tinham visto dias inteiros em jejum no templo. Quando abria sua boca e explicava as verdades espirituais, todos ficavam abstraídos por seu conhecimento e aplicação da lei.

Mas, por ser o melhor, vivia nos limites de sua própria vaidade. Imaginava-se detentor da verdade quase por completo. Seus estudos e sua preparação tinham conseguido fazer dele um caráter pretensioso e opressor, onde não cabia sensibilidade ou compaixão.

Podia cair no risco de se imaginar quase um semideus, e dia a dia construía dentro de si um orgulho sectário que o fazia perseguir a todos aqueles que não pensassem como ele ou que não estivessem de acordo com ele. O conhecimento o havia deixado vaidoso e sua vida era uma contínua busca de reconhecimento dos demais; inclusive reconhecia que os melhores momentos de sua vida eram aqueles nos quais as pessoas o admiravam.

Por isto Saulo começou a perseguir a estes seguidores do Ressuscitado. Alguém que não somente diz ser o único Deus, mas que também impede que outro ser seja adorado, é perigoso. Muito mais, se é capaz de dizer publicamente que as leis e tradições dos antigos já foram cumpridas. Por isto passou tantos anos estudando! O que seria agora do sinédrio, do qual sempre se orgulhava de fazer parte? Ele era o melhor, o mais sábio, e devia demonstrá-lo. Agora e sempre. Cria sinceramente que era o que estava no caminho correto, e os demais viviam enganados.

Mas a história tinha lhe reservado uma grande surpresa: sua própria rendição à nova "heresia". O próprio Jesus a quem estava perseguindo se apresentou diante dele face a face... e por duas vezes.

Que curioso! Não foram os hábeis raciocínios dos mestres do cristianismo que transformaram o coração de Saulo de Tarso. Não foi a sabedoria nem a demonstração palpável do cumprimento das profecias do Antigo Testamento em Jesus de Nazaré.

Nada do que Saulo leu, escutou ou compreendeu foi capaz de abalar sua alma, apenas o encontro direto com a face de Deus refletida no rosto de Estêvão, quando este era martirizado. Eram os olhos de Jesus, a quem perseguia, no olhar de um de Seus mais fiéis seguidores. Este era o espinho de Paulo: ele se imaginava o melhor, o mais santo, o mais religioso, o mais sábio, e agora se dava conta de que estava muito longe de Deus. Estava às portas do próprio inferno.

> Saulo acreditava sinceramente que era ele quem estava no caminho correto, e os demais viviam enganados.

E Deus o amou. O Senhor Jesus teve compaixão de Saulo e o Espírito Santo tocou o coração dele para que ele pudesse se encontrar com seu Salvador face a face.

Saulo ficou cego para o mundo e para si (literal e figuradamente) a fim de poder abrir seus olhos a Cristo. Teve que fechar seus olhos ao mundo e a si mesmo para poder contemplar seu Criador. Toda a Trindade decidiu transtornar a vida de Saulo, do mesmo modo que transtornaria o mundo por meio dele.

...eu escolhi esse homem para trabalhar para mim, a fim de que ele anuncie o meu nome aos não judeus, aos reis e ao povo de Israel. (ATOS 9:15)

Saulo de Tarso encontrou em seu caminho para Damasco não somente a nova vida, mas também o segredo da vida de Estêvão e de todos os homens e mulheres usados por Deus ao longo da história. O reflexo da face de Deus, a comunhão diária e íntima com o Criador.

Face A Face com Deus

É verdade que eu também poderia pôr a minha confiança nessas coisas. Se alguém pensa que pode confiar nelas, eu tenho ainda mais motivos para pensar assim. Fui circuncidado quando tinha oito dias de vida. Sou israelita de nascimento, da tribo de Benjamim, de sangue hebreu. Quanto à prática da lei, eu era fariseu. E era tão fanático, que persegui a Igreja. Quanto ao cumprimento da vontade de Deus por meio da obediência à lei, ninguém podia me acusar de nada. No passado, todas essas coisas valiam muito para mim; mas agora, por causa de Cristo, considero que não têm nenhum valor. E não somente essas coisas, mas considero tudo uma completa perda, comparado com aquilo que tem muito mais valor, isto é, conhecer completamente Cristo Jesus, o meu Senhor. Eu joguei tudo fora como se fosse lixo, a fim de poder ganhar a Cristo.
(FILIPENSES 3:5-8)

Deus transformou Saulo em um novo homem. E começou a chamá-lo de outro modo. O orgulhoso Saulo era um inútil para os planos do Senhor, e teve que dar passagem (pouco a pouco) ao admirado Paulo. Ele encontrou em Deus, e somente nele, a razão de sua vida. O restante tinha ficado enterrado, morto para sempre. Deus lhe revelou verdades e conhecimentos do mais íntimo de Seu ser. Deus quis que por meio deste orgulhoso perseguidor do evangelho, milhões de pessoas chegassem a conhecer as bases teológicas e doutrinárias do comportamento do Criador para com o homem. Paulo encontrou toda a sua satisfação na contemplação da face de Deus.

Portanto, todos nós, com o rosto descoberto, refletimos a glória que vem do Senhor. Essa glória vai ficando cada vez mais brilhante e vai nos tornando cada vez mais parecidos com o Senhor, que é o Espírito.
 O Deus que disse: "Que da escuridão brilhe a luz" é o mesmo que fez a luz brilhar no nosso coração. E isso para nos trazer a luz do conhecimento da glória de Deus, que brilha no rosto de

Jesus Cristo. Porém nós que temos esse tesouro espiritual somos como potes de barro para que fique claro que o poder supremo pertence a Deus e não a nós. (2 CORÍNTIOS 3:18; 4:6,7)

O orgulhoso Saulo era inútil para os planos de Deus, e teve que dar passagem (pouco a pouco) ao admirado Paulo.

Paulo soube conhecer, adorar e deleitar-se em Deus, com todas as suas forças. Além disto, deixou escrito em suas cartas as pautas para que possamos fazer o mesmo. Aproximar-se do pensamento de Paulo é em parte, aproximar-se do pensamento de Deus, pois ele pôde esquadrinhar parte da imensa grandeza do Criador. Esta grandeza começava a se refletir em seu rosto, da mesma forma que ocorrera com Estêvão, pois Paulo tinha aprendido a viver face a face (com o rosto descoberto) diante do Senhor, sendo transformado na mesma imagem dele.

Isto não é qualquer coisa! Não podemos entender o que custou a Paulo anos inteiros na presença de Deus. O próprio Pedro advertiu sobre os dois perigos de querer controlar a Palavra de Deus.

Lembrem que a paciência do nosso Senhor é uma oportunidade para vocês serem salvos. Pois o nosso querido irmão Paulo, com a sabedoria que Deus lhe deu, escreveu a vocês sobre esse assunto, como também o fazem com as demais Escrituras, para a própria destruição deles. E foi isso mesmo que ele disse em todas as suas cartas quando escreveu a respeito disso. Nas cartas dele há algumas coisas difíceis de entender, que os ignorantes e os fracos na fé explicam de maneira errada, como fazem também com outras partes das Escrituras Sagradas. E assim eles causam a sua própria destruição. (2 PEDRO 3:15,16)

Se queremos crescer na vida cristã, e chegar a refletir a luz de Cristo, necessitamos iniciar do começo, passo a passo. Do mesmo modo que Paulo, necessitamos colocar nossos olhos na face de Cristo.

Conservemos os nossos olhos fixos em Jesus... (HEBREUS 12:2)

E como consequência de nos encontrar com o Senhor face a face, flui do nosso coração até a atitude irreprimível de expressar nosso agradecimento por tudo o que Ele é e o que faz por nós. Desta forma chegamos à mesma conclusão que o autor da carta aos Hebreus: "Por isso sejamos agradecidos, pois já recebemos um Reino que não pode ser abalado..." (HEBREUS 12:28).

A gratidão deve ser nossa resposta natural ao contemplar a face de Jesus

Certa feita, dez leprosos se encontraram com o Senhor Jesus, enquanto andavam a esmo. Todos eles viviam desprezados pela sociedade e seu futuro era algo continuamente sem sentido. Nenhuma esperança, nenhuma razão para viver, nenhuma possibilidade de mudar seu estado até que Jesus de Nazaré apareceu e em um ato de misericórdia, milagrosamente, tornou a pele deles tão suave e limpa como a de uma criança. Deus sorriu para esses a quem era impossível a restauração. Para quem vivia na rejeição e na solidão, amanheceu a glória. Todos eles, em cumprimento a lei, se apresentaram diante do sumo sacerdote para explicar que foram purificados; que a vida deles já podia ser diferente; que tinham se encontrado com o próprio Deus e Ele os havia restaurado. Não fizeram mal. O desejo deles foi de cumprir a lei, obedecer o que Deus tinha deixado escrito. Mas um deles compreendeu, de fato, o que era mais importante do que a lei: a gratidão. E voltou.

Ele voltou onde estava o Senhor. "Ajoelhou-se aos pés de Jesus e lhe agradeceu" (LUCAS 17:16). Retornou, pois compreendeu que a gratidão estava muito acima de todos os mandamentos; porque sentiu em seu coração o firme desejo de glorificar a Deus e proclamar a todos (e ao Senhor em primeiro lugar) que sua vida tinha mudado pela comovente misericórdia de Jesus. Voltou porque entendeu que, primordialmente, era muito mais importante se prostrar aos pés do Senhor. Muito mais importante do que se apresentar ao sumo sacerdote. Caiu sobre seu rosto, porque sua indignidade lhe impedia de olhar face a face a quem lhe havia devolvido a vida e se prostrou aos pés de Jesus como sinal de gratidão.

Ele era samaritano. Quantas vezes costuma acontecer de aprendermos as melhores lições de quem menos esperamos! Este homem conhecia muito pouco a lei; talvez não sabia quais eram suas principais obrigações religiosas, mas tinha em seu coração a chave para se aproximar de Deus: sua gratidão.

O Senhor Jesus lhe devolveu algo mais do que sua saúde; devolveu-lhe a dignidade de seu próprio exemplo. O homem quis dar graças ao único que podia conceder graça. E esta gratidão o levou à salvação.

Já escrevemos que o orgulho nos afasta de Deus, e ao contrário, a gratidão nos aproxima dele, porquanto agradecer significa reconhecer humildemente que devemos *tudo* a Ele. "...Deus é contra os orgulhosos, mas é bondoso com os humildes" (TIAGO 4:6. Veja também SALMO 138:6). Podemos encontrar graça somente diante de Deus quando o contemplamos face a face, contudo, não é possível comparecer diante de Deus trazendo todo nosso orgulho.

Qual é a consequência? Quando contemplo a face de Deus, minha vida imediatamente se enche de gratidão. Não posso evitá-lo. Uma face santa, cheia de amor, sacrificada por mim. Como seria possível vê-la e não ficar transbordando de gratidão, paz, confiança, milhares de coisas boas? Por isto, o mandamento do Antigo Testamento é "Entrem pelos portões do Templo com ações de graças..." (SALMO 100:4; 118:19,20; 28:7; 107:22)[1], pois o fato de sermos gratos nos aproxima de Deus não apenas de um modo figurado, mas literal.

Face A Face com Deus

> O sacrifício ensinado na Palavra de Deus e que deve ser nossa reação contínua ao nos aproximarmos do Altíssimo: é o sacrifício de louvor.

Desde o princípio do relacionamento de Deus com Seu povo, a gratidão era a "resposta" adequada ao Seu amor. Esta é a razão pela qual Deus estabeleceu que no antigo Israel houvesse coros com várias centenas de pessoas dedicadas exclusivamente à ação de graças (NEEMIAS 12). A mesma razão move o Senhor ao nos fazer lembrar mais de uma centena de ocasiões em Sua Palavra, que devemos dar graças. Em todos os livros da Bíblia há ordenanças para se agradecer ao nosso Criador.

A argumentação de todo o Antigo Testamento é clara: a lei e os sacrifícios levíticos pelos pecados do povo são cumpridos por Jesus em Sua vida, morte e ressurreição, mas há um sacrifício que permanece para sempre. O sacrifício ensinado na Palavra de Deus e que deve ser nossa reação contínua ao nos aproximar do Altíssimo: é o sacrifício de louvor.

> *Por isso, por meio de Jesus Cristo, ofereçamos sempre louvor a Deus. Esse louvor é o sacrifício que apresentamos, a oferta que é dada por lábios que confessam a sua fé nele.* (HEBREUS 13:15)

E este sacrifício de louvor permanecerá para sempre, inclusive no céu (APOCALIPSE 4:12; 7:12). Se queremos chegar a compreender melhor o que significa dar graças a Deus, podemos examinar por um momento a palavra hebraica utilizada no Antigo Testamento: *Yadah*. Este vocábulo não significa dar graças, mas "proclamar", "louvar" e "dar público reconhecimento". Falando de modo que entendamos, os hebreus não podiam "dar graças" a outra pessoa ou a Deus, apenas podiam "dar público reconhecimento e proclamar" o que tinham recebido de alguém, ou do próprio Deus. Quando queriam agradecer algo utilizavam *Yadah*, dizendo "dou público reconhecimento a... pelo que fez por mim". Com o tempo, o conceito de "dar graças" se uniu a esta palavra.

Deste conceito parte a raiz do problema do homem, como vimos em outro momento², pois o pecado desse homem contra o Senhor foi não reconhecer e adorá-lo como Deus; não dar o "público reconhecimento" do que Ele fez por ele. O que a humanidade sempre faz é seguir com seus raciocínios vãos (raciocínios orgulhosos), olhando sempre para si mesma e não para Seu Criador. O pecado do homem foi não agradecer a Deus tudo o que Ele lhe deu, mas desejar para si mesmo a única coisa que o Senhor não lhe concedeu. Por não ser agradecido, a humanidade perdeu o sentido da verdadeira beleza e prefere imagens inanimadas como objeto de sua adoração, em vez de usufruir da verdadeira grandeza do que Deus é e faz. Inspirado por Deus, o apóstolo Paulo vai além no argumento em que explica que *todos* os pecados são consequência de nossa ingratidão e da nossa resistência em não querer adorar nem se deleitar no Criador (ROMANOS 1:18-29).

A vida de Paulo foi radicalmente diferente, pois decidiu ser agradecido, reconhecendo tudo o que Deus tinha feito por Ele.

As Escrituras Sagradas dizem: "Eu cri e por isso falei." Pois assim nós, que temos a mesma fé em Deus, também falamos porque cremos. Pois sabemos que Deus, que ressuscitou o Senhor Jesus, também nos ressuscitará com ele e nos levará, junto com vocês, até a presença dele. Tudo isso aconteceu para o bem de vocês, a fim de que a graça de Deus alcance um número cada vez maior de pessoas, e estas façam mais orações de agradecimento, para a glória de Deus. (2 CORÍNTIOS 4:13-15)

Paulo aprendeu a ser agradecido porque a Palavra de Deus continuava transformando sua vida.

E que a paz que Cristo dá dirija vocês nas suas decisões, pois foi para essa paz que Deus os chamou a fim de formarem um só corpo. E sejam agradecidos. Que a mensagem de Cristo, com toda a sua riqueza, viva no coração de vocês! [...] Cantem salmos, hinos e canções espirituais; louvem a Deus, com gratidão no coração. (COLOSSENSES 3:15,16)

Nossa vida muda radicalmente quando nos aproximamos de Deus e somos agradecidos pelo que Ele é e faz. Declarar publicamente a bondade de Deus é uma atitude de vida, e é o melhor antídoto contra a murmuração e as queixas. Quem não espera nada, agradece tudo. Quem espera tudo, não agradece nada.

Quando nossa primeira filha, Iami, tinha poucos meses, não podia expressar gratidão com suas palavras, mas olhava meu rosto e seus olhos agradeciam por meus cuidados. Sorria cheia de gratidão, e eu sorria para ela e deste modo ela compreendia que era amada e aceita. O mesmo ocorreu com nossas duas filhas que nasceram depois.

Este processo de expressar e aceitar gratidão aumenta o amor mútuo e a sensação que de que elas são amadas e queridas. Para elas contemplar meu rosto e meus olhos significa tudo, pois sabem que desejo lhes fazer bem. Para mim, ver a gratidão em seus olhos é a forma mais bonita de saber que elas me amam.[3]

Por assim dizer, a Bíblia nos ensina que somos filhos de Deus, e que podemos nos aproximar dele (estar com Ele face a face) como uma criança se aproxima de seu pai. A gratidão deve ser nossa resposta natural ao contemplar Seu rosto.

O único objetivo da nossa pregação e do nosso ensino deve ser este: refletir a face de Cristo revelada em Sua Palavra. Que todos os que nos escutam possam ver o Senhor e não nossas opiniões ou sabedoria.

E depois? Qual é o passo seguinte? No que se baseou a vida de Paulo para ele chegar a ser uma verdadeira revolução para o mundo? Creio que já nos acostumando a ver que as perguntas mais importantes têm as respostas mais simples, pois o que encheu de significado a vida do apóstolo foi a Palavra de Deus. Isto foi o que o impressionou a respeito de Estêvão.

O único objetivo da nossa pregação e do nosso ensino (se queremos que seja bíblico) deve ser o mesmo de Estêvão: refletir a face de Cristo revelada em Sua Palavra.

O maior contraste que alguns oferecem: "Um pouco mais de lixo, por favor!"

Por que dizemos isto? Muito simples: Proclamar a Deus sem conhecê-lo é encher de lixo a vida de quem nos ouve. Em muitas ocasiões nos protegemos em nossa própria experiência, no que temos escutado de outros, ou na primeira coisa que vem a nossa mente para falar por parte de Deus, quando a única coisa que estamos fazendo é declarar nossas próprias opiniões.

Ninguém deveria falar da parte de Deus sem um profundo conhecimento de Sua Palavra. A adoração ao Senhor passa obrigatoriamente pelo controle do Espírito Santo e a verdade revelada na Bíblia. Voltar a Deus é voltar à Sua Palavra. Conhecer a Jesus é vê-lo cada dia mais através das Escrituras. Falar por parte de Deus (tanto a cristãos como a não-cristãos) é permitir que brote diariamente a fonte da vida eterna. Se não fazemos isto, somente estamos dando lixo a nós mesmos e aos demais.

Apesar de conhecer muito bem o Antigo Testamento, Paulo dedicou vários anos ao estudo da Palavra de Deus depois de se encontrar com o Senhor (Gálatas 1, ao menos 3 anos após sua conversão os utilizou em um estudo profundo sem nenhum outro tipo de atividade). Aprofundou-se na pessoa e na obra de Deus por meio dos profetas, da Lei e dos livros de sabedoria, e o Senhor o usou para nos revelar coisas "que olho não viu nem ouvido ouviu", mas que agora estão ao alcance de nossa mão. Não podemos ser insensíveis à Palavra de Deus e esperar que toda nossa vida se fundamente em três ou quatro coisas que temos ouvido ou aprendido de determinado livro ou experiência. Tudo o que não é da Palavra de Deus, não é de Deus e, portanto, não nos fará bem. Quantas vezes enchemos nossa vida, nossas reuniões, nossas relações com os demais, e a lista poderia continuar, de coisas como:

Creio que...
O Senhor me disse que...
Em minha humilde opinião...
Em algum lugar da Bíblia diz que...

E outras declarações em que a única coisa que fazem é encher de confusão não apenas nosso louvor, mas também nossa relação com Deus! Às vezes, sentimos muito mais que "vergonha alheia" escutando as palavras de algumas pessoas que com todo o orgulho do mundo levam sua ignorância na brincadeira[4] e pretendem fazer "piadas" de seu desconhecimento de Deus. É muito triste que em algumas igrejas as pessoas possam assistir a reuniões e/ou pregações sem nenhuma menção da Palavra de Deus, ou simplesmente com um ou outro versículo, fora de seu contexto, como "apoio" para princípios psicológicos ou sociológicos e depois vão embora com a sensação de que não aproveitaram nada, pois somente o que Deus diz pode encher nosso coração.

Na Bíblia, a adoração e o louvor formam um "todo" com a Palavra de Deus[5]. Não se pode pensar nem expressar uma coisa sem a outra. Não é possível falar da Palavra de Deus sem adorar, nem é possível adorar sem ter as Escrituras em nosso coração. A Palavra de Deus permanece para sempre, do mesmo modo que a adoração permanecerá para sempre. São inseparáveis, porque o mesmo Deus que fala, recebe a adoração. Aquele que se expressa e escuta.

Paulo, que anteriormente cria que podia entender e explicar tudo, reconhece agora (quando se encontra diariamente com o Senhor) que é a Palavra de Deus que fundamenta sua vida.

A palavra de Cristo habite em vós abundantemente, em toda
a sabedoria, ensinando-vos e admoestando-vos uns aos outros,

com salmos, hinos e cânticos espirituais; cantando ao Senhor com graça em vosso coração. (COLOSSENSES 3:16)

Se o apóstolo, que compreendeu grande parte do agir de Deus no mundo e foi um instrumento usado pelo Senhor para levar o evangelho a todos os lugares conhecidos, necessitava receber a Palavra de Deus em abundância dentro de seu coração, o que dizer de nós? Todos os dias devemos encher nossa mente e coração com a Palavra de Deus! E essa é uma empreitada para toda a vida! Somente desta forma podemos ver a Cristo!

Não se trata somente de louvar a Deus, mas também de conhecê-lo. Não estamos falando apenas de lhe expressar a nossa gratidão. Falamos de nos deleitarmos nele e com Ele. Do contrário, nossos cânticos serão os primeiros que nos "acusarão" diante do nosso Criador.

Agora escreva esta canção e ensine aos israelitas. Mande que eles a aprendam de cor, pois ela será minha testemunha contra eles. Eu levarei o meu povo para aquela terra boa e rica que jurei dar aos antepassados deles[...] Então vão me abandonar e adorar outros deuses, quebrando assim a aliança que fiz com eles [...] e esta canção será minha testemunha contra eles, pois os seus descendentes continuarão a cantá-la... (DEUTERONÔMIO 31:19-21)

Depois de ler atentamente Deuteronômio 31 e 32 não fica qualquer dúvida da estreita relação entre a adoração e a Palavra de Deus, e sobre as consequências delas em nossa vida!

Não estamos falando apenas de lhe expressar a nossa gratidão. Falamos de nos deleitar nele e com Ele.

Esta é a razão pela qual necessitamos voltar ao texto inicial: "Conservemos os nossos olhos fixos em Jesus [...] sejamos agradecidos, pois já recebemos um Reino que não pode ser abalado. Sejamos agradecidos e adoremos a Deus de um modo que o agrade, com respeito e temor" (HEBREUS 12:2,28).

O que aconteceu na vida de Paulo depois de seu encontro pessoal com o Senhor? Seu coração ficou transbordando de gratidão e serviço. E depois tornou-se o maior evangelista de todos os tempos!

Agradeço a Cristo Jesus, o nosso Senhor, que me tem dado forças para cumprir a minha missão. Eu lhe agradeço porque ele achou que eu era merecedor e porque me escolheu para servi-lo.
(1 TIMÓTEO 1:12)

Aquele que perseguia o evangelho — que matava os cristãos — se converte em seu maior defensor e agora luta, para que todos recebam o evangelho. Saulo, que havia decidido eliminar o nome de Cristo, o eleva e o exalta até os céus. Deus escolheu este homem para o ministério, antes ainda de ele ter nascido. Considerou-o fiel, antes que esse apóstolo pudesse demonstrá-lo (ATOS 9; 1 TIMÓTEO 1).

> Aquele que havia decidido eliminar o nome de Cristo, o eleva e o exalta até os céus.

"[Tenho] anunciado de modo completo o evangelho a respeito de Cristo", disse Paulo certa vez, e não era mentira. Esse deve ser, também, nosso objetivo e não devemos esquecer o propósito para o qual fomos criados.

Mas vocês são a raça escolhida, os sacerdotes do Rei, a nação completamente dedicada a Deus, o povo que pertence a ele. Vocês foram escolhidos para anunciar os atos poderosos de

Deus, que os chamou da escuridão para a sua maravilhosa luz.
(1 PEDRO 2:9)

Esta é nossa razão de ser. Se nossa adoração não traz como consequência a anunciação aos não-cristãos do que Deus tem feito por nós, então não estaremos adorando em verdade. Quando amamos profundamente a Deus, não podemos parar de falar dele a todos, cristãos ou não. Ele está em todo momento presente em nosso coração e em nossos lábios. Porque se nosso conhecimento do Senhor não traz como resultado nos preocuparmos em falar do evangelho aos que se perdem, é porque não conhecemos a Deus verdadeiramente. Se nossas doutrinas bíblicas e eclesiásticas não passam à ação e fazem arder nosso coração pelos que morrem sem conhecer o evangelho, melhor seria não conhecer nada, pois com nossos feitos estamos demonstrando que não vimos a Jesus.

Falar com Deus, estar em Sua presença, desfrutar de suas bênçãos, conhecê-lo, estudar Sua palavra, formar parte de Seu povo são obrigatórios para nos levar à *proclamação* contínua do que Deus é, faz por nós, e quer fazer pelos que ainda não o conhecem. Esse deve ser o objetivo de nossa vida. Se não for assim, estamos nos enganando e pode ser que não tenhamos compreendido quem somos. E claro, não estamos adorando em absoluto.

Da mesma forma que o amor entre um homem e uma mulher dentro do casamento tem como fruto uma vida nova, nosso amor e deleite na presença de Deus devem resultar em filhos espirituais. Em todas as cartas do Novo Testamento, o Espírito de Deus inspirou os escritores a falar sobre os filhos espirituais. Se amamos a Deus, como fruto deste relacionamento, Seu Espírito nos dá "filhos", pessoas que chegam a conhecê-lo quando lhes comunicamos o evangelho. Se não for assim, algo está errado em nós:

- Não amamos a Deus o suficiente.
- Não usufruímos de Sua presença.
- Somos uma "esposa" egoísta que pensa somente em si mesma.

- Pode ser que haja pecado em nossa vida, que algo não ande bem em nosso interior.
- Nosso afeto pelo Senhor é somente mental e rotineiro.
- Trabalhamos muito para Deus, mas não investimos tempo com Ele.

Podem existir milhares de razões. Você mesmo pode encontrá-las ou as ignorar.

Se não temos filhos espirituais, nossa vida espiritual é um fracasso.

Se não posso anunciar as virtudes daquele que me chamou das trevas para Sua luz, talvez seja porque não compreendi minha razão de existir. Por mais que eu saiba ou pregue ou me admirem ou considerem. O conhecimento íntimo e pessoal de Deus deve nos levar a sempre proclamar quem é Ele e tudo o que Ele fez e faz por nós. Nosso amor ao Senhor nos obriga a não nos calar.[6]

Nossa missão como filhos de Deus é proclamar Seu amor. Lembra-se de Paulo? Lembra-se da razão da vida dele? "Eu não tenho o direito de ficar orgulhoso por anunciar o evangelho. Afinal de contas, fazer isso é minha obrigação. Ai de mim se não anunciar o evangelho" (1 CORÍNTIOS 9:16).

Adorar ao Senhor com todas as nossas forças implica necessariamente: proclamar o que Deus tem feito em nossa vida. Se não o fazemos, ai de nós! Como é possível adorar a Deus sem sair em busca de pessoas que estão perdidas? Como cantar do que Ele tem feito por nós sem desejar ardentemente que todos o conheçam? O Senhor Jesus teve compaixão da multidão. Nós a temos? Ele se comovia até as entranhas e chorava ao ver milhares de pessoas se perdendo como ovelhas sem pastor. Também nos comovemos? Como podemos pensar que estamos adorando a Deus se não choramos pelos que se perdem?

As lágrimas têm um papel crucial na vida do cristão. Nosso Senhor chorou, os grandes homens e mulheres de Deus fizeram isto. Do mesmo modo devemos cair de joelhos chorando por pessoas que conhecemos, pelos que morrem, pelos que necessitam de ajuda, pelo pecado, pela injustiça e o sofrimento no mundo. Devemos aprender a derramar lágrimas diante do Senhor e sair em busca de quem necessita dele.

Unidos no ardor da batalha

Paulo era um lutador nato. Este elemento de seu caráter foi aprovado por Deus quando ainda era Saulo. O apóstolo aprendeu que servir a Deus com todas suas forças implicava também em lutar com todas suas forças. O serviço ao Senhor inclui não apenas a proclamação, mas também a batalha. É curioso como ao longo de toda a Bíblia, Deus escolhe pessoas dispostas e as introduz nas dificuldades mais profundas para fazer o que Ele espera delas. Deus jamais escolhe os covardes ou indiferentes. Muito menos os que se acomodam e não são capazes de pôr todas suas forças nas mãos dele, "[pois] nós não estamos lutando contra seres humanos, mas contra as forças espirituais do mal que vivem nas alturas, isto é, os governos, as autoridades e os poderes que dominam completamente este mundo de escuridão" (EFÉSIOS 6:12).

A luta espiritual é parte da vida cristã. Nossa luta não é contra carne nem sangue, mas contra "as autoridades e os poderes que dominam completamente este mundo de escuridão". Lembre-se de que a oração e a adoração são as armas que Deus colocou em nossa vida. Armas de vitória!

- Todos os salmos mencionam a luta espiritual direta ou indiretamente, menos os Salmos 100, 133 e 150.
- Deus prometeu abençoar os lugares nos quais se reverencia Seu nome (ÊXODO 20:24). Ele se compromete a "vir" a qualquer lugar onde o adorarmos e orarmos, e este lugar ficará "abençoado" contra qualquer ataque do mal.

- A Bíblia também nos ensina que o modo pelo qual nosso coração fica firme contra os ataques do diabo é mediante adoração, oração e a realidade da presença de Deus (SALMO 108:1).
- O livro dos Salmos nos explica que no louvor está a vitória (138:1; 8:2). Inclusive no louvor "da boca das crianças" (SALMO 8:3; MATEUS 21:16) e da boca dos que mamam! Reduzindo ao silêncio os que escutam, pois são incapazes de compreender como os pequenos bendizem a Deus. Por muito que os inimigos se "empenhem", não podem fazer calar a voz dos pequenos, como mais tarde lembrou o Senhor Jesus em Sua "entrada triunfal" no templo. É impossível "isolar" Deus de uma sociedade ou uma cultura, pois todas as crianças que nascem trazem "dentro de si" a impressão de Deus em seu coração.
- A história de Gideão (JUÍZES 7) é um exemplo de como o chefe do povo adora a Deus no meio do acampamento inimigo quando sabe que Deus irá livrar o povo. Podíamos resumir muitíssimas histórias parecidas na Palavra de Deus (Josué e a tomada de Jericó, muitas das vitórias do povo de Israel etc.), que nos ensinam que o louvor e adoração a Deus (ainda antes da batalha) são chaves na vitória.
- Em 1 Samuel 16:16 a música e o louvor impactam sobre o poder do mal; a adoração dá paz a nossa vida, para blindar a mente aos ataques do diabo e afugenta os espíritos maus.
- Deuteronômio 4:7 nos indica que o inimigo nos teme quando invocamos ao Senhor e o adoramos. Isaías 30:32 explica que cada passo de guerra que o povo dava, deveria ser ao som de pandeiros e liras, louvando a Deus.

A maneira pela qual nosso coração fica firme contra os ataques do diabo é por meio da adoração e da realidade da presença de Deus.

Logo que começaram a cantar, o Senhor Deus causou confusão entre os moabitas, os amonitas e os edomitas, e eles foram derrotados. (2 CRÔNICAS 20:22)

Da mesma forma, Juízes 1:27 nos adverte quanto ao perigo de não vencer o inimigo e deixar que ele continue nos dominando. Se em nossa mente e coração deixamos que o mal se apodere de nós, ele nos levará a adorar outros "deuses" e nos distanciará da presença e da Palavra de Deus, fazendo-nos crer que o Senhor está longe. O Espírito Santo deve nos encher por completo e devemos buscar diariamente esta plenitude. De outro modo, permitiremos em nossa vida pensamentos e situações que cedo ou tarde nos trarão muito dano.

Por isso, é importante tomar fôlego (DANIEL 10:13) antes de vencer na terra[7]: Vencer o poder do mal na vida das pessoas mediante a oração e o louvor, assegurando nossa completa dependência de Deus em todas as coisas que fazemos. O ensino, a evangelização, as reuniões e cultos, todo o trabalho pode ruir, caso esteja apoiado em nossa "facilidade" de fazer as coisas e não seja regado com oração e lágrimas!

Orar e depender de Deus não são objetivos somente para os que estão mais perto dele. A luta espiritual não é uma tarefa designada aos mais fiéis: é uma condição imprescindível na proclamação do evangelho. Quando oramos e adoramos a Deus sabemos que estamos na presença dele, e as forças do mal observam o quanto dependemos do Senhor. O maligno não se preocupa em absoluto com nosso conhecimento, mas treme quando nos vê ajoelhados![8]

A razão da vida de Paulo

O amor de Paulo pelo Senhor Jesus era total. Paulo o viu refletido no rosto de Estêvão e encontrou o mesmo Senhor no caminho de Damasco. Sua vida mudou por toda a eternidade. Não podia ser de outra forma. Quando fixamos nossos olhos em Jesus as outras coisas não nos atraem mais. A face do Salvador é o que sempre ilumina nosso coração. Nos bons e maus momentos; no êxito e no fracasso; na glória e no sofrimento.

Paulo vivia para seu Senhor. Sua razão de viver não eram os ensinos de Jesus. Nem o conhecimento de Suas palavras. Muito menos as doutrinas derivadas do evangelho (cuja revelação temos graças aos seus escritos, também). A razão da vida de Paulo era Cristo mesmo. De seu encontro face a face com Ele surgiu uma vida plena de gratidão transbordante, tanto que muitos chegaram a conhecer o Senhor pela proclamação da mensagem do evangelho. Eles viram Jesus refletido no rosto de Paulo, do mesmo modo que Paulo o havia visto no rosto de Estêvão e encontrado algo mais profundo. Algo que se tornou tão real para o apóstolo no caminho para Damasco — quando contemplou face a face de seu Criador — que o resumiu em uma só frase: "...para mim viver é Cristo..." (FILIPENSES 1:21)

A razão da vida de Paulo não era a igreja, as doutrinas, o ensino, os cristãos. Nem sequer a evangelização! A única razão de viver para Paulo era Cristo, e somente Cristo. Chegar a esta perfeita sintonia com o Salvador e Senhor é crucial. É a própria razão da existência. É o caminho que devemos seguir; a única e mais profunda fonte de alegria em nossa vida; o contentamento que vem de olhar para Jesus, usufruir de Sua presença e depender única e exclusivamente dele. Não das circunstâncias, nem de nossas ações, nem sequer de nosso comportamento[9], mas apenas de nosso Senhor.

Conservemos os nossos olhos fixos em Jesus, pois é por meio dele que a nossa fé começa, e é ele quem a aperfeiçoa... (HEBREUS 12:2)

Paulo resumiu, de modo mais simples e claro possível, o verdadeiro segredo do cristianismo. E o fez não apenas porque o Espírito Santo o inspirou a fazê-lo, mas também porque o tinha aprendido em sua própria vida. Melhor dizendo, estava o usufruindo em sua própria existência!

Assim já não sou eu quem vive, mas Cristo é quem vive em mim... (GÁLATAS 2:20)

Notas

1 Na Bíblia aparecem inúmeros cânticos de ação de graças. Não somente nos Salmos (28, 30, 77, 100 etc.), mas também nos demais livros.

2 Observamos que a raiz do problema é o pecado no homem, perfeitamente explicada pelo apóstolo Paulo em Romanos 1:18-23. A ira de Deus sobreveio aos homens, pois estes não o honraram nem lhe deram graças, mas se envaideceram. O pecado foi cair na armadilha do orgulho de se imaginar autossuficiente e não agradecer ao Criador, o Único que podia (e pode) lhe dar a vida.

3 Quando nossa filha já podia falar e cantar (há alguns anos), ela não compreendia muitas coisas, porém cantava conosco "Graças, Senhor Jesus" e aprendeu desde cedo a ser grata a Deus e a nós, seus pais. O que mais me emocionava era quando ela, ainda pequena, vinha ao meu escritório e me dizia (sem nenhuma razão aparente): "Te amo, papai"; e saía para continuar brincando. Minha menininha fazia isto várias vezes ao dia! Este simples detalhe me ensinou muito sobre o que significa amar e agradecer por tudo o que nosso Pai celestial faz por nós. E claro, aprender a expressar-lhe nosso amor de todo coração.

4 Certa vez, escutamos um dirigente eclesiástico: "Conheço muito pouco da Bíblia e não me faz falta conhecer mais!"

5 A proclamação do amor de Deus por meio do louvor é um dos grandes "segredos" explícitos em toda a Bíblia. Isaías 19:21 nos diz que Deus se fará conhecido em todo o mundo mediante a adoração. Do mesmo modo, em muitos momentos da história, Deus revelou Sua mensagem relacionando-a com o louvor (LUCAS 2:13,20; 2 REIS 3:15). Nossa abordagem sobre a importância de louvar a Deus conforme Sua Palavra nos ensina, jamais será suficiente. Ela é o único dirigente para os nossos cânticos. Tudo o que contradiga ou se desvie do que o Senhor nos ensina não é mais do que um subterfúgio diabólico para o louvor.

6 Muitas vezes, os cristãos utilizam o que alguns têm chamado (de forma figurada e brincando, claro) de "anticoncepcionais espirituais". Queremos ter todo o prazer do estudo, pessoas nas igrejas, bons cânticos e adoração, comunhão dos santos e muitas outras bênçãos, mas não queremos ter o trabalho nem o sofrimento de ter filhos espirituais. Temos prazer em estar nos cultos, mas não

nos comprometemos com nada. Assim encontramos pessoas, líderes e às vezes igrejas inteiras que jamais souberam o que é levar uma alma aos pés de Cristo: que usufruem de tudo o que Deus concede, mas não falam dele a nenhum de seus amigos, nem se preocupam com eles. Não têm filhos espirituais.

7 Na Bíblia há três céus:

O primeiro é o que vemos com nossos olhos, o que está entre a Terra e onde "dominam" o diabo e seus anjos, com a permissão de Deus.

O segundo é onde a guerra espiritual tem lugar. Os principados e potestades do mal enfrentam tudo o que tem a ver com o reino de Deus.

O terceiro (de onde o diabo será expulso — conforme o livro de Apocalipse — e onde ele antes podia entrar — JÓ 1) é onde está a morada de Deus.

O diabo, um dia, será definitivamente vencido e já não poderá entrar na presença de Deus. Sua luta atualmente se concentra em que nenhum ser humano conheça e louve ao Criador. Ele é o único que quer receber o louvor para si, e por esta razão foi condenado. Nas tentações do Senhor, o diabo inclusive quis arriscar todas suas "posses" por apenas um ato de louvor do Senhor Jesus. Não importava perder tudo, contanto que o próprio Deus, feito homem, lhe adorasse e reconhecesse sua "glória". Deus somente reconhece a glória do Senhor Jesus fazendo e um dia fará que todo joelho se dobre e adore diante dele (FILIPENSES 2). Os filhos de Deus antecipam este dia quando declaram que nosso Senhor é o Rei, quando o louvamos e refletimos Sua imagem em nossa vida. Esta é a verdadeira luta espiritual.

8 No sul da Grécia existe, literalmente, centenas de pequenas ilhas, onde a navegação é deveras complicada. Há uma bela ilustração mitológica grega na qual é narrada a história das sereias e de como estas atraiam os marinheiros com seus cantos, e, quando eles se aproximavam com seus barcos para escutá-las melhor, morriam ao arremessar seus barcos contra as rochas. Era uma maneira de explicar porque muitos barcos não chegavam ao seu destino.

A ilustração explica que muitos marinheiros tentaram cruzar o lugar, usando toda sorte de estratégias, mas não conseguiram. Um tapou os ouvidos com cera para não escutar o canto, mas este era muito agudo. Outros se amarraram ao mastro, pedindo que ninguém os desamarrasse apesar da beleza dos cantos, mas não foi possível. No fim, alguém teve a ideia de levar a bordo de seu barco a Orfeu, o músico excepcional que cantou e tocou tão maravilhosamente que abafou as vozes sedutoras das sereias e o barco chegou seguro ao seu porto. Venceram porque escutaram uma canção melhor que aquela que lhes levava à destruição.

Quando estamos lutando contra o mal (sobretudo contra a tentação) apenas um cântico mais doce e mais belo que a do maligno pode nos fazer vencer, o cântico do Senhor. Se o Senhor Jesus é o que mais nosso coração deseja escutar, não haverá "tentação" que possa lhe resistir. Esta é a fonte de vitória. Não à base de disciplina ou de "enganos" espirituais. Somente a beleza de nosso Senhor pode nos fazer triunfar.

9 O exemplo manifesto da alegria do apóstolo Paulo se encontra na carta aos Filipenses: ele a escreveu na cadeia. Seu futuro era sombrio e supostamente inaceitável (o apóstolo que havia sido essencial na proclamação do evangelho, agora se encontrava preso e sem saída, imobilizado até sua própria morte). Apesar de tudo, Paulo escreve as palavras mais cheias de alegria que encontramos no Novo Testamento. É obvio que com o passar dos anos, o rosto de Cristo foi se formando cada vez mais no coração (e na vida inteira) desse apóstolo. Por isso, nem as circunstâncias ou as pessoas, nem sequer seus próprios temores, puderam lhe tirar a alegria que Jesus trazia a seu ser.

Capítulo 8

DAVI: CORAÇÃO, MENTE, CORPO, FORÇAS

Consequências da adoração

Todos admiramos os grandes homens e mulheres de Deus na Bíblia. Aprendemos grandes lições com eles e podemos contemplar à luz da Palavra como que a vida deles foi importante para Deus e para quem os cercava.

- A paciência de Jó
- A integridade de José
- O serviço de Marta
- A amizade de Deus com Abraão
- A mansidão de Moisés
- A determinação de Daniel
- A fé e a oração de Elias
- A liderança de Débora

E assim, ao ler a Bíblia poderíamos seguir com esta lista, felizmente, ela está sempre ao nosso alcance para nos ajudar e encorajar, pois não podemos nem devemos esquecer que todas as pessoas usadas por Deus eram de carne e osso, com qualidades e defeitos.

No entanto, a vida de um personagem continua chamando nossa atenção de forma especial. Sua falhas, mencionadas fora de contexto, fariam muitos tremer. Cometeu equívocos que marcaram época. Sua vida inclusive foi um desfile de altos e baixos quase sem controle. Precisamos apenas lembrar alguns pontos:

Altos	Baixos
• É ungido rei (1 SAMUEL 16) e mata o gigante que tinha intimidava o povo (1 SAMUEL 17).	• Comete adultério e assassinato (2 SAMUEL 11).
• Coroado rei (2 SAMUEL 15) Deus faz uma aliança com ele. Israel alcança a melhor época de sua história (2 SAMUEL 7 e 8).	• Não disciplinou Amnom depois do ato incestuoso (2 SAMUEL 14).
• Nasce seu filho Salomão, que chegaria a ser considerado como um dos homens mais sábios de Israel (2 SAMUEL 12).	• É expulso do palácio e exposto à vergonha por um filho rebelde (2 SAMUEL 15-18).
• Restaurado rei e cuidado pela mão de Deus (2 SAMUEL 19).	• Peca ao realizar o censo do povo (2 SAMUEL 24).

Ele foi pastor de Israel e, ao mesmo tempo, incapaz de pastorear seus próprios filhos. Venceu o gigante Golias, mas sucumbiu ante seus próprios desejos. Foi capaz de esperar o tempo de Deus e descansar nele quando Saul era rei, porém se orgulhou de sua obra propondo o censo do povo.

Parece que era impossível ter uma vida "normal". Toda a existência de Davi é marcada por grandes acontecimentos: bons e maus. O que nos assombra é que dele se escreveram elogios que superam qualquer outra pessoa na história (se não considerarmos nosso Senhor Jesus). E foi Deus mesmo quem disse a respeito dele: "Encontrei Davi, filho de Jessé, homem segundo o meu coração; ele fará tudo o que for da minha vontade" (ATOS 13:22).

> Ele venceu o gigante Golias, mas sucumbiu ante seus próprios desejos.

Pode alguém encontrar melhores palavras para definir uma pessoa? O que pensaríamos se Deus dissesse o mesmo de nós? Quem era

Davi? Por que sempre esteve tão perto de Deus? Por que o próprio Senhor Jesus Cristo foi chamado de "Filho de Davi" (MATEUS 21:15)?[1] Por que Davi desfrutou de tal intimidade com Deus e tal pureza de caráter diante de Sua presença, que Deus mesmo honrou seu nome durante muitos séculos diante do povo de Israel?

Eu defenderei e protegerei esta cidade por causa da minha honra e por causa da promessa que fiz ao meu servo Davi. Eu, o SENHOR, falei. (ISAÍAS 37:35)

...o SENHOR não quis destruir Judá, pois havia feito uma aliança com o seu servo Davi... (2 REIS 8:19)

Não encontramos tanta confiança da parte de Deus em nenhum outro sacerdote, profeta ou rei. O Senhor nunca descreveu em Sua Palavra as mesmas considerações por outra pessoa. Apesar de todos seus defeitos, a vida de Davi é uma das melhores aplicações para o nosso texto-tema. Lembra-se?

— Escute, povo de Israel! O SENHOR, e somente o SENHOR, é o nosso Deus. Portanto, amem o SENHOR, nosso Deus, com todo o coração, com toda a alma e com todas as forças. (DEUTERONÔMIO 6:4,5)

Se Deus se deleitou na presença de Davi, vale a pena dedicar parte de nosso tempo a escutar e compreendê-lo. E claro, aprender com ele!

O coração de Davi

Estou certo de que o SENHOR está sempre comigo; ele está ao meu lado direito, e nada pode me abalar. Por isso o meu coração

está feliz e alegre, e eu, um ser mortal, me sinto bem seguro...
(SALMO 16:8,9)

Tu conheces o meu coração e de noite me visitas. Tu tens me examinado profundamente e não encontraste em mim nenhum desejo mau. Não digo coisas que te desagradam... (SALMO 17:3)

O SENHOR é a minha força e o meu escudo; com todo o coração eu confio nele. O SENHOR me ajuda; por isso, o meu coração está feliz, e eu canto hinos em seu louvor. (SALMO 28:7)

Por que o louvor e o cântico surgiam naturalmente dos lábios de Davi? Era tão importante para ele louvar ao seu Deus? Qual era a razão pela qual sempre encontrava momentos para se aproximar da presença do Senhor? Para começar, não temos nenhuma dúvida quanto aos desejos de Davi, seu profundo amor e a fonte de sua alegria:

A ti levanto as mãos em oração; como terra seca, eu tenho sede de ti. (SALMO 143:6)

Eu tenho sede de ti, o Deus vivo!... (SALMO 42:2)

Eu amo a Deus, o SENHOR... (SALMO 116:1)

Gloriar-se-á no SENHOR a minha alma... (SALMO 34:2 ARA)

Também não há dúvidas quanto à sua atitude, como a de uma criança que se achega ao colo de sua mãe[2] e encontra nesse lugar a fonte da tranquilidade e afeto: "Assim, como a criança desmamada fica quieta nos braços da mãe, assim eu estou satisfeito e tranquilo, e o meu coração está calmo dentro de mim" (SALMO 131:2). Do mesmo modo que uma criança confia cegamente em seus pais, o coração de Davi está sempre disposto a escutar e a receber o amor de Deus:

"A tua mão direita me segura bem firme, e eu me apego a ti" (SALMO 63:8). Nesta atitude, ele vive permanentemente, pois este é o desejo de sua alma. Nos bons e nos maus momentos. Quando é rei e quando é perseguido pela morte. Quando canta até que o sol se ponha e quando chora até se sentir nas portas do sepulcro. Não necessita, nem quer, nada mais, porque Deus é quem o sustenta.

Existem menos dúvidas quanto à disposição de Davi para falar ao Senhor desde o mais íntimo de seu coração: mesmo em meio a todos os seus problemas e com seu ser totalmente aberto diante da presença de Deus. Davi jamais ocultava algo, inclusive quando cria estar mais longe de seu Salvador (SALMOS 32; 51). Sempre buscou o Senhor para derramar seu coração diante dele. Não se preocupou se o que sentia ou dizia era o certo, somente vinha diante de Deus e o adorava muitas vezes. De fato, todos seus salmos são cânticos que saem do âmago de sua alma, daquele lugar onde somente quem amamos profundamente pode acessar. Então, qual é o segredo?

O meu coração está firme, ó Deus, bem firme; eu cantarei hinos em teu louvor. (SALMO 57:7)

> Só chegamos à presença de Deus, quando vivemos em Sua presença.

Pode parecer simples demais. Entretanto, o segredo da adoração de Davi é um coração alicerçado no Senhor. Parece que estamos jogando com as palavras. Só chegamos à presença de Deus quando vivemos em Sua presença. Não sendo repetitivos? Pode ser que sim, mas é necessário entender que o segredo é exatamente este: ter nosso coração firme na presença de Deus, sem titubear, sem outros desejos, sem nenhuma outra necessidade, somente a constante harmonia com nosso Senhor. A única maneira de chegar à presença de Deus é desejá-la de todo coração, arder na necessidade de vir diante de Seu trono, o adorando e escutando, sentir profundamente que o dia estará perdido se não estivermos em Sua presença. Encontrar sempre em nosso coração a inabalável vontade de obedecer ao nosso Pai. Ter um coração como o de Davi, um coração que sente profundamente, que se emociona na presença de Deus, que deseja a face do Senhor mais do que tudo, pois o ama. Porque crê que Deus é *tudo* para ele, em todas as circunstâncias!

A mente de Davi

O céu anuncia a glória de Deus e nos mostra aquilo que as suas mãos fizeram. Cada dia fala dessa glória ao dia seguinte, e cada noite repete isso à outra noite.

Não há discurso nem palavras, e não se ouve nenhum som. No entanto, a voz do céu se espalha pelo mundo inteiro, e as suas palavras alcançam a terra toda. Deus armou no céu uma barraca para o sol.

O sol sai dali todo alegre como um noivo, como um atleta ansioso para entrar numa corrida. O sol sai de um lado do céu e vai até o outro lado; nada pode se esconder do seu calor.

A lei do SENHOR é perfeita e nos dá novas forças. Os seus conselhos merecem confiança e dão sabedoria às pessoas simples. Os ensinos do SENHOR são certos e alegram o coração. Os seus ensinamentos são claros e iluminam a nossa mente. O temor ao SENHOR é bom e dura para sempre. Os seus julgamentos são justos e sempre se baseiam na verdade. Os seus ensinos são mais preciosos do que o ouro, até mesmo do que muito ouro fino. São mais doces do que o mel, mais doces até do que o mel mais puro. SENHOR, os teus ensinamentos dão sabedoria a mim, teu servo, e eu sou recompensado quando lhes obedeço.

Quem pode ver os seus próprios erros? Purifica-me, SENHOR, das faltas que cometo sem perceber. Livra-me também dos pecados que cometo por vontade própria; não permitas que eles me dominem. Assim serei uma pessoa direita e ficarei livre do grave pecado da desobediência a ti.

Que as minhas palavras e os meus pensamentos sejam aceitáveis a ti, ó SENHOR Deus, minha rocha e meu defensor!
(SALMO 19)

Não é exagerado dizer que a face de Deus era o que havia de mais importante na mente de Davi. Não existia para ele nada que pudesse ser comparado ao prazer de se encontrar face a face com seu Criador, e a este objetivo dedicava a maior parte do tempo e esforço em sua vida. Não era raro escutar um de seus desejos expressos em cântico: "Olha com bondade para mim, teu servo..." (SALMO 31:16) e "...a tua presença me encherá de alegria" (17:15). Davi tinha entendido perfeitamente o chamado que Deus pronunciara desde o princípio da criação em busca de adoradores. Foi o mesmo chamado que o Senhor Jesus citou ao falar com a samaritana (JOÃO 4). Não é um chamado para adorar, mas de *ser* um adorador; não um mandamento formal sobre condições e estruturas, porém um convite amigável. Davi tinha sentido em seu coração e em sua mente o desejo mais profundo do coração do Criador, e o mais importante: respondeu a este desejo.

Tu disseste: "Venha me adorar." Eu respondo: "Eu irei te adorar, ó SENHOR Deus." (SALMO 27:8)

Mesmo sendo um homem muito ocupado, Davi se levantava cada manhã com o único desejo de encontrar seu Deus para o adorar e ouvir. Para conhecer e aprender a depender dele. Apesar de todas as ocupações que tinha como rei, Davi buscava a Deus, não para encontrar sabedoria (como seu filho Salomão), nem para ser vitorioso (como Gideão), nem sequer para conhecer mais da lei (como os sacerdotes) ou a Palavra de Deus (como os profetas). Davi buscava ao Senhor, porque queria estar em Sua presença. Desejava viver sempre com Ele! Buscava a Deus porque *amava* profundamente a seu Senhor.

Eu espero pelo SENHOR mais do que os vigias esperam o amanhecer, mais do que os vigias esperam o nascer do sol.
(SALMO 130:6)

Todos os que experimentamos servir em um exército, sabemos o que significa o cansaço, o sofrimento, e às vezes, o medo (se for uma situação de guerra) que sobrevêm ao sentinela, quando as sombras da noite são sua única companhia. E como esta sensação muda totalmente quando a manhã traz consigo a luz, a segurança e a troca da guarda. Davi sentia a mesma necessidade de Deus e ansiava com toda sua mente o momento no qual podia estar diante de Sua presença para conhecer e adorá-lo: "De manhã ouves a minha voz; quando o sol nasce, eu faço a minha oração e espero a tua resposta" (SALMO 5:3). Nada tinha sentido para Ele na primeira hora do dia, se não estar na presença de seu Criador, cantar Seu nome e meditar em Sua Palavra, pois somente a Palavra de Deus pode satisfazer nossa mente, mesmo quando o mal espreita.

Eu tenho sede de ti, o Deus vivo! Quando poderei ir adorar na tua presença? Choro dia e noite, e as lágrimas são o meu alimento. Os meus inimigos estão sempre me perguntando: "Onde está o seu Deus?" (SALMO 42:2,3)

Com frequência esquecemos o fogo do Espírito Santo. Talvez porque não ansiemos por Deus com a intensidade de Davi? Ou melhor ainda, talvez porque não desejemos estar com o Senhor, tanto quanto desejava Davi? Por uma ou outra razão, não aprendemos a lição de ansiar por nosso Senhor. Nossa vida transcorre entre lições e rituais litúrgicos e religiosos sem que empenhemos *todo* nosso coração nas coisas que fazemos. Somos capazes de estar no serviço ao nosso Rei sem que o fogo do Espírito nos consuma por dentro e por fora. E, depois, nos perguntamos as razões pelas quais Deus não age da mesma forma que no passado. Dedicamo-nos a divulgar situações sociológicas, teológicas e/ou psicológicas para explicar a incredulidade do mundo e a frieza da igreja. Se tivéssemos sede da presença de Deus durante toda a nossa vida, encontraríamos explicação para tudo isso! Mas infelizmente, a teologia fria, a psicologia, a sociologia e outras filosofias estão tomando o lugar primordial nas igrejas. Lugar que somente o fogo do Espírito de Deus tem o direito de ocupar.

Como todos aqueles que buscam sinceramente ao Senhor, Davi aprendeu nas situações difíceis a encontrar consolo na Palavra de Deus. Pôs sua mente no que o Senhor lhe ensinava e as próprias Escrituras lhe inflamavam o coração em adoração. É um processo que se repete muitas vezes em nossa vida. Talvez nossos inimigos (ou nós mesmos) nos fazem sofrer, e não encontramos resposta. São aqueles momentos nos quais não sabemos como reagir, se vamos gritar ou calar, mas o certo é que quando calamos a nossa dor se agrava. E depois vamos à Palavra de Deus, meditamos em suas promessas, cremos firmemente no que Ele nos diz e imediatamente se acende um fogo em nossa mente que nos leva a adorar ao nosso Criador. A Bíblia sempre nos ensina o que devemos fazer, e nos mostra o caminho a seguir.

Manda a tua luz e a tua verdade para que elas me ensinem o caminho e me levem de volta a Sião, o teu monte santo, e ao teu Templo, onde vives. (SALMO 43:3)

Deste modo, nossa mente encontra não apenas o descanso em uma situação impossível, mas também os passos a serem dados nessa situação. O próprio Deus nos fala por meio de Sua Palavra sobre Seu caráter. Ensina-nos quanto à nossa maneira de agir e põe em nossa mente as verdades mais sublimes de Seu pensamento. Mas, sobretudo, Deus nos fala com o intuito de nos ensinar Sua vontade para nossa vida.

... *"Aqui estou; as tuas instruções para mim estão no Livro da Lei. Eu tenho prazer em fazer a tua vontade, ó meu Deus! Guardo a tua lei no meu coração."* (SALMO 40:7,8)

Somente quando a lei de Deus está em nosso coração podemos usufruir de toda a Sua Palavra. Curiosamente, o capítulo mais longo da Bíblia (SALMO 119) é um cântico dedicado a representar a Palavra de Deus em mais de uma centena de formas diferentes e explica a importância da Palavra em nossa vida. Alguém disse que somente podem ler e desfrutar deste salmo aqueles que têm seu coração e sua mente muito perto do Senhor. Talvez a escassez de homens e mulheres com essa característica seja a razão pela qual sempre utilizamos este belo salmo para falar anedotas sobre sua extensão. No entanto, os verdadeiros adoradores encontram beleza na Escritura, leem-na, meditam e buscam nela a luz para sua vida. E esta experiência não era exclusiva de Davi. Muitos outros, como por exemplo, Asafe, um dos grandes compositores musicais do povo de Deus, dizem: "Gasto as noites em pensamentos profundos..." (SALMO 77:6).

Ter a mente na Palavra de Deus implica em ver as coisas como Deus as vê. Deus não apenas amplia nossa visão com Sua Palavra, mas também a unifica. Ensina-nos a não olhar outras coisas, a não ter nosso coração dividido. Da mesma forma que o Senhor Jesus falava sobre a importância de ter olhos saudáveis (MATEUS 6:22) e com uma só visão, Davi entendia que não podia permitir que seu coração estivesse dividido diante de Deus.

Ó SENHOR Deus, ensina-me o que queres que eu faça, e eu te obedecerei fielmente! Ensina-me a te servir com toda a devoção.
(SALMO 86:11)

Por isto, o rei encontrava sempre o momento oportuno para derramar sua alma e examinar seu coração diante do Senhor. Esta é a razão pela qual sua consciência sempre tinha que estar limpa e não era capaz de viver de outro modo. Ele não era perfeito (todos o reconhecemos ao ler a história de sua vida), mas seu comparecer constante diante do Senhor o tornou limpo, pois sabia (e reconhecia continuamente) que era indigno do Altíssimo. Esta é a razão pela qual não queria sair da presença de Deus e assim também não queria que sua vida fosse indigna do Criador.

> *Serei honesto em tudo o que fizer. Quando virás para te encontrares comigo? Viverei uma vida correta na minha casa e não deixarei que entre nela nenhum mal. Eu detesto as ações daqueles que se afastam de Deus e não tomarei parte nos seus pecados. Afastarei de mim pensamentos desonestos e não terei nada a ver com a maldade.* (SALMO 101:2-4)

Deus não somente amplia nossa visão com Sua Palavra, mas também a unifica.

Nossa adoração a Deus deve nos levar a uma atitude de busca contínua da vontade do Senhor em Sua Palavra. Nosso louvor é o guia para que nosso coração não esteja dividido. Aprender a viver na presença de Deus significa tê-lo como único bem, como único objetivo de conhecimento: "...No céu, eu só tenho a ti. E, se tenho a ti, que mais poderia querer na terra?" (SALMO 73:25), como alguém a quem amamos de forma exclusiva. Somente assim podemos nos aproximar de Deus como Davi.

Ó Deus, examina-me e conhece o meu coração! Prova-me e conhece os meus pensamentos. Vê se há em mim algum pecado e guia-me pelo caminho eterno. (SALMO 139:23,24)

A mente de Davi pensa e medita. E porque viveu meditando no caráter e feitos de Deus, pode ensinar a outros. O que ele ensina é útil por toda a eternidade. Não é de se estranhar que aprendeu na própria presença do Criador, contemplando Sua face e escutando Sua Palavra.

O corpo de Davi

Esperei com paciência pela ajuda de Deus, o SENHOR. Ele me escutou e ouviu o meu pedido de socorro. Tirou-me de uma cova perigosa, de um poço de lama. Ele me pôs seguro em cima de uma rocha e firmou os meus passos. Ele me ensinou a cantar uma nova canção, um hino de louvor ao nosso Deus. Quando virem isso, muitos temerão o SENHOR e nele porão a sua confiança. Feliz aquele que confia em Deus, o SENHOR, que não vai atrás dos ídolos, nem se junta com os que adoram falsos deuses! Ó SENHOR, nosso Deus, tu tens feito grandes coisas por nós. Não há ninguém igual a ti. Tu tens feito muitos planos maravilhosos para o nosso bem. Ainda que eu quisesse, não poderia falar de todos eles, pois são tantos, que não podem ser contados. Tu não queres animais oferecidos em sacrifício, nem ofertas de cereais. Não pediste que animais fossem queimados inteiros no altar, nem exigiste sacrifícios oferecidos para tirar pecados. Pelo contrário, tu me deste ouvidos para ouvir, e por isso respondi: "Aqui estou; as tuas instruções para mim estão no Livro da Lei. Eu tenho prazer em fazer a tua vontade, ó meu Deus! Guardo a tua lei no meu coração." Ó SENHOR Deus, na reunião de todo o teu povo, eu contei a boa notícia de que tu nos salvas. Tu sabes que nunca vou parar de anunciá-la. Não tenho guardado para mim mesmo a notícia da tua salvação. Tenho sempre falado da tua fidelidade e do teu poder salvador. Nas reuniões de todo o teu povo, não fiquei calado a respeito do teu amor e da tua fidelidade. (SALMO 40:1-10)

Aproximar-se da presença de Deus implica necessariamente pureza. Não precisamos ser perfeitos para nos declarar a Ele (isto seria impossível), mas devemos pelo menos desejar que nossa vida o agrade e fazer todo o possível para que seja assim. A santidade é parte do caráter de Deus e da mesma forma deve ser nossa meta primordial, se queremos ser adoradores que agradam ao Senhor. Ser santo é belo! Viver de um modo puro vale a pena. Aspirar parecermos com nosso Pai é o objetivo mais elevado que podemos ter. Refletir em nossa vida o caráter de Deus é a maior fonte de alegria que existe. Apresentar um corpo puro diante do Senhor enche de bênção nosso louvor: "Adorem o Senhor no esplendor da sua santidade" (SALMO 96:9 NVI). Além disso, compromete todo nosso ser diante dele. Esta é a razão pela qual todas e cada uma das partes do corpo do salmista teve um papel primordial na adoração a Deus.

Ó Deus, meu Salvador, livra-me da morte, e com alegria eu anunciarei a tua salvação! Ó Senhor, põe as palavras certas na minha boca, e eu te louvarei! Tu não queres que eu te ofereça sacrifícios; tu não gostas que animais sejam queimados como oferta a ti. Ó Deus, o meu sacrifício é um espírito humilde; tu não rejeitarás um coração humilde e arrependido.
(SALMO 51:14-17)

O cântico composto por Davi depois de ter reconhecido seu pecado contra Deus diante de Natã (adultério com Bate-Seba) foi reconhecido durante toda a história como um dos mais lindos atos de arrependimento e necessidade de perdão que um coração possa entoar. Davi havia mentido, enganado, adulterado, assassinado e, além disto, também tinha desprezado por completo seu Deus, Aquele a quem mais amava.

Quando Natã lhe fala, Davi se dá conta de que sua maldade o separou de seu Criador. E então brota de seu coração (de todo seu corpo) o Salmo 51. Neste momento chegamos a compreender parte do segredo e a origem do perdão. Quando Davi se apresenta diante de Deus, não estava apenas comprometido em seu coração, ou sua mente (reconhecendo que havia procedido mal), mas também se sentiu indigno e pecador e chega a dedicar todo seu corpo como oferta de louvor na presença do Criador. *Tudo* o que Davi sentia era a culpa diante de Deus, em seu interior havia o pranto por se sentir distante da presença de quem mais almejava. A vida não tem sentido algum se nos sentimos desprezados pelo Pai.

> *Por causa do teu amor, ó Deus, tem misericórdia de mim.*
> *Por causa da tua grande compaixão apaga os meus pecados.*
> *Purifica-me de todas as minhas maldades e lava-me do meu*
> *pecado[...]. Ó Deus, cria em mim um coração puro e dá-me*
> *uma vontade nova e firme! Não me expulses da tua presença,*
> *nem tires de mim o teu santo Espírito. Dá-me novamente a*
> *alegria da tua salvação e conserva em mim o desejo de ser*
> *obediente. Então ensinarei aos desobedientes as tuas leis, e eles*
> *voltarão a ti.* (SALMO 51:1,2,10-13)

O perdão libera. Oferecer nosso corpo inteiro em adoração a Deus traz virtude com cura interior. A humilhação e a culpabilidade pelo mal que temos feito encontra consolo no olhar carinhoso e gracioso de Deus, quando descansamos nele. Sim, Seu olhar é gracioso, pois Ele está disposto não somente a nos perdoar, mas também a nos restaurar.

> *Como rimos e cantamos de alegria! Então as outras nações*
> *disseram: "O SENHOR fez grandes coisas por eles!" De fato, o*
> *SENHOR fez grandes coisas por nós, e por isso estamos alegres.*
> (SALMO 126:2,3)

Nosso corpo pode ser transformado, da mesma forma que a noite se transforma em dia, quando descansamos no perdão de nosso Pai. Precisamos viver em santidade, mas se cairmos, podemos chegar diante de Sua presença e Ele nos perdoará e restaurará. A segurança que temos ao sentir o coração de Deus perto de nós, não tem preço.

Davi leva seu corpo a agir e a se comprometer. Não fica somente em palavras ou boas aspirações; ele se enfraquece por seu Criador e não tem outro sentido em sua vida, senão contemplar o poder e a glória de Deus. Ele tem sede de Deus e age.

Ó Deus, tu és o meu Deus; procuro estar na tua presença. Todo o meu ser deseja estar contigo; eu tenho sede de ti como uma terra cansada, seca e sem água. Quero ver-te no Templo; quero ver como és poderoso e glorioso. O teu amor é melhor do que a própria vida, e por isso eu te louvarei. Enquanto viver, falarei da tua bondade e levantarei as mãos a ti em oração. As tuas bênçãos são como alimentos gostosos; elas me satisfazem, e por isso canto alegremente canções de louvor a ti. Quando estou deitado, eu lembro de ti. Penso em ti a noite toda porque sempre me tens ajudado. Na sombra das tuas asas eu canto de alegria. A tua mão direita me segura bem firme, e eu me apego a ti. Porém aqueles que me querem matar descerão para o mundo dos mortos. Eles serão mortos na batalha, e os corpos deles serão comidos pelos animais selvagens. Mas o rei se alegrará porque Deus lhe dá a vitória. Os que fazem promessas em nome de Deus se alegrarão, mas a boca dos mentirosos será fechada.
(SALMO 63)

"Enquanto viver, falarei da tua bondade e levantarei as mãos a ti em oração" (v.4). Levantar as mãos na presença de Deus é, ao longo de toda a Bíblia, um símbolo de submissão à autoridade do Senhor e deve ser assim sempre. Quando alguém levanta suas mãos ("palmas" literalmente em muitos versículos) em santidade está admitindo que Deus é quem tem autoridade sobre ele. Esta é a relação existente entre a santidade e o fato de elevar as mãos, como expressa o Salmo 24: "Quem tem o direito de subir o monte do SENHOR? Quem pode ficar no seu santo Templo? Somente aquele que é correto no agir e limpo no pensar, que não adora ídolos, nem faz promessas falsas" (vv.3,4).

Quando podemos elevar nossas mãos ao céu com um coração puro, estamos preparados para adorar a Deus. Este é, ao mesmo tempo, um desafio e uma responsabilidade: reconhecemos a autoridade de Deus em nossa vida, e apresentamos diante dele nossa pureza de coração. Se estamos nos enganando, e nossas mãos se levantam em adoração com impurezas em nossa vida, Deus irá impor Sua autoridade para nos disciplinar.

Na Palavra de Deus, as mãos se estendem para orar.
- Moisés, Êxodo 17:11.
- Salomão, de joelhos e com as mãos estendidas ao céu durante toda a oração (1 REIS 8:22-54).
- Esdras 9:5.
- Davi, "Recebe a minha oração como se fosse incenso, e que as minhas mãos levantadas sejam como a oferta da tarde!" (SALMO 141:2).
- O regente do coro, "...Ó SENHOR Deus, dia após dia eu te chamo e levanto as mãos em oração" (SALMO 88:9).
- Isaías 1:15; 35:3.
- 2 Crônicas 6:29, o próprio Deus exige isto.

Para lhe obedecer e obter vitória.
- Êxodo 9:33; 10:21; 14:27

Para bendizer.
- Mateus 19:13; Marcos 10:16; Atos 6:6; 13:3

Para pedir misericórdia.
- Em um momento muito difícil na vida do povo, o profeta ordena: "...Levante para ele as mãos em favor da vida de seus filhos..." (LAMENTAÇÕES 2:19 NVI).

Para fazer votos e cumpri-los.
- "...assim diz o Soberano, o SENHOR: Juro de mão erguida..." (EZEQUIEL 36:7). No livro dos Salmos, as promessas que o povo fazia enquanto louvava a Deus, eram sempre promessas que deviam cumprir. Há muitíssimos textos que dizem simplesmente "Cantarei ao Senhor e cumprirei meus votos". Durante o louvor, o povo levantava suas mãos ao Senhor e esta era uma das maneiras de prometer o que estavam cantando.

- O sinal de autoridade é apenas em relação a Deus. A Bíblia diz que é pecado estender nossas mãos para outros deuses (SALMO 28:2; 44:20 etc.).

Estender nossas mãos em adoração a Deus é um mandamento.
- "Levantem as mãos em oração no Templo e louvem o Senhor!" (SALMO 134:2).
- "...Todo o povo levantou os braços e respondeu: — Amém! Amém! Aí se ajoelharam e, com o rosto encostado na terra, adoraram a Deus, o Senhor" (NEEMIAS 8:6).
- "...Os pais não voltarão para buscar os seus filhos, pois os seus braços estarão fracos, caídos" (Jeremias 47:3 — por não amar a presença de Deus e obedecer a Sua autoridade).

Certamente, muita coisa mudaria em nossa vida e igrejas se déssemos importância ao seguinte mandamento: "...levantem as suas mãos cansadas e fortaleçam os seus joelhos enfraquecidos" (HEBREUS 12:12).

O maior ato de obediência à autoridade de Deus em toda a história (a morte do Senhor Jesus na cruz) foi fisicamente um estender as mãos por parte do inocente Filho de Deus para levar sobre seus ombros o pecado do mundo. Todo nosso pecado!

Os braços do Senhor Jesus se estenderam — cravados na cruz — por cada um de nós.

As forças de Davi

O SENHOR é o meu pastor: nada me faltará. Ele me faz descansar em pastos verdes e me leva a águas tranquilas. O SENHOR renova as minhas forças e me guia por caminhos certos, como ele mesmo prometeu. Ainda que eu ande por um vale escuro como a morte, não terei medo de nada. Pois tu, ó SENHOR Deus, estás comigo; tu me proteges e me diriges.

Preparas um banquete para mim, onde os meus inimigos me podem ver. Tu me recebes como convidado de honra e enches o meu copo até derramar. Certamente a tua bondade e o teu amor ficarão comigo enquanto eu viver. E na tua casa, ó SENHOR, morarei todos os dias da minha vida. (SALMO 23)

A experiência de Davi em seu relacionamento com Deus sempre foi pessoal. Este é o princípio na adoração e, por extensão, na vida cristã. É muito diferente saber que Deus é refúgio, fortaleza ou escudo, do que reconhecer que Ele é *meu* refúgio, *minha* fortaleza, *meu* escudo (SALMO 18:2).

É radicalmente diferente saber que o Senhor é o Pastor, do que reconhecer que Ele é meu Pastor. A aplicação do conhecimento à vida pessoal é a condição única para que Deus seja real em nossa vida. Pouco servirá conhecer muitas coisas sobre Deus, se estas não passarem a ser parte integrante de nós, de nossas forças, de todo nosso ser. O conhecimento sobre Deus deve ser intimamente pessoal, pois de outra maneira não tem qualquer sentido. Os frios estudiosos dos atributos do Criador, como se tratasse de um objeto de ciência, estão mais distantes de Seu amor do que aqueles que creem que Ele não existe. A comunhão íntima com Deus é a única maneira pela qual podemos compreender como o Senhor pode ser nosso cântico (SALMO 118:14). E assim podemos louvá-lo com a segurança e a confiança de Davi no Salmo 62.

Somente em Deus eu encontro paz; é dele que vem a minha salvação. Somente ele é a rocha que me salva; ele é o meu protetor, e eu nunca serei derrotado. Até quando todos vocês atacarão um homem que é mais fraco do que uma cerca derrubada? Vocês somente querem tirá-lo do seu lugar de honra. Vocês gostam de mentir; dizem coisas boas a respeito dele, mas no coração o amaldiçoam. Somente em Deus eu encontro paz e nele ponho a minha esperança. Somente ele é a rocha que me salva; ele é o meu protetor, e eu não serei abalado. A minha salvação e a minha honra dependem de Deus; ele é a minha rocha poderosa e o meu abrigo. Confie sempre em Deus, meu povo! Abram o coração para Deus, pois ele é o nosso refúgio. Os seres humanos, tanto os pobres como os ricos, são inúteis, são somente um sopro. Se fossem colocados na balança, não pesariam nada; são mais leves do que um sopro. Não confiem na violência, nem esperem ganhar alguma coisa com o roubo. Ainda que as suas riquezas aumentem, não confiem nelas. Mais de uma vez tenho ouvido Deus dizer que o poder é dele e o amor, também. Tu, ó Senhor, recompensas cada um de acordo com o que faz.

Ao encontrar em Deus a única razão de nossas forças, podemos orar sabendo que nosso tempo está em Suas mãos (SALMO 31:15). É o melhor lugar no qual podemos estar!

Então Davi e todo o povo começaram a dançar com todas as suas forças em louvor a Deus. Eles cantavam e tocavam instrumentos musicais, isto é, harpas, liras, tambores, pratos e trombetas. (1 CRÔNICAS 13:8)

Uma vez mais necessitamos seguir o exemplo de Davi, sua integridade pessoal diante de Deus e sua confiança em colocar toda sua vida na presença do Criador, inclusive com todos seus pecados e medos.

O SENHOR Deus é a minha luz e a minha salvação; de quem terei medo? O SENHOR me livra de todo perigo; não ficarei com medo de ninguém. (SALMO 27:1)

Por que Davi chegou a este relacionamento tão pessoal com Deus? Qual foi o seu segredo? É verdade que muitos dos que agora estão lendo este livro já pertencem ao Senhor. Porém, há uma grande diferença entre nossa experiência e a familiaridade com a qual Davi se apresentava diante do Senhor, não é mesmo? Talvez o problema seja a motivação. Deveríamos examinar a nós mesmos e encontrar qual é a razão de nossa vida; pois para Davi isto estava muito claro: "Que as minhas palavras e os meus pensamentos sejam aceitáveis a ti, ó Senhor Deus, minha rocha e meu defensor!" (SALMO 19:14).

Se as coisas que desejamos não vierem a se cumprir, devemos pôr nossos olhos nele e vir diante de Sua presença com um sacrifício de ação de graças. O louvor não é uma resposta a situações fáceis, nem uma consequência normal de uma vida sem problemas. Em muitas ocasiões se torna difícil adorar a Deus. Entretanto, é precisamente nestes momentos que o desejo mais profundo de nosso coração vem à tona, por isso necessitamos nos concentrar em Deus ainda que nossas forças ou nossa mente não o desejem. Ele aprecia e gratifica esta atitude e nós o glorificamos.

Aquele que me traz ofertas de gratidão está me honrando...
(SALMO 50:23)

Davi tinha todas suas forças depositadas no Criador e este era um dos segredos de sua capacidade para enfrentar todas as adversidades, mesmo quando cria que Deus estava distante.

Quando chegamos a tal harmonia com nosso Senhor, aprendemos a pensar como Ele pensa, sentir como Ele sente e a dizer aquelas coisas que Ele teria dito na mesma situação. Quando chegamos à presença de Deus com nosso coração, mente, corpo e forças, Ele nos responde.

Olho para os montes e pergunto: "De onde virá o meu socorro?"
O meu socorro vem do SENHOR Deus, que fez o céu e a terra.
Ele, o seu protetor, está sempre alerta e não deixará que você caia. O protetor do povo de Israel nunca dorme, nem cochila.
O Senhor guardará você; ele está sempre ao seu lado para protegê-lo. O sol não lhe fará mal de dia, nem a lua, de noite.
O SENHOR guardará você de todo perigo; ele protegerá a sua

vida. Ele o guardará quando você for e quando voltar, agora e sempre. (SALMO 121:1-8)

Deus responde à adoração

Deus respondeu a Davi e também nos responde. Ele se deleita em estar na presença de Seu povo e quer que nós nos acostumemos a nos deleitar em Sua presença. Ensina-nos a importância da adoração quando decide, por Sua própria vontade, falar e nos responder quando chegamos diante dele. Em muitos momentos, o povo utilizava a música para que a Palavra de Deus chegasse aos profetas (2 REIS 3:15 — enquanto o menestrel tocava, a mão do Senhor veio sobre Eliseu). Hoje, quando buscamos a vontade de Deus, muitas vezes Sua resposta nos vem naqueles momentos nos quais estamos em Sua presença, adorando-o e escutando o que nos diz. Deus responde a nossa adoração como respondia à dos salmistas e como responde sempre a Seu povo.

> *Mas o povo de Israel respondeu: — De fato, nós pecamos. Faze de nós o que quiseres. Mas salva-nos hoje, por favor. Então eles jogaram fora os seus deuses estrangeiros e adoraram a Deus, o SENHOR. E ele teve pena deles por causa da situação difícil em que estavam.* (JUÍZES 10:15,16)

Vir, reconhecer o pecado, pedir que se faça a vontade de Deus, orar para a liberação e poder dessa vontade, deixar tudo aquilo que é pecaminoso e servir ao Senhor, são passos imprescindíveis a fim de nos aproximarmos do Senhor. E os são ainda mais quando observamos no mesmo texto a resposta do Senhor à adoração: "Ele não *pôde mais suportar* o sofrimento de Israel" (JUÍZES 10:16 NVI). Literalmente a Bíblia nos diz que Deus "teve a alma encolhida" ao contemplar como o povo chegava à Sua presença e se dispunha a fazer qualquer coisa para agradar o Senhor.

Neste sentido, precisamos aprender uma lição importantíssima. Às vezes, Deus fala depois do louvor (2 CRÔNICAS 31). Ele precisa tocar o povo para que este tome algumas posições, pois nem sempre a decisão de se posicionar acontecerá antes desse toque. Dizemos: "Não posso louvar a Deus, porque tenho pecado em minha vida"; "Não quero começar a adorar ao Senhor até que tenha me livrado disto ou daquilo"; "Não posso estar na presença de Deus, pois me sinto mal e sei que não o agradaria com o que estou fazendo". Estes desejos são bons e naturais. Falamos em muitas ocasiões que Deus espera a adoração de um povo santo. Mas é impossível ser íntimo do Senhor se não nos aproximamos dele! Tal como estamos e somos devemos nos prostrar diante de Deus. Ele responde em meio à adoração e, portanto, devemos continuar o adorando, pois "A voz majestosa do Senhor será ouvida por todos..." (ISAÍAS 30:30).

Eu sempre darei graças a Deus, o SENHOR; o seu louvor estará nos meus lábios o dia inteiro. Eu o louvarei por causa das coisas que ele tem feito; os que são perseguidos ouvirão isso e se alegrarão. Anunciem comigo a sua grandeza; louvemos juntos o SENHOR. Eu pedi a ajuda do SENHOR, e ele me respondeu; ele me livrou de todos os meus medos. Os que são perseguidos olham para ele e se alegram; eles nunca ficarão desapontados.
(SALMO 34:1-5)

Quando chegamos à presença de Deus e o contemplamos face a face, nosso rosto resplandece e nossa alma se sacia abundantemente. Deus não apenas nos embeleza com Sua presença, mas também enche de bênçãos a nossa vida. Isto não significa que as dificuldades desapareçam, mas que, em todas as circunstâncias, aprendemos a encontrar somente no Senhor a razão de nossa força. A experiência do salmista era a seguinte:

...tu nos deixas beber do rio da tua bondade. (SALMO 36:8)

Tu me mostras o caminho que leva à vida. A tua presença me enche de alegria e me traz felicidade para sempre. (SALMO 16:11)

Se buscarmos nossa felicidade em qualquer outro lugar, ficaremos defraudados. Se a fonte de alegria for nossa igreja, ou se nosso deleite for a obra do Senhor e a nossa alegria estiver baseada em alguma disciplina espiritual (leitura bíblica, oração, evangelização etc.), cedo ou tarde ficaremos frustrados. Precisamos aprender que a fonte de nossa alegria é somente o Senhor (SALMO 33:12; 119:2). Diante dele podemos cantar de alegria (SALMO 63:7), pois Ele é quem nos dá a vida. As demais coisas faz parte das milhares de dádivas que Ele põe em nossas mãos. A satisfação, a bênção e o deleite da igreja, o trabalho ou a disciplina apenas adquirem sentido quando a única fonte de alegria é o Senhor Jesus.

Esta lição tão simples era a prova pela qual deviam passar todos aqueles que antigamente serviam ao Senhor: particularmente os que estavam dedicados ao ministério da adoração (os cantores e dançarinos). Toda recompensa e alegria do ministério de Davi estavam intimamente relacionadas com seu amor pessoal pelo Senhor. Não deviam esperar nada mais (e nada menos)!

Nos momentos mais difíceis, Deus põe Seu próprio cântico em nosso coração. Nosso louvor chega diante dele quando lhe oferecemos nosso ser e nossa vida. E Deus responde enviando à nossa alma Seu cântico de esperança: "...de noite eu cantarei uma canção, uma oração ao Deus que me dá vida" (SALMO 42:8). Ele é o único que pode encher totalmente nossa vida de alegria pondo um cântico novo em nossos lábios (SALMO 40:3). Não é de se estranhar que o salmista não entenda os que não adoram a Deus. E para que não fique nenhuma dúvida de nosso dever de comparecer perante a presença do Senhor e lhe oferecer nosso cântico, diz: "Os mortos, que descem à terra do silêncio, não louvam a Deus, o SENHOR" (SALMO 115:17).

Todo aquele que tem ainda um fio de esperança, também tem a possibilidade de louvar seu Senhor. E tem sempre a segurança de que Deus irá responder sua oração. Não pode existir algo melhor do que isto e, portanto, não podemos terminar este capítulo de forma mais apropriada do que escutando uma das respostas do Senhor à adoração do salmista.

Deus diz: "Eu salvarei aqueles que me amam e protegerei os que reconhecem que eu sou Deus, o SENHOR. Quando eles me chamarem, eu responderei e estarei com eles nas horas de aflição. Eu os livrarei e farei com que sejam respeitados. Como recompensa, eu lhes darei vida longa e mostrarei que sou o seu Salvador." (SALMO 91:14-16)

Notas

1 Filho de Davi é um título messiânico, que foi definido assim com o passar do tempo. A princípio era uma referência ao pacto de Davi, que segundo as Escrituras é um pacto eterno. O Senhor Jesus estará no trono de Davi para sempre. Deus elegeu Davi como insígnia para o trono eterno de Seu Filho (2 SAMUEL 7:4-17; SALMO 89; 2 SAMUEL 7:16 — "Tua casa e teu reino permanecerão para sempre diante mim, teu trono será estabelecido para sempre").

2 O fato de que, em várias ocasiões na Bíblia, Deus nos é apresentado com características próprias de uma mãe que toma seus filhos nos braços, os ensina e os ama, é um dos motivos pelos quais seja mais fácil às mulheres encontrar a verdadeira razão para expressar o seu amor a Deus. Se acrescentarmos a isto que, muitas vezes, os homens são muito pouco dados a expressar seus sentimentos, encontramos o pretexto perfeito para termos muito mais dificuldades para adorar a Deus do que muitas mulheres. E embora seja uma boa escusa, não deve ser assim. Todos devemos nos esforçar para chegar ao coração de Deus e lhe expressar nossa adoração.

Capítulo 9

O ESPÍRITO SANTO E A ADORAÇÃO

Um dos objetivos primordiais do Espírito Santo é ensinar o homem como glorificar ao Senhor Jesus. O próprio Senhor Jesus em um de Seus últimos discursos, antes de Sua morte, declarou: "Ele me glorificará", referindo-se ao Espírito, "...porque há de receber do que é meu e vo-lo há de anunciar" (JOÃO 16:14 ARA). O apóstolo Paulo entendeu perfeitamente o que isto significava porque, por inspiração do próprio Espírito, escreveu: "...ninguém pode dizer 'Jesus é Senhor', a não ser que seja guiado pelo Espírito Santo" (1 CORÍNTIOS 12:3), e "...para que, em homenagem ao nome de Jesus, todas as criaturas no céu, na terra e no mundo dos mortos, caiam de joelhos e declarem abertamente que Jesus Cristo é o Senhor, para a glória de Deus, o Pai" (FILIPENSES 2:10,11).

> Tudo Ele fez, a fim de nos lembrar da razão pela qual vivemos e também da essência de nossa vida.

Para que compreendamos melhor esse objetivo sobrenatural, o mesmo apóstolo, escrevendo aos efésios, explica os diferentes papéis de cada Pessoa da Trindade, e o sentido de nossa vida e da existência de toda a criação. Essa importante passagem afirma que todos fomos criados para o louvor da glória de Deus (EFÉSIOS 1:3-12). O texto nos explica que a glória é recebida pelo Pai, Filho e Espírito Santo, de modo que jamais esqueçamos que toda a Trindade está envolvida no processo de nossa salvação e, portanto, também toda a Trindade recebe nossa expressão de gratidão e nossa adoração. "Tudo fez para que o louvemos e lhe demos glória" é a frase que poderia resumir o último versículo, a fim de nos lembrar da razão pela qual vivemos e também da essência de nossa vida.

O Espírito de Deus é o propulsor da adoração, já que é Ele que nos ensina a dizer, "*Abba* Pai" (GÁLATAS 4:6). E isto, que nos parece tão normal, foi a origem da verdadeira revolução que o Senhor Jesus explicou aos religiosos de Seu tempo. A palavra *Abba* (papai) refletia um mundo inesperado para todos: o relacionamento íntimo e pessoal até as últimas consequências com o Deus Todo-poderoso e Criador, diante de quem agora podemos nos achegar ou tratar como nosso Pai. Este fato escandalizou os escribas e fariseus, que conheciam muitas coisas sobre Deus, mas jamais souberam o que significava ter esse Deus como Pai. E, portanto, jamais tinham sentido anseio de vir diante de Sua presença para o escutar e adorar.

Tudo o que eles conheciam era a religião e a doutrina fria, não chegaram a conhecer a verdade que é a base de todo o evangelho: "Porém alguns creram nele e o receberam, e a estes ele deu o direito de se tornarem filhos de Deus" (JOÃO 1:12).

Esta verdade é tão simples que até uma criança pode compreendê-la, pois o que uma criança aprende primeiro é a amar a seu pai. O amor que dá e recebe é sua própria razão de ser e a base de sua segurança. Por isto, uma das primeiras palavras que as crianças balbuciam é "papai". Uma criança sabe o que significa ter o coração perto de seu pai e viver com a confiança de que este a escuta. Quando somos maiores, somente mediante o Espírito de Deus podemos chegar a compreender o que isto significa e chegar a desfrutar de uma relação que somente o Criador, através da obra do Senhor Jesus e orientação do Espírito Santo, poderia nos oferecer.

O Espírito traduz o desejo de nosso coração

Assim também o Espírito de Deus vem nos ajudar na nossa fraqueza. Pois não sabemos como devemos orar, mas o Espírito de Deus, com gemidos que não podem ser explicados por palavras, pede a Deus em nosso favor. E Deus, que vê o que está dentro do coração, sabe qual é o pensamento do Espírito. Porque o Espírito pede em favor do povo de Deus e pede de acordo com a vontade de Deus. (ROMANOS 8:26,27)

O Espírito Santo é nosso "tradutor" diante de Deus. Não vamos dizer que Deus não entende nossas palavras ou que Ele necessite de um intermediário para que o desejo de nosso coração chegue até Ele. Não. Trata-se de algo muito mais simples do que tudo isto. O Espírito Santo toma as palavras do nosso coração de modo que Deus possa ler o que há nele. De certa forma, o Espírito Santo é o canal pelo qual fluem as palavras e os desejos de Deus e os nossos. A Bíblia diz que não necessitamos um vocabulário "evangélico" para nos aproximar de Deus. Não necessitamos "falar" como fazem os grandes pregadores ou oradores da igreja. Não é questão do que sai de nossa boca ou palavras que há em nossa mente. O Espírito de Deus conhece o que temos no fundo de nosso coração e o eleva como oferta de cheiro suave à presença de Deus. Trata-se de não escondermos nada em nosso coração e saber que há Alguém que pode "traduzir" inclusive as palavras que não conseguimos pronunciar.

> O Espírito de Deus conhece o que temos no fundo de nosso coração e o eleva como oferta de cheiro suave à presença de Deus.

O Espírito Santo é central em nossa adoração, porque pode falar a Deus e a nós. A Bíblia diz que o Espírito de Deus dá testemunho ao nosso espírito. Quando nos aproximamos da presença de Deus, Seu Espírito não somente nos ajuda a expressar nossos desejos, mas também nos corrige, disciplina, ilumina, anima, exalta ou humilha, sempre conforme a vontade de Deus para nossa vida. Sem o Espírito Santo seria impossível nos aproximar da presença do Altíssimo. Sem Ele, nossas orações não teriam sentido e nossa vida, muitas vezes, desagradaria a Deus, sem que sequer tivéssemos pensado nisto. Se queremos nos aproximar da presença do Senhor, necessitamos escutar Seu Espírito; necessitamos que Ele, por meio de Sua Palavra e Sua obra nos ensine a viver tal como Deus espera de nós.

Na adoração, Deus comunica Sua glória através do Espírito

No Antigo Testamento, a glória de Deus enchia os lugares nos quais o povo se reunia para adorá-lo. Quando o tabernáculo era o símbolo da presença de Deus, Ele manifestava Seu poder no momento em que o povo obedecia aos mandamentos do Altíssimo (ÊXODO 40:16,19,23,25) e se aproximava de Sua presença: "Então a nuvem cobriu a Tenda, e ela ficou cheia da glória de Deus, o SENHOR" (ÊXODO 40:34).

Mais tarde, quando o templo foi construído, a glória de Deus enchia Sua casa como resposta ao louvor.

> *Aí todos juntos começaram a tocar as trombetas e a cantar em voz alta para dar graças a Deus, o SENHOR, e o louvarem. Com acompanhamento de trombetas, pratos e outros instrumentos musicais, eles louvaram a Deus e cantaram assim: "Louvem a Deus, o SENHOR, porque ele é bom, e porque o seu amor dura para sempre." Quando os sacerdotes estavam saindo, uma nuvem encheu o Templo de Deus, o SENHOR, com a glória do SENHOR. Por isso, eles não puderam voltar para dentro a fim de realizar os seus atos de culto.* (2 CRÔNICAS 5:13,14)

A glória do Altíssimo retirou-se do meio do povo quando este pecou (cf. livro de Ezequiel), pois o Deus Santo não podia ser honrado no meio de um povo que tinha ídolos e que o tinha desprezado.

Nos últimos tempos, quando o templo foi reconstruído, a presença de Deus se manifestou novamente após o povo voltar a adorá-lo. Sempre sob a vontade de *Yahweh*: "Agora, vão até as montanhas, tragam madeira e construam de novo o Templo. Eu ficarei muito contente com esse Templo e ali serei adorado e honrado" (AGEU 1:8). "Vou fazer com que tremam todas as nações, e as suas riquezas serão trazidas para o meu Templo aqui em Jerusalém. E assim encherei o meu Templo de beleza" (2:7).

Depois de mais de 400 anos de silêncio profético devido ao pecado do povo, embora Deus continuasse "reservando" Sua Presença ao lugar santíssimo (onde somente o sumo sacerdote podia entrar uma vez ao ano), ocorre algo incrível: Deus toma a forma humana visível na pessoa do Senhor Jesus para mostrar Sua glória e viver como um de nós. E com a "vinda" do Espírito Santo, Deus introduz Sua glória perfeita e imortal na vida de cada um dos seres imperfeitos e mortais que creem no Senhor Jesus como Seu Salvador. Passamos a ser Seu lugar santíssimo, pois o Espírito de Deus vive em nós! Não existe privilégio (e responsabilidade) maior. "Será que vocês não sabem que o corpo de vocês é o templo do Espírito Santo, que vive em vocês e lhes foi dado por Deus?..." (1 CORÍNTIOS 6:19).

Nossa vida tem um significado imenso, porque somos canais para manifestar a glória de Deus, de modo que Ele mesmo comprometeu Seu nome conosco. Deus habita em nós e se glorifica em nós! Agora, nós somos Seu lugar santíssimo. Já não temos que esperar uma vez ao ano para entrar ali, nosso acesso é permitido por meio do sangue de Cristo, cada momento de nossa vida! O Deus Todo-poderoso do Antigo Testamento, o Criador dos céus e da Terra, Aquele a quem os céus dos céus não o podem conter, se fez-se "fraco" e vive dentro de homens e mulheres pecadores como você e eu. Esse Deus Todo-poderoso pode ser entristecido. Aquele que é três vezes santo admite que a manifestação de Sua glória perante os homens depende, também, dos atos de Seus filhos. Nada pode ter maior significado em nossa vida do que isto.

Pense por um momento. Deus se glorifica em nossa vida quando somos cheios de Seu Espírito. Sua glória enche meu coração e meus atos quando deixo que o Espírito de Deus domine por completo minha vida; e da mesma forma que a Sua glória se manifestava no templo, no Antigo Testamento quando Seu povo o louvava, Deus se manifesta em minha vida quando venho à Sua presença em adoração a Ele. Desta forma, o mandamento divino " ...encham-se do Espírito de Deus" (EFÉSIOS 5:18) deve ter uma nova perspectiva para nós. Não se trata de ser um pouco melhor, ou de maquiar nossa vida para que pareça religiosa. Trata-se de manifestar a própria presença de Deus em tudo o que somos, fazemos e pensamos! É obvio que isto não pode ser obtido sem a plenitude do Espírito Santo, já que é Ele o único agente para que a vida de Cristo seja vista em nós (2 CORÍNTIOS 4).

Ainda no texto de Efésios é dito que quando somos cheios (diariamente, repetidas vezes), a primeira consequência tem a ver com nosso louvor: "...encham-se do Espírito de Deus [...]. Cantem, de todo o coração, hinos e salmos ao Senhor" (5:18,19).

1. Ser cheio do Espírito Santo traz consequências

Quando Deus torna-se parte de nossa vida, recebemos um espírito novo e um coração novo. "Eu lhes darei um coração novo e uma nova mente. Tirarei deles o coração de pedra, desobediente, e lhes darei um coração humano, obediente" (EZEQUIEL 11:19).

Deus não efetua reformas ou grandes mudanças na decoração. Não! Deus age até no mais profundo de nosso ser transformando-o por completo e deixando para trás tudo o que era fruto do pecado e da rebelião contra o Senhor. Continuamos a viver no mundo, mas nosso espírito já não lhe pertence. Aprendemos dia a dia a viver da forma que Jesus viveu, e caminhamos a cada momento com a ajuda de nosso Pai e a presença do Espírito Santo em nosso interior.

É o mesmo Espírito que põe um cântico novo dentro de nós: "...Então ela falará comigo como fazia no tempo em que era moça, quando saiu do Egito" (OSEIAS 2:15). Que bonito é comparar as palavras do versículo 14 ao 16, quando aparece a ideia de nos deixar atrair por Deus, pois Ele nos "falará do seu amor". Este novo cântico são palavras cheias de glória; palavras que olham para Deus e o adoram; palavras que somente o próprio Deus pode pôr em nossa alma, como as pôs no coração daqueles que o amaram na antiguidade.

As doxologias do Novo Testamento são precisamente isto: "Palavras cheias de glória" como a própria tradução desta palavra grega indica. Há mais de 30 diferentes doxologias e em todas elas, o nome de Deus é glorificado por meio das obras do Senhor Jesus e do Espírito Santo. É o Espírito Santo quem as inspira porque são parte da Palavra de Deus, e um dos detalhes mais impressionantes é que praticamente todas estão "no meio" da argumentação bíblica. É como se os escritores da Bíblia não pudessem continuar escrevendo, explicando ou pregando e tiveram que fazer uma pausa para cantar doxologias!

> Uma genuína revolução espiritual ocorrerá nas igrejas no dia em que os pregadores e mestres ficarem tão entusiasmados com o Senhor que priorizarão a adoração a Deus como estilo de vida.

Hoje continuamos cantando algumas destas doxologias como parte de nossa adoração (na igreja primitiva, todas eram cantadas) e são parte imprescindível na adoração a Deus. Romanos 1:25; 8:37-39; Colossenses 1:12; 1 Timóteo 1:17; 2 Timóteo 4:18; Judas 24,25; Filipenses 2:9-11; 1 Pedro 4:11; Apocalipse 1:5,6 são algumas das mais conhecidas. Quando o Espírito de Deus enche o nosso ser, as palavras que Ele nos inspira são gloriosas!

2. Ser cheio do Espírito traz poder

O fogo é um dos símbolos do Espírito Santo. Na antiguidade o fogo do altar (ÊXODO 30:34-36) devia vir sempre de cima. Deus era quem o enviava para manifestar Sua complacência com os sacrifícios do povo. Do mesmo modo, nosso fogo para o louvor deve vir sempre do Espírito de Deus. Não tem sentido, nem é bíblico (portanto, não aprovado por Deus) que nossa adoração tenha uma origem diferente. O poder não vem por meio de nossos conhecimentos, nossas habilidades ou nosso "fazer o bem", pois Deus não menospreza a profanação do santo. Tentar adorar ou nos aproximar de Deus por nossos próprios esforços e sabedoria pode ser fatal. Não devemos pretender chegar à presença de Deus de qualquer modo sem sofrer consequências (no mínimo, vergonha e humilhação). Se desejamos que o nosso coração arda (ou dos demais) por outras razões que não seja a plenitude do Espírito de Deus, estamos pecando, profanando a santidade de Deus, e obviamente, nossa adoração é inútil.

Por outro lado, quando estamos cheios do Espírito de Deus, deve haver fogo em nosso interior. Nosso coração deve arder em amor e obediência Àquele que fez tudo por nós. Da mesma forma que no Antigo Testamento não havia sacrifício sem fogo, também não devemos levar sacrifício de louvor a Deus sem que nosso coração arda por Ele. A adoração sem o fogo do Espírito é mortal. A presença de Deus sempre deve nos emocionar e levar-nos à consagração a Ele e este caminho não se percorre com frieza e coração apagado.

O louvor que sai somente dos lábios e não envolve todo nosso ser é apenas uma perda de tempo e um engano, pois teremos demonstrado crer que, em nossa orgulhosa solenidade, estamos oferecendo um culto agradável a Deus.

Todos nós percebemos que ao nos aproximarmos de certas pessoas, nosso coração se "aquece", pois o fogo de Deus arde dentro delas. São elas que podem nos falar de Deus, as que chegam ao mais profundo, as que verdadeiramente significam uma mudança em nossa vida quando as conhecemos. Sem o fogo de Deus, sem adorá-lo incondicionalmente, sem amá-lo com toda a paixão de nossa alma, não temos nenhum direito a pregar ou falar, ou fazer algum trabalho para Ele, pois estaremos apagando Seu Espírito e prolongando a ideia de que viver na presença de Deus é algo frio e rotineiro.

O Reino de Deus não consiste em palavras (1 CORÍNTIOS 4:20), mas sim em poder.

A vida espiritual não pode ser medida pelo que conhecemos, sabemos ou dizemos, senão pela plenitude do Espírito Santo em nós.

Nossa vida espiritual nunca estará acima de nossa vida de oração e adoração. Nosso conhecimento de Deus é nulo se Sua presença não for a mais importante para nós. Podemos viver em nossa religiosidade (doutrina, pureza, ensino, música, festa, serviço etc.) e não ter o poder que vem somente por meio do coração que arde continuamente na presença de nosso Deus.

> *O meu ensinamento e a minha mensagem não foram dados com a linguagem da sabedoria humana, mas com provas firmes do poder do Espírito de Deus. Portanto, a fé que vocês têm não se baseia na sabedoria humana, mas no poder de Deus.*
> (1 CORÍNTIOS 2:4,5)

A verdade sozinha não é suficiente se não há poder do Espírito. O conhecimento de si mesmo não desenvolve a vida dependente de Deus. Os demônios também creem (conhecem a verdade) e tremem. Às vezes cremos que há pouco interesse nas verdades espirituais, justificamos pelo fato do mundo não amar a Deus e da igreja ter membros que são imaturos. No entanto, deveríamos ter começado por confessar a falta de poder nos dirigentes, a necessidade da busca do Senhor e da unção do Espírito Santo em todos aqueles que têm algum papel preponderante no ministério cristão! Enquanto o mundo se perde, a igreja está se esquecendo daquilo para o qual foi chamada, e somente homens e mulheres de Deus, ungidos por Seu Espírito e revestidos do poder do alto estão preparados para lutar contra todas as dificuldades. Apenas aqueles que vivem face a face com Deus podem receber o poder necessário para transformar o mundo. Isso já ocorreu, uma primeira vez conforme os registros no livro de Atos (Não deveria ser chamado de livro de Atos do Espírito Santo?), depois em cada avivamento ao longo dos 2 mil anos subsequentes e poderá ocorrer antes que o Senhor Jesus volte, se estivermos dispostos a pagar o preço de estar cheios do poder do Espírito de Deus.

É o sentido da presença de Deus o que nos faz estremecer. Não se trata de um dia determinado ou uma experiência específica, senão de algo diário, que necessita se repetir em cada momento de nossa vida, refrescando e renovando nossa alma. Estamos falando da profunda devoção ao nosso Senhor, da obediência incondicional como fonte de vida e poder, da dependência total do Espírito Santo e Sua unção. Este é o segredo de nossa paixão por Ele. Nunca devemos esquecer que é muito mais fácil manter uma doutrina ou uma maneira de atuar do que a profundidade do amor. E Deus nos pede o nosso amor incondicional e ardente.

3. Estar cheio do Espírito traz fruto

Muitas vezes nos perguntamos como viver vitoriosamente sobre nosso "velho homem", as tentações do mal e os ataques do diabo. Apesar de termos milhares de livros sobre o assunto e milhares de fórmulas para fazê-lo, percebemos que algo não funciona. Os desejos interiores mais cruéis vivem dentro de nós e é custoso não os satisfazer. Logo, o que fazer?

> ...deixem que o Espírito de Deus dirija a vida de vocês e não obedeçam aos desejos da natureza humana. (GÁLATAS 5:16)

Quando estamos cheios do Espírito de Deus manifestamos o fruto de Seu caráter e quando andamos neste mesmo Espírito somos capazes (por Seu poder) de vencer os desejos contrários a Deus. Somos nós que escolhemos viver por meio do Espírito e manifestar Seu fruto ou entristecer o Espírito de Deus com nosso pecado.

Desta escolha depende toda nossa vida espiritual. Não é questão de disciplina, autocontrole ou penitências, pois não podemos vencer os desejos da carne por meios humanos ou religiosos. Há somente uma resposta: olhar para Jesus. Se por meio do Espírito de Deus, nos colocamos face a face com nosso Salvador, o mal não tem possibilidades de vencer. Se andamos no Espírito e nossa vida encontra satisfação somente no Senhor Jesus, ninguém pode nos derrotar. Quando estamos face a face com um ser querido, não existe mais ninguém, nada tem importância, nem as provações, nem as dificuldades, nem as tentações, nem sequer nossa própria fraqueza! Estar cheios do Espírito de Deus é o que nos faz transbordar de glória para Ele.

Da mesma maneira, o fruto do Espírito deve ser experimentado e exercitado no corpo de Cristo. Quase todas as qualidades têm a ver com o relacionamento: não existe o adorar a sós com Deus e deixar de lado o Corpo de Cristo. Também não podemos dizer que estamos bem na presença de Deus se há ódio para com outros membros da família, pois o fruto do Espírito é "...o amor, a alegria, a paz, a paciência, a delicadeza, a bondade, a fidelidade, a humildade e o domínio próprio. E contra essas coisas não existe lei" (GÁLATAS 5:22-25). Devemos imaginar que, de certo modo, o fruto do Espírito é como uma cascata que transcende nossa vida: a fonte de toda nossa atuação é o amor (ao Senhor em primeiro lugar, e aos demais) e daí surgirão, como fruto da autêntica dependência do Senhor pela atuação do mesmo Espírito, todos os demais (com amor, o Espírito nos ensina a ter alegria, com alegria é alimentada em nós Sua paz; com a paz brota a paciência e quando somos pacientes, a amabilidade se manifesta em nós etc.).

Capítulo 10

A ADORAÇÃO QUE PERMANECE

O Senhor diz: "Esse povo ora a mim com a boca e me louva com os lábios, mas o seu coração está longe de mim..."
(ISAÍAS 29:13; MATEUS 15:8)

Apesar de que gostaríamos que fosse assim, estas palavras do Senhor Jesus, não são aplicáveis a apenas um momento na história. Quase desde o princípio da humanidade, Deus as relembra ao Seu povo. Essas palavras são o sinal de alarme que todos deveríamos escutar em nossa vida.

Onde está o nosso coração (MATEUS 15:7,8)? Às vezes, caímos nas mesmas faltas que o povo de Israel. Podemos viver dentro de um emaranhado religioso, tentando guardar todas as leis, tentando viver como cremos que devemos viver (mas não como Deus quer), enquanto nosso coração está longe de nosso Senhor. Estamos perdendo de vista o segredo da vida cristã: voltar ao relacionamento íntimo com nosso Deus, voltar a nos apaixonar por Ele e desfrutar de Sua presença. Se cremos que o nosso Deus é admirável e belo, nossa adoração deve ser admirável e bela. Se nosso coração se comove na presença de Deus ao escutar Suas palavras, nosso louvor deve ser um reflexo destas palavras. Se a beleza e a grandiosidade de Deus se manifesta em todo o Universo e em todas as Suas obras, como também não se manifestará no modo com o qual o adoramos? Tudo o que fazemos por nosso Senhor deve ser, para nós, motivo de profunda satisfação e alegria! Deus mesmo diz: "...eu os levarei ao meu monte santo, e vocês ficarão felizes na minha casa de oração..." (ISAÍAS 56:7).

Muitos dos servos e servas de Deus no Antigo e Novo Testamento "morreriam" de tédio ou tristeza se viessem às nossas reuniões de adoração. Da mesma forma, às vezes, parece que esquecemos como os primeiros cristãos adoraram e louvaram a Deus, e levaram por todo o mundo a essência da relação pessoal com Deus em seus cânticos. Somos especialistas em argumentar, lutar e, às vezes, até podemos odiar outros cristãos (inclusive maldizê-los), pois cremos que nossa maneira de fazer as coisas é a correta! E enquanto discutimos, estamos esquecendo de nosso dever de vir e nos prostrar na presença do Senhor.

Biblicamente falando, a adoração implica em sempre dar glória a Deus, e não tanto sermos abençoados. A adoração começa e termina com Deus. O fato de usufruirmos de Sua presença é parte de Sua graça, mas jamais devemos buscar em primeiro lugar nosso bem, mas sim o dele. Semelhantemente, não devemos esquecer que cada cristão ministra a outros quando adora ao Senhor, e tem o dever e o privilégio de fazê-lo. Quando chegamos juntos à presença de Deus, nossa adoração não deve ser apenas uma espera, mas sim um serviço para Deus e os demais: cristãos e não-cristãos.

Não somos adoradores solitários, mas solidários. O Senhor nos preparou para sermos um exército de adoradores.

A adoração a Deus deve ser parte integrante de nossa vida.

Nossa necessidade diante de Deus deve ser a mesma que a de uma criança quando vem para estar conosco. Em muitas ocasiões, as crianças se aproximam de nós (muito mais se são nossos filhos) e não querem brincar ou falar conosco. Seu único desejo é estar junto de nós. O tempo para eles tem sentido se passam ao nosso lado, embora não façam nada! Apenas querem nos olhar e se alegrar com nossa presença: sentir-se seguros e aceitos; saber que alguém as ama e desfruta de sua companhia. Se temos esta mesma atitude de amor para com nosso Senhor, as coisas podem começar a mudar, e nossa vida será renovada.

Ao longo de todo este livro estamos lembrando de muitas coisas. Basicamente todas podem ser resumidas em uma. Lembra? "Ame o Senhor, seu Deus, com todo o coração, com toda a alma e com toda a mente" (MATEUS 22:37), mas ainda assim, é bom trazer argumentação bíblica quanto à continuidade da adoração, agora e por toda a eternidade.

1. O relacionamento com Deus é o segredo para tudo. Deus nos criou para expressarmos Seu amor, para usufruirmos do Seu caráter e para vivermos face a face com Ele.

Quando Deus criou o Universo, as criaturas encontraram motivos para louvar ao Criador. Enquanto o Senhor estabelecia os céus e a terra com o poder de Sua voz, as criaturas elevavam um cântico de louvor em meio a uma festa de adoração, para manifestar sua lealdade e admiração pelo Altíssimo.

> *Onde é que você estava quando criei o mundo? Se você é tão inteligente, explique isso [...]. Na manhã da criação, as estrelas cantavam em coro, e os servidores celestiais soltavam gritos de alegria.* (JÓ 38:4,7)

Vez ou outra no livro de Salmos, Deus nos lembra que todos os habitantes da Terra lhe devem louvor (SALMO 66:1), seja qual for sua idade, condição (Salmo 150) ou as circunstâncias nas quais se encontram. Todos os seres — incluindo os inanimados — devem louvar a Deus! (SALMOS 146-149).

2. Caim e Abel aprenderam a trazer ofertas a Deus nos primeiros momentos da história da humanidade (GÊNESIS 4). Abel ofereceu o melhor que tinha, demonstrando em seu caráter de adorador que compreendia perfeitamente os desejos daquele a quem queria adorar.

Caim trouxe o que pôde encontrar como fruto de seu trabalho, mas esqueceu duas verdades fundamentais: a humildade diante do Criador e o desejo de dar o melhor a Deus. Ao longo da história da humanidade, muitos têm vindo à presença de Deus com o fruto de seu próprio trabalho intentando comprar o favor do Onipotente e baseando sua oferta em seus próprios méritos. Infelizmente o pecado de Caim é algo que não foi apagado, mas sim acentuado com o tempo. Nós mesmos podemos cair em motivações enganosas quando nos apresentamos diante de Deus para "compartilhar" nossa adoração, em vez de aprender o que Abel sabia muito bem: que sua dignidade dependia totalmente de Deus, e que tudo o que Ele pudesse fazer pelo Criador era somente causar incômodo. A partir deste primeiro exemplo de adoração na Bíblia, encontramos dois caminhos que o homem segue para se aproximar do Senhor: de um lado, a total dependência do Criador; e do outro, a fatal credulidade de que podemos dar um "jeitinho" e oferecer a Ele nosso trabalho.

Esta lição, que parece tão simples, é chave na compreensão da história humana, porque ao longo dos séculos muitos homens e mulheres tentaram se aproximar de Deus com a mesma atitude de Caim ("Aqui estou EU, te oferecendo parte de meu trabalho e tu deves aceitá-lo, pois EU o fiz") e seu orgulho lhes fez afastar cada vez mais de Deus (a história do fariseu e do publicano, cuja base filosófica é exatamente a mesma). Todos os seguidores de Caim (não importa quais sejam suas ideias religiosas) dirigem-se, vertiginosamente, a sua própria condenação. E o que é pior, se irritam e discutem com Deus (lembre-se novamente do exemplo de Caim) e com os demais por não serem aceitos e queridos por Ele.

Porque dão "algo" a Deus do que têm, creem que merecem que Deus os aceite.

Às vezes, agimos como se Deus nos devesse algo.

E não devemos ser cruéis ao julgá-los, porque de certo modo, podemos cair no mesmo erro (ruim, muito ruim, com certeza). Não quanto à nossa salvação, mas sim quanto à nossa maneira de nos aproximar de Deus. Pode ser que saibamos (e aceitemos) que Deus nos salvou sem que o merecêssemos, e somente por Seu próprio sangue derramado na Cruz do Calvário. No entanto, depois vivemos nossa vida cristã (e às vezes tentamos adorar o Senhor) como se Deus nos devesse algo, sendo que sempre quem toma as últimas decisões é o nosso orgulho. Não raro, portanto, "matamos" (de modo figurado, é claro) muitos irmãos que não fazem as coisas como nós; os julgamos e nos enchemos de inveja quando Deus lhes responde e talvez não a nós.

O caminho de Abel é muito claro: a total dependência de Deus para *tudo*. Não somente quanto à salvação (exemplo e lucidez claros do primeiro mártir), baseada no sangue do Cordeiro (nosso Senhor Jesus Cristo), mas também em nossa vida. Abel tinha compreendido que tudo o ele que era, repousava unicamente em Deus, e por isto sua adoração era totalmente humilde, sincera, de coração e dependente da misericórdia e da graça de Deus. Se sempre chegarmos na presença de Deus com esta mesma atitude, estaremos no bom caminho.

3. Deus se revela a Seu povo como "EU SOU O QUE SOU" um nome que tem a ver com passado, presente e futuro. De fato, um dos maiores problemas é a impossibilidade de traduzir os termos em toda sua dimensão. Não podia ser de outra forma ao se tratar do nome de Deus. O que não deve ser esquecido é que este nome é a chave para nossa comunhão com o Criador. O fato de que Ele se revele como alguém fiel e verdadeiro é importantíssimo (SALMO 52:2,4,9), pois tudo quanto conhecemos dele, depende de Sua Palavra, e esta Palavra é sempre a mesma. Desta maneira, podemos nos aproximar de Deus para adorá-lo, sabendo que Ele não muda, e que Seu coração é o mesmo pelos séculos dos séculos.

Eu sempre darei graças a Deus, o SENHOR; o seu louvor estará nos meus lábios o dia inteiro. (SALMO 34:1)

Sete vezes por dia, eu te louvo por causa dos teus julgamentos justos. (SALMO 119:164)

Desde o nascer até o pôr do sol, que o nome do SENHOR seja louvado! (SALMO 113:3; 57:8; 59:16)

4. Deus se revela aos homens utilizando também a música:

- Ezequiel 33:32 nos explica como o Criador usa uma canção de amor para falar com Seu povo.
- Ezequiel 43:2 nos ensina que Sua voz é como som de muitas águas.
- Em várias passagens bíblicas, Deus nos diz que Sua voz é majestosa (ÊXODO 19:16-25) e com som como de trombeta (ZACARIAS 9:14).
- Ele mesmo fará soar a trombeta na restauração de Israel e no arrebatamento (MATEUS 24:31).
- Em 2 Reis 3:15,16, a Palavra de Deus chega a Eliseu somente quando a música soa. E esta não era uma exceção à regra; em muitas ocasiões no povo de Israel, Deus fala e atua quando Seu povo o louva. Inclusive quando somente toca música para Ele! Em 1 Crônicas 25:1, os profetas falavam da parte de Deus, acompanhados de todo tipo de instrumentos (incluindo címbalos!).
- Deus também se regozija em nosso meio com cânticos de júbilo, Ele mesmo compõe música para expressar Seu amor por nós: "Pois o SENHOR, seu Deus, está com vocês; ele é poderoso e os salvará. Deus ficará contente com vocês e por causa do seu amor lhes dará nova vida. Ele cantará e se alegrará..." (SOFONIAS 3:17).

5. O fogo do louvor jamais deveria se apagar.

No templo, os sacrifícios de ação de graças eram contínuos, para lembrar ao povo a necessidade de louvar constantemente ao Seu Criador. "O fogo nunca se apagará no altar; deverá ficar sempre aceso" (LEVÍTICO 6:13). Este sacrifício é uma ilustração de nossa adoração a Deus: um sacrifício que jamais se apagará, o único que permanecerá para sempre (MALAQUIAS 1:11) e que é comum a todos os povos e raças do mundo. Não é questão de querermos defender costumes que estavam vigentes no Antigo Testamento, no entanto, tem a ver diretamente com o que Deus espera de nós. Viver "face a face" com o Senhor é o único "sacrifício" que permanece desde o princípio. "Por isso, por meio de Jesus Cristo, ofereçamos sempre louvor a Deus. Esse louvor é o sacrifício que apresentamos, a oferta que é dada por lábios que confessam a sua fé nele" (HEBREUS 13:15) e que continuará por toda a eternidade (APOCALIPSE 4; 5).

Deus expressa em Sua Palavra (no Antigo e Novo Testamento) Sua vontade de que Seus filhos o adorem. Tiago 5:13 utiliza a mesma expressão do antigo (*Aleluh Yah*) para transcrever o mandamento: "Cante louvores!", embora já não deveria ser uma "obrigação" para nós, mas uma expressão de amor. Quando amamos alguém (marido, mulher, pais, filhos, noivo, noiva, irmãos, amigos) desejamos expressar o que sentimos. O amor enche o nosso coração e todos nós (não importa as qualidades que tenhamos) podemos até escrever poemas e compor canções dedicadas a quem queremos.

Toda a Bíblia está cheia destas expressões: "Ó SENHOR Deus, como eu te amo!" (SALMO 18:1) era uma das frases preferidas de Davi para começar suas canções e "Quem morreu não se lembra de ti. Entre os mortos, quem te louvará?" (SALMO 6:5) indicava claramente a paixão de sua vida, sua razão de viver!

Deus mesmo tinha unido de forma radical o amor e a adoração ao dizer ao Seu povo: "...hoje te ordeno, de amar o Senhor, teu Deus, e de o servir de todo o teu coração e de toda a tua alma" (DEUTERONÔMIO 11:13 ARC). Essas palavras nos lembram claramente que o amor é a fonte de tudo, e nossa adoração, louvor e serviço é imprescindível diante dele.

Se amamos e expressamos este amor às pessoas ao nosso redor, e Deus espera a mesma resposta para com Ele, como é possível que alguns argumentem não ser correto fazermos o mesmo por Aquele que mais desejamos e quem mais merece nosso amor: o próprio Deus?

Se não queremos dar importância ao nosso coração, nem aos desejos de Deus, pelo menos *devemos* obedecer aos mandamentos de Sua Palavra: *Ofereçamos continuamente sacrifício de louvor*. Ignorar isto é ignorar a base da comunhão com Deus, por mais que conheçamos da Bíblia.

> *...você chamará as suas muralhas de "Salvação" e os seus portões de "Louvor a Deus". Os seus portões ficarão sempre abertos, não serão fechados nem de dia nem de noite...*
> (ISAÍAS 60:18,11)

6. Deus exige louvor e adoração de Seu povo, não é uma opção.

Quando Deus resgata Seu povo da escravidão, restaura a adoração, e deste modo o comunica a todos. "O SENHOR, o Deus dos hebreus, me mandou dizer-lhe que deixasse o povo dele ir embora para adorá-lo no deserto..." (ÊXODO 7:16), é a ordem que Deus dá a faraó para libertar os Seus.

A liberdade em si mesma não tem sentido se não for para glorificar a Deus. Viver fora de Egito não tem sentido se não for para louvar o Libertador. E o povo não somente adorou no deserto e mais tarde na Terra Prometida. Eles começaram na noite da morte dos primogênitos, louvando a Deus antes que Ele executasse a libertação (ÊXODO 29:42,43). Deus tinha ensinado a todos que a adoração é uma festa perpétua (ÊXODO 12:14,17).

> *O SENHOR diz isto ao povo de Israel:* — *Voltem para mim a fim de que tenham vida.* (AMÓS 5:4)

> A adoração possibilita o meio indispensável para a verdadeira restauração, pois tem como objetivo nos levar à presença de Deus.

Muitas vezes o povo se esqueceu da realidade de viver diante de Deus, e a necessidade de o adorar. O resultado sempre foi funesto: tristeza, cansaço, insignificância, doença, morte e derrota ao cair nas mãos do inimigo. Do mesmo modo, ocorre conosco quando deixamos de lado a necessidade de viver na presença de Deus e de lhe obedecer. Talvez não caiamos nas mãos de inimigos "visíveis" (às vezes, sim) como na antiguidade, mas somos vencidos por outros inimigos não menos perigosos: frieza, pecado, amargura, solidão, inveja, brigas entre irmãos, amor ao dinheiro, preocupação, ansiedade.

Ao longo de toda a história de Israel, a renovação no amor e a obediência a Deus apenas chegou quando o povo se aproximou dele em oração, confessando seu pecado, e aprendeu a adorá-lo. Mencionamos várias "pessoas-chave" em capítulos anteriores (Moisés, Ana, Samuel, Davi), mas ainda nos momentos nos quais o povo estava mais longe de seu Deus, encontramos reis como Ezequias, que faz os sacerdotes voltarem ao seu lugar para que adorem e louvem a Deus, pois tinha compreendido pessoalmente o que significava adorar ao Criador pelo que Ele tinha feito em sua própria vida (2 CRÔNICAS 31).

Tu me salvaste, ó SENHOR. Por isso, tocaremos as nossas harpas e cantaremos louvores a ti; a vida inteira nós te louvaremos no teu Templo. (ISAÍAS 38:20)

E uma vez que Ezequias tinha encontrado a salvação no Deus Todo-poderoso, percebeu que o mais importante era levar a todo o povo à mesma compreensão do amor e da fidelidade de Deus.

Quando o rei Manassés quis seguir a vontade de Deus em relação ao povo, restaurou o altar da comunhão e a ação de graças (2 Crônicas 33:16 coincide com o caso de Esdras, no qual "voltaram os cantores" 2:41,65). Se queremos renovar nossa vida espiritual, devemos iniciar pela busca da presença de Deus em adoração.

A glória de Deus manifesta entre nós é o reflexo fiel da adoração de um povo que o busca de todo coração para louvá-lo e cumprir Sua vontade.

A verdade espiritual de que não podemos fazer nada que valha a pena em nossa vida, a não ser aprendermos a viver diante de Deus, fica respaldada neste exemplo: "...fez aquilo que agrada a Deus, o SENHOR, seguindo o exemplo de Uzias, o seu pai; porém ele não cometeu o pecado de queimar incenso no Templo..." (2 CRÔNICAS 27:2). Da mesma forma que o rei referido (Uzias), podemos fazer quase tudo certo, nos esforçar em trabalhar para o Senhor e servi-lo em todas as coisas. Mas se não há adoração, se não estamos buscando a presença de Deus acima de tudo, nosso relacionamento com Ele perde todo seu significado e nosso esforço em servi-lo é em vão. Pode ser que consideremos que estamos crescendo em determinadas características (para nós) importantes, mas se não nos achegamos à presença de Deus, tudo fica sem vida. Se não aprendemos a adorá-lo e a viver em Sua presença, estamos somente observando proposições religiosas e vazias. E enquanto isto, Deus continua buscando adoradores.

Então farei com que os povos parem de adorar ídolos e adorem somente a mim, o SENHOR, e farei também com que todos me obedeçam com a mesma dedicação. E o meu povo que está espalhado pelas nações virá me oferecer sacrifícios...
(SOFONIAS 3:9,10)

Neste momento, devemos nos esforçar para não esquecer uma lição muito clara da história: Na apostasia não há louvor. Enquanto o povo deu as costas a Deus, não foi feito o sacrifício de louvor no Templo. Quando nos séculos obscuros da Idade Média, a chamada igreja cristã deixou de seguir o Senhor, o povo e seus dirigentes espirituais deixaram de cantar. Se vivemos fora da vontade de Deus, nosso coração não sente desejo de adorar nem de estar em Sua presença.

Pode ser que alguns possam estar argumentando que o povo de Israel e a Igreja são entidades diferentes, e, portanto, as promessas para Israel não devem ser aplicadas à Igreja. Isso pode estar certo quanto a algumas aplicações doutrinárias, porém nunca quando se trata de nossa resposta de adoração ao Criador. Mesmo que as épocas mudem, o Senhor e Sua Palavra permanecem. Se compreendemos o que Deus espera de nós (amor e obediência), saberemos que Sua disposição de se relacionar conosco é a mesma, embora o tratamento com cada um dos dois grupos (Israel e a Igreja) possa dar a impressão de não ser o mesmo. De igual modo, não tratamos nossos filhos da mesma maneira e também nos aproximamos deles de modo distinto, pois são diferentes. No entanto, não podemos negar que esperamos deles o mesmo amor e a mesma obediência, embora sejam expressados distintamente, enquanto fazemos todo o possível por cada um deles de forma particular.[1]

Por isto, não devemos esquecer que o propósito de Deus ao perfilar a salvação e estendê-la a todos os povos da Terra, era (e é) que todas as pessoas do mundo cheguem a conhecer e adorá-lo. Dizer que o Senhor Jesus veio ao mundo somente para salvar os homens da condenação, é simplificar demais o propósito do Criador. Ele veio buscar e salvar o que estava perdido, sim, mas também dar uma dimensão totalmente nova a todos aqueles a quem salvou, e esta dimensão implica em viver glorificando ao Pai.

Dificilmente alguém aceitaria morrer por uma pessoa que obedece às leis. Pode ser que alguém tenha coragem para morrer por uma pessoa boa. Mas Deus nos mostrou o quanto nos ama: Cristo morreu por nós quando ainda vivíamos no pecado. E,

agora que fomos aceitos por Deus por meio da morte de Cristo na cruz, é mais certo ainda que ficaremos livres, por meio dele, do castigo de Deus. Nós éramos inimigos de Deus, mas ele nos tornou seus amigos por meio da morte do seu Filho. E, agora que somos amigos de Deus, é mais certo ainda que seremos salvos pela vida de Cristo. E não somente isso, mas também nós nos alegramos por causa daquilo que Deus fez por meio do nosso Senhor Jesus Cristo, que agora nos tornou amigos de Deus.
(ROMANOS 15:7-11)

7. O livro mais referenciado no Novo Testamento é o livro de Salmos (os cânticos do povo de Israel). Nos evangelhos, no livro de Atos e praticamente em todas as cartas aparecem referências literais, e em alguns casos (como em Hebreus, a chave na argumentação do evangelho a partir da lei, ou a carta aos Romanos, a mais direta argumentação sobre a graça de Deus) são numerosos os versículos tomados dos Salmos.

- Encontramos os cânticos dos Salmos em Atos 2:34,35; 4:11; 13:25; Romanos 3:10; Romanos 4:7; 1 Coríntios 3:20.
- Os Salmos não somente eram considerados como parte da liturgia do povo de Deus, mas também continham argumentação espiritual impressionante, como em Atos 13:33.
- A referência à proclamação do evangelho entre os gentios, não apenas é retirada do livro dos Salmos, mas também implica diretamente no louvor. "...e para fazer com que os não judeus louvassem a Deus pela sua bondade. Como dizem as Escrituras Sagradas: 'Por isso eu te louvarei entre os que não são judeus e cantarei louvores a ti.' [...] E dizem ainda: 'Todos os que não são judeus, louvem o Senhor! Que todos os povos o louvem!'" (ROMANOS 15:9,11).
- O próprio Senhor Jesus aparece adorando no meio de Seu povo. "...Ó Deus, eu falarei a respeito de ti aos meus irmãos e te louvarei na reunião do povo" (HEBREUS 2:12). É uma referência direta ao Salmo 22:22. Neste Salmo, aparecem grande parte das

profecias sobre a crucifixão do Senhor, e é o próprio Senhor Jesus que explica que no meio da congregação levantará um louvor a Deus. E não somente Ele, mas também esta adoração ocorre com todos Seus irmãos (os demais filhos de Deus, ou seja, nós) no versículo seguinte (HEBREUS 2:13). Este versículo nos ajuda a entender aquelas palavras do Senhor, "Onde estão dois ou três reunidos em meu nome". O Senhor se une a nós na adoração e no louvor, pois Ele está presente.

- Os Salmos profetizam a segunda vinda do Senhor e os momentos nos quais todos, sem exceção, o adorarão (SALMO 22:29; FILIPENSES 2; ROMANOS 15:8-10).
- O próprio Senhor Jesus utilizou com frequência passagens dos Salmos, declarando inclusive, literalmente, que Davi falava por inspiração do Espírito de Deus (MARCOS 12:10-12).

8. A importância espiritual dos cânticos na igreja primitiva[2] nos falam de sua relevância para os apóstolos: são numerosos os cânticos e doxologias que aparecem nas cartas dos apóstolos, inspiradas por Deus, da mesma forma que foram os Salmos: 1 Timóteo 3:16; Filipenses 2; 1 Pedro 2:22-25; Efésios 1:2-10 etc. Estes hinos eram cantados na igreja primitiva e todos eles são considerados como parte da revelação de Deus.

O cântico de Maria em Lucas 1:46-56 é uma referência direta ao cântico de Ana em 1 Samuel 2. Os dois são inspirados pelo Espírito Santo, um no Antigo Testamento e outro no Novo Testamento.

A Bíblia e a história nos ensinam que os discípulos e os primeiros cristãos empregaram grande parte de Seu tempo louvando e adorando a Deus, e não somente isto, nos explicam que esta era a reação normal diante do Ressuscitado. "Eles o adoraram e voltaram para Jerusalém cheios de alegria. E passavam o tempo todo no pátio do Templo, louvando a Deus" (LUCAS 24:52,53; ATOS 2:47; 11:18; 11:23).

Vir à presença do Senhor e louvá-lo não são disciplinas místicas para aqueles que buscam fazer "carreira espiritual" e receber uma coroa melhor no céu. *De forma alguma!* São para todos os filhos de Deus, para você e para mim. Grande parte de nossos problemas começam por não compreendermos que o louvor é um *mandamento*, e desobedecê-lo é ir contra a vontade de Deus e cair em pecado.[3]

> O louvor é um mandamento, não uma disciplina espiritual para os que queiram estar mais perto do Senhor ou ter uma melhor coroa no céu.

Que todas as nações louvem o nosso Deus! Que cantem hinos de louvor em voz alta! (SALMO 66:8)

Cantem hinos a Deus, o SENHOR, todos os moradores da terra! (SALMO 100:1)

Cantem louvores a Deus. Cantem louvores ao nosso Rei. (SALMO 47:6)

SENHOR, eu te darei graças no meio das nações; eu te louvarei entre os povos. (SALMOS 22:29; 45:17; 57:9; 68:32; 86:19)

Se amamos a Deus, Seus mandamentos chegam a "fundir-se" com nossos próprios desejos: "Na velhice, eles ainda produzem frutos; são sempre fortes e cheios de vida. Isso prova que o SENHOR Deus é justo, prova que ele, a minha rocha, não comete injustiça" (SALMO 92:14,15). Quando conhecemos mais a Deus, o amamos com todo nosso coração e nossa vida adquire um novo sentido em Sua presença; adoramos a Deus não porque seja nossa obrigação, nem pelo muito que Ele faz por nós. Aprendemos a adorá-lo pelo que Ele é, e pelo desejo de o glorificar e estar com Ele. Buscamos ao Senhor do mesmo modo que buscamos nosso melhor amigo, pois queremos estar em Sua presença. Virão dias nos quais necessitaremos conselho, ajuda ou consolo; mas estas coisas não são a razão da amizade. O verdadeiro amigo é amigo em si mesmo e não necessita de justificativas para ser assim.

9. Muitas vezes falamos da vida futura na presença de Deus e argumentamos (melhor dizendo, conjecturamos) sobre qual será nossa ocupação ali. Pois bem, já podemos nos alegrar sobre encontrar o resultado de nossa busca. A Bíblia nos ensina o que irá ocorrer no céu: Sempre haverá louvor da parte dos redimidos.

O livro do Apocalipse está cheio de referências quanto à nossa futura tarefa de glorificar a Deus. Para começar, esse livro nos ensina que o louvor, a glória e o domínio pertencem ao Senhor Jesus para sempre (3:17), e *todos* o proclamam em grande voz:

- Os anjos (1:6; 5:11) que adoram a Deus com harpas (15:2,3).
- Os vinte e quatro anciãos (11:16,17) que adoram e se prostram diante do Senhor, depositando suas coroas aos pés do Salvador (4:10). A Bíblia nos ensina que eles utilizam suas harpas para louvar a Deus com um cântico novo (5:8,9). Se examinarmos com atenção as profecias, poderemos chegar à conclusão de que estes vinte e quatro anciãos são um simbolismo da igreja.
- Toda coisa criada no céu, na terra e debaixo da terra e no mar (5:13).
- "Senhor nosso e nosso Deus! Tu és digno de receber glória e honra e poder, pois criaste todas as coisas; por tua vontade elas foram criadas e existem" (4:11).
- Os seres viventes (4:9; 19:4) que se prostram diante do Senhor com harpas e incenso (5:8).
- A grande multidão (7:9,10).
- Os que venceram a besta, que cantam com harpas (literalmente cítaras, liras) a Deus (15:2).
- Os 144 mil, com um cântico que somente eles podem cantar (14:3), pois apenas eles conhecem. Seu canto era uma experiência pessoal e íntima com Deus.
- Todos os seres, com um cântico novo: "Santo, santo, santo..." e "Digno és" (4:8,11; 11:1; 14:2,3; 19:17).

- A música e o louvor serão de grande magnitude nas Bodas do Cordeiro (14:3; 19:7). No céu haverá todo tipo de instrumentos musicais e vamos cantar e tocar louvando o nosso Deus!
- No céu não há templo, pois a glória e a honra de Deus enchem todo o lugar (21:26).

O tempo e forças "empregados" louvando a Deus não é exclusivo do livro de Apocalipse. A Palavra de Deus certifica nosso louvor futuro nos profetas, salmos e cartas do Novo Testamento. Se ainda nos restam dúvidas quanto ao que irá suceder nos dias vindouros...

...adorarão a Deus, o SENHOR, no monte sagrado de Jerusalém. (ISAÍAS 27:13)

Aqueles a quem o SENHOR salvar voltarão para casa, voltarão cantando para Jerusalém e ali viverão felizes para sempre. A alegria e a felicidade os acompanharão, e não haverá mais tristeza nem choro. (ISAÍAS 35:10 — *inclusive os mudos farão isto,* 35:6)

Ó SENHOR, os céus cantam as maravilhas que fazes, e, reunidos, os anjos cantam a tua fidelidade. (SALMO 89:5)

É isto o que as Escrituras Sagradas dizem: "Juro pela minha vida, diz o Senhor, que todos se ajoelharão diante de mim e todos afirmarão que eu sou Deus." (ROMANOS 14:11)

10. "...É tempo de cantar..." (CÂNTICOS DOS CÂNTICOS 2:12). Se o louvor, ao longo de todas as épocas, é o meio perfeito para se entrar na presença de Deus, e o Senhor nos salvou para que o glorifiquemos diante de todas as nações, é preciso que entendamos que *agora* é o tempo de adorar a Deus. O tempo de abrir nosso coração e louvar o Altíssimo, com todo nosso ser, chegou.

Não há nenhum sentido continuar vivendo a vida cristã sem passar tempo na presença de Deus, conhecendo e glorificando-o — a sós e em comunhão com nossos irmãos. E neste sentido, chega a parecer curiosa a pergunta no livro de Cânticos dos cânticos (um livro dedicado, em primeiro lugar, a exaltar o amor verdadeiro e puro entre um homem e uma mulher), o coro que acompanha a noiva questiona: *Como é seu amado?*

Não precisamos ir muito longe para aplicar esta pergunta à nossa vida, pois também somos a noiva do Ser mais excelente e amoroso que existe, o Senhor Jesus. Hoje mais do que nunca necessitamos escutar a resposta a esta pergunta no coração de todos os filhos de Deus, porque o mais importante em nossa vida é nosso relacionamento com Ele.

Nossa vida espiritual não depende de celebrações, doutrinas, preceitos ou liturgias. Depende de nossa comunhão diária com o Senhor Jesus. Daquilo que Ele faz *cada* dia em nossa vida.

Cada um de nós tem o privilégio de explicar como é o Amado para si próprio. Temos muito que dizer quanto à forma na qual o próprio Cristo se revela em nossa vida. Cada um dos filhos de Deus deve glorificá-lo publicamente, compartilhando o que Ele fez, faz e fará por nós. Pois nossa adoração deve ser contínua, sem limites, para sempre. Porque esta será nossa maior glória no céu.

Notas

1 Às vezes, gostamos de especular e criar divisões na Bíblia: isto é, em relação a Igreja e Israel. E embora em algumas ocasiões essa posição possa ser correta, não devemos crer que temos razão em nossos argumentos ao dizer que o louvor tem a ver principalmente com o povo de Israel. Por quê? Quem decide isto? Pode ser que em certas ocasiões, nossa própria teologia nos impeça de ver as coisas da mesma forma que Deus as vê. Há muito mais versículos referentes à adoração no Novo Testamento!

2 Os primeiros séculos da igreja estão cheios de adoração e louvor. Se verificamos as cartas do apóstolo Paulo, encontramos cânticos que circulavam entre os primeiros cristãos, e que ele adota (inspirado pelo Espírito Santo) como parte da Palavra de Deus (1 TIMÓTEO 3:16; EFÉSIOS 1; 2 TIMÓTEO 2:11-13). São

encontrados hinos e cânticos compostos nos três primeiros séculos (*Gloria in excelsis Deo, Te deum laudamus* e outros) que eram quase sempre credos colocados em forma de cântico. Plínio, o Menor, governador de Bitínia no ano 112 d.C. (pouco mais de 70 anos depois do princípio da era cristã) informava ao imperador Trajano que os cristãos celebravam assembleias de adoração antes do amanhecer dos domingos e que cantavam hinos de louvor ao seu Deus. Da mesma forma, vários historiadores da época explicam como um dos costumes dos primeiros cristãos nas arenas romanas era morrer louvando a seu Deus. Alguns dos principais compositores da igreja foram Clemente (século 2, "Ó Terno e Bom Pastor", "Pastor da Juventude") Sinésio de Cirene (século 4), Hilário de Poitiers e Ambrósio de Milão (século 5); todos eles pioneiros em compor hinos registrando estes com música militar, para afirmar as crenças da primeira igreja contra os hereges arianos. Ambrósio chegou a compor mais de 100 hinos. Prudêncio (século 5, "Fruto do Amor Divino") e Andrés de Creta (século 7, famoso por compor cânticos de até 250 estrofes!). O próprio Gregório, o Grande (século 6), editou uma coletânea e codificação do canto cristão que constava de várias centenas de hinos da época. Para examinar os primeiros tempos da música no cristianismo, seria bom revisar todos os dados do livro Sing with understanding (Cante com entendimento) de Eskew e McWrath. Eusébio (260-340 d.C.) deixou escrito pensamentos sobre o louvor ao afirmar: "Nossa cítara e todo nosso corpo, por cujos movimentos e ações a alma canta um hino adequado a Deus, e nosso saltério de dez cordas, é a veneração ao Espírito Santo" (*Jubila-te! A Música na Igreja*, Donald P. Hustad, Edições Vida Nova, 1986).

Da mesma forma, um dos melhores historiadores do cristianismo (e reconhecido por todas as tendências) Keneth Scott Latourette (Uma história do Cristianismo, Editora Hagno, 2006), explica como os cristãos empregavam os salmos contidos nas Escrituras judaicas em seus cultos. O mesmo avalia a criação de numerosos cânticos nos dois ou três primeiros séculos e o papel da música na adoração da igreja primitiva. Sobretudo desde o segundo século, que foi o começo da escrita de hinos no idioma do povo (grego). Durante os primeiros mil anos, os cristãos tiveram danças, como a chamada *Tripudium*, que acompanhava muitos hinos. Os que cantavam, dançavam entrelaçando seus braços, e dando três passos adiante e um para trás, encenavam desta maneira o avanço na vida cristã. Depois dos séculos 7 e 8, o canto congregacional foi eliminado, e passou somente a clérigos e especialistas. A adoração foi morrendo pouco a pouco e com ela a comunhão de Deus com sua Igreja (e a da Igreja com seu Deus). Nasceram as tradições, e decidiu-se que o latim era a única língua com a qual alguém poderia dirigir a Deus. A religião estabelecida e convencional deixou de adorar ao Senhor e foi se prostituindo atrás de palavras de homens, de modo que a única língua "sagrada" era o latim, sendo que a grande maioria do povo não podia empregá-la. A Palavra de Deus passou a estar distante do povo (pois não podiam entendê-la em latim); o mesmo ocorreu com os cânticos. Os bispos e os primeiros papas ordenaram que as reuniões fossem em latim e desprezaram o valor da adoração e da música. Como consequência, por vários séculos, o relacionamento das pessoas com o Senhor ficou obscurecido até o momento da Reforma. Infelizmente, a história se repete. Hoje há muitos que não querem dar importância ao relacionamento pessoal com Deus, e tudo o que defendem quanto ao louvor e à adoração, refere-se a criar uma língua "sagrada" (que não é o latim, mas que pode chegar a ser muito parecido) e um estilo de hinos "sagrados", com base naquilo que custou, na história da igreja, tantos anos e séculos (e mortes).

Pode ser que a nova Reforma dentro da igreja evangélica em muitos lugares tenha que passar pelo retorno ao relacionamento pessoal com Deus, à oração, à leitura da Bíblia, à adoração ao Senhor. E o abandono definitivo de muitos padrões tradicionais que se converteram em nosso "latim".

No século 15, John Huss e os irmãos Morávios voltaram à origem e ao fundamento da Igreja, o relacionamento e a dependência total no Senhor Jesus. Os anos nos quais a Igreja se desviou da fé foram os anos nos quais não se utilizou o louvor e a adoração na congregação! É óbvio que houve muitas razões que serviram de pano de fundo para que a igreja, naquele momento, não tivesse nenhuma semelhança com o que o Senhor havia estabelecido em Sua Palavra, mas uma das mais importantes foi a não participação do povo na adoração a Deus. Basta confirmar que no início da Reforma Protestante (Alemanha, século 16) foram compostos mais de 20 mil hinos, e que o Concílio de Trento (a contrarreforma da Igreja Católica Romana) foi contra a música e os hinos. Por um lado, o povo evangélico que se encontrou com seu Deus, voltou a adorá-lo (mais de 20 mil canções em somente 60 anos são prova de que o povo tinha grande necessidade de adorar a Deus); enquanto os líderes religiosos tradicionais continuaram falando contra a música e a adoração.

Nos últimos 3 séculos, a música ficou intimamente relacionada à evangelização, em pregadores como Charles Finney e Jonatan Edwards ("Jubila-te), que sempre a utilizaram nos apelos. É o próprio Alexander (um dos primeiros a utilizar o piano no fim do século 19) quem menciona reuniões de mais de quatro horas de duração nas quais a pregação durava uns 45 minutos, enquanto utilizava o restante do tempo para o louvor a Deus (estas reuniões ocorriam sobretudo em Londres). A história nos ensina que as multidões usufruíam o relacionamento com Deus e o louvor, de tal modo que as reuniões não tinham quase fim. Neste sentido, é possível observar que todos os avivamentos na história da igreja têm se relacionado sempre com a oração, a adoração e o retorno ao conhecimento pessoal de Deus mediante a leitura da Bíblia. Da mesma forma, John Wesley, Charles H. Spurgeon e D. L. Moody (que costumava trabalhar com o conhecido Ira Sankey) utilizaram a música na evangelização e deram muita importância ao louvor e à oração. O próprio Charles Wesley (autor de muitos hinos que cantamos) compôs cânticos para melodias de óperas populares conhecidas na época, embora nem tudo foi tão simples como pode parecer. Apesar de Deus estar utilizando estes grandes servos Seus, os responsáveis de algumas igrejas acharam que estavam introduzindo músicas mundanas nos cultos cristãos, e muitos deles sofreram na própria carne o desprezo de pessoas que defendiam a tradição. Causar-nos-ia assombro saber que Isaac Watts (cujos hinos muitos na atualidade defendem radicalmente, e de fato são grandes hinos provenientes de um coração que amava profundamente ao Senhor) teve problemas com os dirigentes de sua própria igreja, pois seus hinos não incluíam palavras dos Salmos (que eram os únicos que se cantavam em alguns momentos). Alguns hinos foram proibidos sob a acusação de ser música romântica disfarçada de espiritualidade. E não é de se estranhar, quando o próprio J. S. Bach não foi entendido por sua própria congregação em Leipzig, porque "compunha música muito moderna e avançada". Como sempre, a história se repete. Todos os historiadores do cristianismo nos dizem que é impossível compreender a evangelização e o crescimento da igreja sem a música, e a importância da adoração e o relacionamento com Deus. Inclusive a história de alguns povos (pessoas de cor nos EUA) não se compreenderia sem a música que eles dedicaram ao Senhor (o negro espírito — estilo de música cristã criada pelos antigos escravos americanos), pois a música é parte da vida de cada pessoa, e o que há em nosso coração flui em nosso louvor. Todos os povos que viveram com amor ardente por Deus, tiveram que expressá-lo de múltiplas formas, e sem dúvida, a música é uma das mais importantes.

No último século, a evangelização tem se relacionado sempre direta ou indiretamente com a música. Apesar de ser acusada de possuir "efeito psicológico" nos apelos e nos momentos nos quais a Palavra de Deus chega ao coração, são inúmeras as pessoas que rendem suas vidas ao Senhor, pois um cântico chegou ao seu coração. Deus utilizou as melodias de seus filhos para propagar Sua Palavra, e sempre continuará a fazê-lo. Lembro-me de um fato concreto nos trabalhos de evangelização de Billy Graham. Quando ele esteve em um país do norte de Europa, foi acusado de enganar "psicologicamente" as pessoas com a música, testemunhos e a oratória. Inclusive em um jornal local, sua campanha teve a seguinte manchete: "A importância da música". A mesma encheu de indignação os responsáveis pela campanha, e assim no dia seguinte decidiram que todo o ato seria exclusivamente a pregação, sem música, sem coros, sem testemunhos. E assim queriam demostrar que o poder de Deus não residia no que eles chamavam enganos psicológicos. Fizeram isto e muitas pessoas decidiram ir à frente e reconhecer publicamente sua necessidade do Senhor. Deste modo, a imprensa destacou no dia seguinte: "A importância do silêncio". Sempre que ocorrem situações deste tipo, lembro-me das palavras do Senhor quando dizia aos dirigentes religiosos de Seu tempo: "Nós tocamos músicas de casamento, mas vocês não dançaram! Cantamos músicas de sepultamento, mas vocês não choraram!" (MATEUS 11:17), ou seja, há pessoas que jamais estarão contentes com nada, e, independentemente do que for feito, sempre irão buscar alguma desculpa.

Em muitas ocasiões, escutamos argumentos contra um determinado estilo musical. Este é um problema permanente em todas as épocas da história da igreja. Agora parece que a culpa de nossa pobre adoração é de determinados ritmos "modernos" sem querer reconhecer os problemas que em outro tempo tiveram canções militares, de guerra, de amor, óperas, e inclusive canções provenientes de bares, e que hoje cantamos como "espirituais", pois cremos que seus ritmos são espirituais. Muitos dos que defendem alguns dos hinos tradicionais se horrorizariam ao saber de onde procedem algumas músicas. Parece difícil entenderem que aquilo que Deus aborrece não são as formas musicais. Ao longo da Bíblia e da história, muitos foram os estilos musicais que o povo de Deus utilizou. Por outro lado, também não devem se amparar nisto todos aqueles que queiram lançar por terra o tradicional, sem nenhuma razão convincente. Alguns cânticos têm sido cantados durante dez séculos e devemos continuar a cantá-los. Que um hino seja realmente bom e inspirado é o único critério a seguir para utilizá-lo em nosso louvor. Não podemos defender o moderno somente pelo fato de ser contemporâneo: Deus fala através de todos os estilos e em todas as épocas. Não é justo que uns se atenham ao tradicional, nem que outros tenham por inspirado somente o atual; todos têm seu papel no louvor, unidos como povo de Deus.

Faria muito bem a todos ler toda a Bíblia e descobrir que não há um só versículo que fale contra as formas musicais ou um estilo determinado: o que Deus aborrece é nossa vida espiritual e nossa distância dele (AMÓS 5:21-23). O que está "em jogo" é nosso relacionamento pessoal com Ele e a manifestação de nosso amor, em público e em particular, mas nunca um ou outro estilo de música.

3 O louvor não é opcional. Não podemos comparar sua importância com nenhuma outra coisa na Palavra de Deus, já que é o mandamento mais repetido na Bíblia. Não quer dizer que seja o mais importante, mas também não temos direito de converter o louvor em algo acessório (ou de segunda ordem, depois do estudo da Bíblia, da oração ou outros), quando o próprio Deus se encarregou de deixar bem claro Seu desejo para nós. Muitas vezes chegamos a dar as costas à Palavra de Deus, ao conceder mais ou menos importância a certas coisas e tentar manter nossos argumentos acima do que Deus diz. Ao lermos toda a Bíblia com atenção encontraremos mais de mil versículos que se referem (com todo seu contexto) à transcendência do louvor e da adoração, logo não podemos ficar cegos à Palavra de Deus e dizer que isto não é importante. Suponhamos que na Bíblia o mandamento mais repetido (e em mais de mil ocasiões) fosse: "Dever de ir em peregrinação à Terra Santa" (é um exemplo impossível, somente para que entendamos nossos argumentos). Diríamos que esse mandamento não tem importância? Argumentaríamos que é melhor não ir para lá, pois há pessoas na igreja que entenderiam mal? Defenderíamos que é melhor não o fazer, pois é possível romper a unidade do Corpo de Cristo? Pregaríamos que este mandamento pode ofender um irmão fraco e, portanto, é

melhor passar por cima? Creríamos em alguém que dissesse amar e obedecer a Palavra de Deus sem se importar com milhares de contextos nos quais aparece o mandamento?

Que cegos somos! Não percebemos que temos caído nas redes de argumentos do diabo para não dar o louvor a quem merece tudo? O maligno vive e se alimenta do ódio que tem contra Deus. E tudo que desperta admiração pelo Criador é seu maior inimigo. O diabo é o autor de muitos dos argumentos que utilizamos para não glorificar ao nosso Deus!

Capítulo 11

AMOR LEAL E DE MISERICÓRDIA (*HESED*)

Hesed (em hebraico, "amor fiel de *Yahweh*") é uma das palavras mais importantes de toda a Escritura. É repetida pelo menos 243 vezes no Antigo Testamento. Conceitos bíblicos tão diversos como a luz, o perdão, a esperança, a comunhão e o louvor se baseiam neste amor fiel de *Yahweh*. *Hesed* é uma palavra que Deus usa pessoalmente para descrever Seu relacionamento com Israel. E foi a base teológica para a palavra "graça" do Novo Testamento. O rei Davi achava esta palavra tão importante que a usou de forma constante nos Salmos. Os judeus a conhecem até hoje em dia como a palavra-chave que descreve a misericórdia e o amor de Deus para com Seu povo.

O Salmo 136 é um cântico composto em torno da palavra *Hesed*, traduzido em português como "misericórdia" na versão João Ferreira de Almeida Revista e Atualizada. É um cântico entoado em alternância, usado no templo com o dirigente expressando a primeira frase, que é uma descrição de Deus ou Seus atos, e a congregação respondendo de modo uníssono: "O seu amor dura para sempre." Na liturgia judaica, este salmo é conhecido como "O grande Hallel". Era recitado na celebração da ceia de Páscoa depois do "Hallel menor".

> *Rendei graças ao Senhor, porque ele é bom,*
> *porque a sua misericórdia dura para sempre.*
> *Rendei graças ao Deus dos deuses,*
> *porque a sua misericórdia dura para sempre.*

Rendei graças ao Senhor dos senhores,
porque a sua misericórdia dura para sempre;
ao único que opera grandes maravilhas,
porque a sua misericórdia dura para sempre;
àquele que com entendimento fez os céus,
porque a sua misericórdia dura para sempre;
àquele que estendeu a terra sobre as águas,
porque a sua misericórdia dura para sempre;
àquele que fez os grandes luminares,
porque a sua misericórdia dura para sempre;
o sol para presidir o dia,
porque a sua misericórdia dura para sempre;
a lua e as estrelas para presidirem a noite,
porque a sua misericórdia dura para sempre;
àquele que feriu o Egito nos seus primogênitos,
porque a sua misericórdia dura para sempre;
e tirou a Israel do meio deles,
porque a sua misericórdia dura para sempre;
com mão poderosa e braço estendido,
porque a sua misericórdia dura para sempre;
àquele que separou em duas partes o mar Vermelho,
porque a sua misericórdia dura para sempre;
e por entre elas fez passar a Israel,
porque a sua misericórdia dura para sempre;
mas precipitou no mar Vermelho a Faraó e ao seu exército,
porque a sua misericórdia dura para sempre;
àquele que conduziu o seu povo pelo deserto,
porque a sua misericórdia dura para sempre;
àquele que feriu grandes reis,
porque a sua misericórdia dura para sempre;
e tirou a vida a famosos reis,
porque a sua misericórdia dura para sempre;
a Seom, rei dos amorreus,
porque a sua misericórdia dura para sempre;

*e a Ogue, rei de Basã,
porque a sua misericórdia dura para sempre;
cujas terras deu em herança,
porque a sua misericórdia dura para sempre;
em herança a Israel, seu servo,
porque a sua misericórdia dura para sempre;
a quem se lembrou de nós em nosso abatimento,
porque a sua misericórdia dura para sempre;
e nos libertou dos nossos adversários,
porque a sua misericórdia dura para sempre;
e dá alimento a toda carne,
porque a sua misericórdia dura para sempre.
Oh! Tributai louvores ao Deus dos céus,
porque a sua misericórdia dura para sempre.*

Davi não foi a única pessoa que utilizou *Hesed* em seus escritos. O profeta Oseias a empregou como um exemplo e ilustração do amor de Deus. Neste caso é traduzido como "fidelidade" ou "lealdade", mostrando o conceito do amor que Deus tem em relação ao Seu povo: "Naquele dia farei em favor deles um acordo com os animais do campo, com as aves do céu e com os animais que rastejam pelo chão. Arco, espada e guerra, eu os abolirei da terra, para que todos possam viver em paz. Eu me casarei com você para sempre; eu me casarei com você com justiça e retidão, com amor e compaixão. Eu me casarei com você com *fidelidade*, e você reconhecerá o SENHOR. 'Naquele dia eu responderei', declara o SENHOR. 'Responderei aos céus, e eles responderão à terra; e a terra responderá ao cereal, ao vinho e ao azeite, e eles responderão a Jezreel. Eu a plantarei para mim mesmo na terra; tratarei com amor aquela que chamei Não amada. Direi àquele chamado 'Não-meu-povo': Você é meu povo; e ele dirá: 'Tu és o meu Deus'" (OSEIAS 2:18-23 NVI).

Hesed: Definição

A palavra usada para "misericórdia" no Salmo 136 é o mesmo termo que *piedade, graça* ou *fidelidade* em Oseias. Há pelo menos dois aspectos importantes da palavra *Hesed*. Um deles implica na demonstração de misericórdia, um amor não merecido. Também tem o sentido de "amor leal": um amor baseado em um compromisso e lealdade que vai além das emoções ou da forma em que a pessoa irá nos responder. Ao mesmo tempo, *Hesed* é parte do caráter de Deus e por isto os dois sentidos da palavra não podem ser completamente separados. *Hesed* de Deus é Seu amor, misericórdia, perdão, graça, liberação, reservado a todos que creem nele (ÊXODO 34:6,7; DEUTERONÔMIO 5:10). É uma palavra com sentido muito amplo. Nossas traduções da Bíblia usam a palavra "misericórdia" ou "amor", porque Deus mostra amor leal para pessoas que não o merecem. Neste contexto *Hesed* é a misericórdia de Deus. No entanto, significa muito mais que isto. Às vezes é traduzido como "lealdade", porque tem um enfoque no amor que é firme, fiel ou leal. Destaca a ideia de um mútuo pertencimento de quem está envolvido em um relacionamento de amor, ou seja, *Hesed* é um termo que não pode ser traduzido em uma só palavra ou uma só frase. É profundo demais!

Na Septuaginta (70), versão do Antigo Testamento do hebraico para o grego, normalmente foi traduzida como "misericórdia" (grego *Eleos*). Mais tarde a Vulgata combinou a palavra *Miseris*, miséria, e *Cordis*, coração. A ideia era sentir em seu coração um amor tão profundo que desejaria conceder ao outro um benefício não merecido, que estaria disposto a colocar seu coração no mesmo nível de miséria que a outra pessoa se encontra, neste momento. Neste sentido, os tradutores da Vulgata nos deram uma descrição muito mais próxima do conceito hebraico. Contudo, Nelson Glueck, um acadêmico alemão publicou, em 1927, uma dissertação que destacou mais o enfoque de uma relação de pacto (*berît*) na palavra *Hesed*. Embora sua própria pesquisa tenha ido ao extremo em dizer que *Hesed* é somente um pacto legal e nada mais, essa foi uma inclusão importante em nosso entendimento do termo. Glueck, nos ajudou principalmente a entender que *Hesed* inclui o conceito de uma lealdade entre Deus e Seu povo baseada nas obrigações de um pacto feito. Um estudo das Escrituras nos mostra que *Hesed* é muito mais, pois une as ideias de "misericórdia" e "amor leal" a um pacto. Na realidade, a palavra é tão complexa que apenas uma definição que inclui estes dois conceitos ainda não chegou a toda a profundidade. Entretanto, pode ser entendido como um pacto (amor leal) que é o sinal e expressão de um amor dado livremente e sem merecimento (misericórdia).

O uso de *Hesed*

Hesed é a palavra que Deus usa para descrever Seu próprio caráter e relacionamento com Israel. A declaração do eterno atributo de "misericordioso" em Êxodo 20:6; 34:6,7; Deuteronômio 5:10 é central na história da redenção ao longo da Bíblia, e de fato, ela forma a base do conceito sobre a "graça" de Deus no Novo Testamento. No contexto desses textos do Antigo Testamento, é possível ver alguns enfoques da palavra como:

1. O caráter livre do *Hesed* de Deus.
2. Sua associação com o perdão.
3. Embora tenha a ver com o pacto com Israel, ao mesmo tempo não é o pacto no qual se baseia a demonstração de *Hesed*, senão o amor do Senhor.

Quanto à relação de Deus com Seu povo, *Hesed* descreve um amor entre ambos como o de um casamento. O uso de *Hesed* é uma das razões pelas quais, neste livro, temos utilizado tantas ilustrações do amor entre noivos, casamentos, familiares para descrever a relação de adoração entre o Senhor e nós. Inclusive, não é possível entender nem interpretar corretamente textos como Efésios 5:21–6:9 sem o pano de fundo desta palavra. No livro do profeta Jeremias, Deus declara o Seu amor a Israel através do uso de *Hesed*.

> *E veio a mim a palavra do SENHOR, dizendo: Vai e clama aos ouvidos de Jerusalém, dizendo: Assim diz o SENHOR : Lembro-me de ti, da beneficência da tua mocidade e do amor dos teus desposórios, quando andavas após mim no deserto, numa terra que se não semeava. Então, Israel era santidade para o SENHOR e era as primícias da sua novidade; todos os que o devoravam eram tidos por culpados; o mal vinha sobre eles, diz o SENHOR.* (JEREMIAS 2:1-3)

Deus descreve o Seu amor a Israel como o de dois noivos jovens, apaixonados e totalmente focados em si mesmos. Que bela descrição! Um noivo lembrando os primeiros tempos de ficar apaixonado por sua bela noiva. É um amor inocente, fiel e leal até o extremo. É um amor sem condições. Deus ama Israel, não porque eles são encantadores, mas porque os elegeu (comparar com Efésios 1:3-6, onde Paulo diz que somos também eleitos, "antes da fundação do mundo... para ser seus filhos adotados").

Infelizmente, apesar de Deus ter amado e cumprido fielmente Suas promessas, Israel não foi uma noiva fiel. Com frequência, a Bíblia descreve esta nação como uma esposa, adúltera e prostituída. No livro de Oseias, Deus diz ao profeta que se case com uma prostituta, como uma representação do adultério contínuo por parte de Israel, em seu relacionamento com Deus. Ele odeia o adultério, sobretudo o espiritual, isto é, ver as demais coisas da vida como mais importantes que o próprio Deus.

> *O princípio da palavra do SENHOR por Oseias; disse, pois, o SENHOR a Oseias: Vai, toma uma mulher de prostituições e filhos de prostituição; porque a terra se prostituiu, desviando-se do SENHOR.* (OSEIAS 1:2)

Eles queriam um rei ao invés de Deus. Seus sonhos eram as riquezas materiais em vez de permitir que o Senhor provesse todas suas necessidades. Seu desejo primordial era desfrutar dos prazeres deste mundo: boa vida, lares luxuosos, objetos materiais, sexo, diversões. Queriam a Deus, mas não queriam que Ele fosse a prioridade acima de todas as demais coisas.

Deus chama essa atitude de "adultério espiritual": o abandonar nosso "primeiro amor" (COMPARAR APOCALIPSE 2:1-7). Então, por que Deus ainda os amou? Por que Deus ainda tem um plano para restaurar a Israel? Eles têm sido tão infiéis! Como Deus pode amá-los com todo seu adultério espiritual?

A resposta está na palavra *Hesed*. Deus é um "Deus *Hesed*", que pratica *Hesed* àqueles que creem nele. Significa um amor leal baseado na misericórdia e fidelidade de *Yahweh*. Deus diz: "Eu o amo, não por quem você é, mas devido à minha misericórdia, e irei mostrar-lhe um pacto entre nós através de um compromisso formal". Deus fez um pacto com Israel por causa de Seu profundo amor e misericórdia demonstrado para com eles.

Hesed como pacto de amor

Qual é a diferença entre um pacto e um contrato? Um contrato põe as duas partes em contato durante certo tempo para que cumpram todos os acordos deste. Se uma parte não cumpre os acordos, o contrato pode ser anulado. Isto não vale num pacto.

Um pacto (*berît*) também é um documento legal entre duas partes. Contudo, continua valendo, seja qual for a fidelidade de ambos. A adesão ao pacto não é exigida para que o pacto permaneça efetivo, pois está baseado no caráter da pessoa que o faz, não no cumprimento do acordo.

O casamento na Bíblia é um excelente exemplo da diferença entre um pacto e um contrato. A relação entre duas pessoas casadas continua, independentemente de elas cumprirem com o casamento ou não. O casamento é um pacto, não um contrato. Inclusive no caso de infidelidade de um dos dois, o casamento não precisa ser dissolvido, conforme o ensino de Jesus em Mateus 19. Obviamente isto não é como um contrato de negócio. É um pacto que permanece, sem se importar se um dos dois não está cumprindo com sua parte do acordo.

O relacionamento entre Deus e Israel é descrito como um pacto. E de igual maneira o Novo Testamento descreve nossa comunhão com Deus através de Jesus como um pacto. Jesus disse que Ele estava introduzindo um Novo Pacto. *Hesed* é amor de pacto. Outra vez o Senhor disse: "Eu o amo e por isto existe um pacto entre nós. É minha obrigação de amor. Serei leal a você e a mim, não me importa quais sejam as circunstâncias que surjam na vida."

Hesed: O que Deus deseja

> *O SENHOR Deus falou de novo comigo e disse: — Vá e ame uma adúltera, uma mulher que tem um amante. Ame-a assim como eu amo o povo de Israel, embora eles adorem outros deuses e lhes ofereçam bolos de passas.* (OSEIAS 3:1)

Deus pede a Oseias que se case com uma prostituta como uma ilustração de como Israel era infiel a Ele. Mais tarde, esta mulher deixa Oseias e volta a levar uma vida de prostituta. Isto mostra como Israel vivia em pecado, apesar do amor de Deus. No entanto, quando esta mulher passa a ser indigente — ficando na rua sem nada — Deus diz ao profeta para ir buscar e trazê-la para casa. Que paciência e misericórdia de Deus para com Israel! Finalmente, no capítulo 4, a ilustração do casamento de Oseias termina e Deus começa a condenar os pecados de Israel. A princípio, Israel percebe seus pecados. Assim no capítulo 6, versículos 1-3, Israel parece se arrepender, pede perdão a Deus, e promete, no versículo 3, buscar ao Senhor.

O povo de Israel diz:

— Venham, voltemos todos para Deus, o SENHOR. Ele nos feriu, mas com certeza vai nos curar; ele nos castigou, mas certamente nos perdoará. Daqui a uns dois ou três dias, no máximo, ele nos dará novas forças e nos porá de pé, e nós sempre faremos a sua vontade. Vamos nos dedicar mais e mais ao SENHOR! Tão certo como nasce o sol, ele virá nos ajudar; virá tão certamente como vêm as chuvas da primavera, que regam a terra.

***Yahweh* responde:**

— O que é que vou fazer com você, Israel? E com você, Judá, o que é que eu faço? Pois o amor de vocês é tão passageiro como a cerração ao nascer do sol; é como o orvalho, que seca logo de manhã. Foi por isso que mandei os meus profetas anunciar que eu vou castigar e matar vocês. E o que exijo de vocês é claro como a luz do sol. Eu quero que vocês me amem e não que me ofereçam sacrifícios; em vez de me trazer ofertas queimadas, eu prefiro que o meu povo me obedeça. (OSEIAS 6:1-6)

Quando leio estes versículos penso em mim mesmo: sou um filho de Deus, mas peco. Então, peço o perdão de Deus e prometo não o repetir "nunca mais". Infelizmente, sou muito parecido com Israel. Apesar de minhas promessas, com frequência caio no mesmo pecado, poucos dias depois de ter assumido meu compromisso.

Como podemos ser infiéis a Deus! Que pena! Deus nos ama e morreu por nós. Lembramos de Sua missão e sofrimento, de Sua obra de graça, cada domingo na mesa do Senhor. Mas passam-se poucos dias, algumas vezes poucas horas e voltamos a uma vida com outras prioridades que colocamos como mais importantes do que Deus e Sua Palavra; voltamos a buscar objetivos que são egocêntricos; ignoramos o conselho das Escrituras; discutimos e nos enfurecemos; rendemo-nos à luxúria; não honramos e amamos a nossa esposa nem a tratamos com o mesmo amor terno com que Cristo tratou a Igreja; brigamos uns com outros; guardamos amargura e ódio com o semelhante; não mantemos a integridade bíblica em nossos negócios; e permitimos que as pressões e circunstâncias desta vida controlem nossa vida, em vez da Palavra de Deus. Isto é exatamente o que estava ocorrendo em Israel.

O *Hesed* que Israel prometera era como uma nuvem e como o orvalho que apenas durava por pouco tempo. Prometeram "amor leal" a Deus. Entretanto, Deus lhes disse que o "amor leal" deles não era realmente parte de seu caráter espiritual. Seu *Hesed* não suportava o calor do dia. Não eram fiéis, sempre que as pressões da vida começavam a aumentar.

Deus se agrada quando confessamos nossos pecados. Ele nos perdoa, porque tem "amor leal" para conosco. Mas o Senhor quer mais do que um compromisso matutino. Ele quer que o compromisso de "amor leal" que perdure, mesmo quando não for conveniente. Deus espera lealdade por parte de Seus filhos. Por que isto é tão difícil para nós? Por que somos infiéis ao Deus de amor leal, que sempre é fiel para conosco?

Deus continua explicando nestes versículos que inclusive aqueles que pensam que têm *Hesed*, podem ter na realidade uma ideia equivocada do que o Senhor espera de nós: "Eu quero que vocês me amem e não que me ofereçam sacrifícios; em vez de me trazer ofertas queimadas, eu prefiro que o meu povo me obedeça" (v.6).

O povo de Israel estava cultuando a Deus. Tinha cultos extensos para cantar louvores e ler a Escritura. Sua música era maravilhosa. Mas Deus diz: "Quero *Hesed*. Deixem de fazer uma representação de congregação. Se seu coração não está limpo diante de mim; se não têm *Hesed* para comigo, todos seus cânticos e atividades não servem para nada." Ou seja, a expectativa de Deus é que Seus filhos tenham um caráter fiel, cheios de *Hesed* para com Ele e os demais.

Hesed significa que sou leal a um relacionamento todo o tempo. Nunca deixo de amar apesar do que sinto. Isto é o que Deus tem feito por nós. E não é só isto; espera que nós tenhamos a mesma atitude para com Ele. Independentemente de meus sentimentos pessoais, devo ser *absolutamente* leal em meu amor para com Deus e os demais. Apesar das pressões e frustrações nesta vida, devo ter *Hesed*.

> Deus não nos pede que sejamos perfeitos nesta vida. Simplesmente nos pede que sejamos leais em nosso amor para com Ele.

O amor leal para com Deus exige que discutamos o tema do pecado em nossa vida. O pecado é contrário ao amor leal. Pecado é nos rebelar contra os padrões do Senhor. Deus sabe que vamos pecar. Ele não nos pede que sejamos perfeitos nesta vida. Pede simplesmente que sejamos leais em nosso amor para com Ele. Assim, após ter pecado, volte-se imediatamente a Ele com um coração arrependido. O amor leal é a maior responsabilidade que temos diante de Deus. Ele tem *Hesed* para conosco e deste modo espera que tenhamos este amor para com Ele. Em 1 João 4:19 diz: "Nós amamos porque Deus nos amou primeiro". Deus quer *Hesed*. O *Hesed* de Deus deve se converter em uma característica natural em nossa vida.

O que significa para você pessoalmente ter *Hesed* para com Deus? Deus diz que Ele se deleita em *Hesed* mais que em reuniões e em práticas religiosas. O que Deus está nos pedindo que façamos nestes versículos? Como as nossas atitudes deveriam mudar para poder ser consistentes e fiéis em nosso "amor leal" para com Deus?

Uma das melhores ilustrações da Bíblia do "amor leal vivo" encontra-se no livro de Rute. Toda a história desta mulher é uma história de *Hesed* e nisto podemos ver os conceitos desse termo: misericórdia associada a um pacto de amor.

Rute: uma história de amor

Rute era uma mulher moabita. O povo de Moabe era descendente de uma das filhas de Ló, que dormiram com seu pai enquanto este estava bêbado depois que as cidades de Sodoma e Gomorra foram totalmente destruídas por Deus. Por esta razão e pela imoralidade de Moabe, foi dito aos judeus que não se associassem com os moabitas. No entanto, um homem judeu viola esta norma e se casa com Rute, uma moabita. Então, em algum momento na vida desta jovem, ela conhece ao Deus de Israel e se converte em uma adoradora fiel. Também tinha uma cunhada, Orfa, que se casou com o irmão do marido de Rute. Dentro de poucos anos os dois maridos morreram e também seu sogro. Esta situação deixou Rute, sua cunhada Orfa e Noemi, sua sogra, desamparadas.

O livro de Rute começa com as três mulheres na fronteira entre Israel e Moabe. Noemi disse às duas viúvas que voltassem às suas famílias. Sem dúvida, isto foi motivado porque Noemi percebeu que estas duas moabitas seriam rejeitadas e perseguidas em Israel. Entretanto, Noemi também orou para que Deus demonstrasse Seu amor, Sua bênção, Seu *Hesed* para com elas. Que Ele fosse bom e agisse com misericórdia e bondade para com elas. Orfa, com lágrimas em seu rosto, deu um beijo em Noemi e voltou para sua casa em Moabe.

Mas Rute não quis ir embora. Ela disse a Noemi: "...O seu povo será o meu povo, e o seu Deus será o meu Deus" (RUTE 1:16). Rute promete que nunca irá deixar Noemi, vai ajudá-la e protegê-la em tudo quanto for possível. Ela demonstra *Hesed* para o Deus de Noemi, quando decide ir a Israel apesar da perda pessoal e dos problemas que poderia vir a enfrentar. Demonstra também *Hesed* para com Noemi, mesmo que isto provavelmente significasse que ela não iria se casar nunca mais.

As duas mulheres voltaram a Belém, a cidade natal de Noemi. Rute tinha prometido cuidar de Noemi, de modo que na primeira manhã se levanta e vai aos campos para ver se podia encontrar alguns grãos. Isto era tremendamente perigoso para uma mulher jovem, obviamente bela, e ainda mais sendo moabita. Uma mulher moabita atraente naqueles dias era semelhante a uma prostituta e os homens poderiam, facilmente, ter se aproveitado dela. Ao invés disto, Deus protegeu Rute e a levou a escolher o campo de Boaz, um parente de seu falecido marido. Boaz imediatamente se apaixonou por Rute e disse aos seus servos que se certificassem de que Rute colhesse uma porção extra de grãos. Quando Noemi viu o quanto Rute conseguiu colher no campo, percebe que Deus começou a demonstrar *Hesed* para com Rute. Não é só isto, em seguida Noemi percebeu que Rute escolheu, de forma providencial, um campo de um parente próximo, um homem que, conforme a lei levítica, tinha a obrigação de se casar com Rute.

O que começou como um episódio triste, converteu-se em uma preciosa história de amor. E tudo em torno da palavra *Hesed*. A princípio, é dito que Deus tem *Hesed* por dar provisão a Rute e Noemi. Mas no fim, Rute se mostra como uma mulher *Hesed*, pois ela é fiel em sua promessa de cuidar de Noemi e fiel com Deus, apesar de ser moabita. Boaz é descrito como um homem *Hesed*, pois ele demonstra fidelidade à sua família ao se casar com Rute e dar continuidade a sua linhagem.

Com certeza, esta história também tem implicações profundas para o evangelho. Rute (de Boaz) foi a bisavó do rei Davi, e pode ser que estivesse viva quando Davi nasceu. Davi, um homem que usou a palavra *Hesed* mais do que qualquer outro autor bíblico. Indubitavelmente aprendeu esta palavra-chave da vida de sua bisavó.

E Rute, que era uma mulher com amor leal para com Deus, foi escolhida para ser parte da linhagem de Jesus Cristo. Sem esta mulher *Hesed*, não teria havido um bebê em uma estrebaria nem pastores nem sábios no Natal. Por que Rute foi tão honrada? E por que sua cunhada Orfa não foi? A única razão que é possível considerar é que Rute era uma mulher *Hesed*, pois demonstrou profunda lealdade aos planos e à Palavra de Deus, por ter recebido e entendido a profundidade de Sua misericórdia.

A história de Rute nos ensina que um pacto se baseia em relacionamento (Rute com Noemi, Boaz com Rute, todos com Deus) e que as obrigações do pacto, muitas vezes, são mais profundas do que os termos concretos do pacto.

Precisamos de mais mulheres e homens como Rute e Boaz, gente que de modo tenaz demonstra amor leal a Deus, sem se importar com o que a sociedade, os amigos ou a família possam dizer. Necessitamos de uma geração liderada por homens e mulheres intensamente leais em sua obediência e em seu andar com Jesus Cristo; pessoas que rejeite o materialismo e o egocentrismo deste mundo em que vivemos; pessoas com as prioridades de Deus.

Rute era uma mulher *Hesed*. Você é assim? Sua vida pode ser descrita como uma "vida *Hesed*"? Deus demonstrou Seu "amor leal" a você. Ele o perdoou e continua sendo paciente quando você é infiel. Mas a pergunta levantada pelas profecias de Oseias é: Tudo é um teatro da religião ou há realmente *Hesed* perante Deus? Seu amor por Deus é consistente apenas quando a vida é fácil e não há tentações? Ou seu amor por Deus é fiel e maduro?

Você tem *Hesed* por Deus? Ou seu *Hesed* é como o orvalho da manhã que se desvanece tão logo o calor do dia aparece? Seu *Hesed* é mais do que uma emoção que vem e vai com as circunstâncias deste mundo? Ou o faz por um amor leal a Deus; um amor que vai mais além da emoção, com lealdade que não se perde quando esta vida é dura ou injusta? Sua vida pode ser descrita como uma caminhada em e por causa de *Hesed*?

Em sinal de tristeza, eu vesti uma roupa feita de pano grosseiro, sentei-me sobre cinzas, deixei de comer e orei com fervor ao Senhor Deus, fazendo-lhe pedidos e súplicas. Orei ao SENHOR, meu Deus, e fiz a seguinte confissão: — Senhor Deus, tu és grande e poderoso! Tu guardas a aliança que fizeste com os que te amam e obedecem aos teus mandamentos e sempre lhes dás provas do teu amor. Nós temos cometido pecados e maldades;

fizemos coisas más e nos revoltamos contra ti; desobedecemos às tuas leis e aos teus mandamentos. (DANIEL 9:3-5)

Bibliografia

RYRIE, Charles C. *Bíblia de Estudo Anotada*, São Paulo: Editora Mundo Cristão, 2013.

GLUECK, Nelson. *Hesed in the Bible*, trans. A. Gottschalk, Hebrew Union College Press, 1967.

HARRIS, R. Laird et all. *Dicionário internacional de teologia do Antigo Testamento*, São Paulo: Editora Vida Nova, 1998.

PEROWNE, J. J. Stewart. *The Book of the Psalms*, Zondervan, 1976.

SAKENFELD, Katherin D. *The Meaning of Hesed in the Hebrew Bible: A New Inquiry*, Scholars Press, 1978.

BOTTERWECK, G. Johannes et all. *Theological Dictionary of the Old Testament*, vol. V, Eerdmans, 1983.

Capítulo 12

O DIABO, O ANTIADORADOR

...eu, o SENHOR Deus, digo isto: "Você era um exemplo de perfeição. Como era sábio e simpático! Você vivia no Éden, o jardim de Deus, e usava pedras preciosas de todo tipo: rubis e diamantes; topázio, berilo, ônix e jaspe; safiras, esmeraldas e granadas. Você tinha joias de ouro que foram feitas para você no dia em que foi criado. Eu fiz de você um anjo protetor, com as asas abertas. Você vivia no meu monte santo e andava pelo meio de pedras brilhantes. A sua conduta foi perfeita desde o dia em que foi criado, até que você começou a fazer o mal."
(EZEQUIEL 28:12-15)

Lúcifer era a estrela da manhã (ISAÍAS 14:12), criatura extremamente bela, a mais formosa da criação, mas quis igualar seu coração ao coração de Deus e desejou que homens e mulheres o adorassem da mesma forma que adoram o Criador. Não aceitou o trabalho ao qual foi incumbido, bem ao contrário, rebelou-se contra Deus e levou à rebeldia todos aqueles que o seguiram, com um único objetivo: destronar o Criador. A condenação do diabo foi se envaidecer, querer ser igual a Deus, não glorificar o seu Criador e desejar receber a adoração que somente a Deus pertence. "...para que não se ensoberbeça e caia na mesma condenação em que caiu o diabo" (1 TIMÓTEO 3:6 NVI).

O diabo era um anjo dedicado ao louvor a Deus. O Senhor o criou como uma joia valiosa, ele se trajava com uma vestimenta feita de pedras preciosas. Não havia nenhum outro ser em toda a criação como Lúcifer, porque foi criado para refletir a glória de Deus. Seu corpo foi concebido para refletir o brilho do Criador de forma que todos os céus o admiravam. Era o principal dos serafins (encarregados da adoração, que louvam a Deus sem cessar — Isaías 6:1-3; Apocalipse 4:8), instrumentos musicais foram preparados para que ele os utilizasse em adoração ao Criador: "Você vivia no Éden, o jardim de Deus, e usava pedras preciosas de todo tipo: rubis e diamantes; topázio, berilo, ônix e jaspe; safiras, esmeraldas e granadas. Você tinha joias de ouro que foram feitas para você no dia em que foi criado" (EZEQUIEL 28:13).

Sua responsabilidade era viver na presença de Deus para ser a criatura mais destacada e, por isso, o maior responsável pelo louvor ao Senhor. A raiz da palavra "protetor" em Ezequiel 28:14 literalmente tem o significado de "cobrir". Ou seja, a tarefa do diabo era "cobrir" o trono de Deus como um manto de pedras preciosas para que ninguém deixasse de louvar ao Senhor. A música e a adoração a Deus eram sua responsabilidade. O Criador tinha colocado "em suas mãos" toda a beleza musical para que o Universo entoasse um cântico de louvor ao Rei. O diabo era o "músico" e o "adorador" por excelência. Não havia nenhuma outra criatura mais próxima a Deus e de Sua santidade.

No entanto, o diabo quis caluniar o Senhor, porque se orgulhou de tal modo que não quis se dedicar a glorificar outro ser. O diabo estava envaidecido de si mesmo (EZEQUIEL 28:17) e aspirou ter um trono próprio, uma adoração própria, homens e mulheres que o seguissem e música dedicada à sua pessoa. Este tem sido seu objetivo e será sempre, agora e no futuro.

Ele será contra tudo o que as pessoas adoram e contra tudo o que elas acham que é divino. Ele vai se colocar acima de todos e até mesmo vai entrar e sentar-se no Templo de Deus e afirmar que é Deus! (2 TESSALONICENSES 2:4)

O diabo se rebelou contra o Senhor e arrastou atrás de si todos aqueles anjos que preferiram uma independência distorcida do que o amor e a glória oferecida por Deus. Assim, a história nos ensina que todos os anjos adoraram ao Senhor, mas o diabo e os seus não quiseram fazê-lo (HEBREUS 1:6).

Em um dos momentos mais importantes da história, durante as tentações ao Senhor Jesus, o diabo oferece tudo o que tem por apenas um ato de adoração do Filho de Deus (LUCAS 4:1-13). Um ato de adoração lhe seria suficiente e por isso se disporia a "perder" todos os reinos deste mundo. Se tivesse êxito, a história diria: "O Filho de Deus adorou ao diabo para conseguir seus propósitos" e a adoração e o poder de Deus já não teriam sentido, pois se perderiam todas as possibilidades de salvação para o mundo.

Quando o Senhor Jesus responde (LUCAS 4:8-12) "— As Escrituras Sagradas afirmam: 'Adore o Senhor, seu Deus, e sirva somente a ele'", está falando sobre a base da adoração na vida dos homens. Adoração e serviço estão estritamente entrelaçados. O diabo não pode servir a Deus porque não quer adorá-lo, não quer permitir que Deus o use para refletir a glória da Trindade. Não queremos cair na mesma condenação!

Devemos aprender a amar e servir a Deus, porque quando o adoramos e dependemos completamente dele, todo nosso ser e prioridades são transformados pela obra de Jesus em uma "pedra preciosa" que reflete e ilumina a grandeza e santidade de Deus.

O diabo imita

A Bíblia nos ensina, claramente, que somente Deus é Criador. O diabo imita, nada mais. Nada do que faz é original. Inclusive na adoração, o diabo imita o que vê de Deus, e utiliza a música, as orações e a meditação que pertencem somente a Deus, buscando adoração para si mesmo. Tudo é lícito para o maligno a fim de desviar a atenção do homem de Deus.

A proposição do diabo é uma vida independente de Deus: destronar Deus de Seu papel de amigo e Senhor dos seres criados.

"...Este povo com a sua boca diz que me respeita, mas na verdade o seu coração está longe de mim" (MATEUS 15:8). Em um dos capítulos anteriores falamos quanto ao problema do povo que conhecia perfeitamente toda a Lei de Deus, mas se aproximava dele de modo frio e rotineiro. A "surpresa" para nós chega quando continuamos lendo as palavras do Senhor Jesus e Ele nos explica que a raiz de todo o problema é a adoração: "A adoração deste povo é inútil, pois eles ensinam leis humanas como se fossem meus mandamentos" (v.9). Aí está o problema. Quando o diabo não pode nos vencer porque continuamos adorando, ele o faz ao conseguir que adoremos de uma forma rotineira e sem coração. Vence-nos com muitas discussões sobre o que é ou não adoração, incluindo nossos próprios preceitos humanos, a fim de nos manter "ocupados" e sem adorar realmente a Deus. Imita a verdadeira adoração, aparentemente válida quanto a formas, conceitos e expressão, mas radicalmente contrária a Deus, porque esta adoração é desmotivadora. A imitação que o diabo faz do válido e correto é um dos maiores perigos. Ele é tão inteligente que pode se disfarçar de "anjo de luz".

A proposição do diabo é uma vida independente de Deus: destronar Deus de Seu papel de amigo e Senhor dos seres criados. Fazer qualquer coisa para que deixemos de amar a Deus. Ele não pode nem quer amá-lo, assim vive "empenhado" para que ninguém o faça. Essa vida "independente" de Deus é a loucura do pecado. Deus cria o homem para ter amizade com Ele; o diabo busca qualquer desculpa para romper esta amizade. Qualquer amizade nasce no amor e se desenvolve com o relacionamento (neste caso, com nosso Deus, o relacionamento é mantido pela oração, adoração, conhecimento pessoal, leitura bíblica e caminhada com Ele). Portanto, o que o diabo procura é fazer que o homem viva distante de Deus. Em seu pecado (quando alguém não é cristão), em suas muitas ocupações (quando é cristão), tudo é lícito para o maligno a fim de separar o homem de Deus. Bem sabe o diabo que quanto mais longe estiverem as criaturas de seu Criador, mais fácil será vencer, dominar e destruí-las.

E o diabo busca a destruição por princípio: qualquer coisa é melhor para ele do que a vitória de Deus. Esta era a razão pela qual estava disposto a dar tudo (inclusive todos os reinos do mundo), contanto que Jesus o adorasse.

Como o maligno atua?

O diabo é um ladrão: a música pertence a Deus, mas ele quer utilizá-la para seu próprio bem. Como dissemos anteriormente, o diabo tinha e utilizava a música e outros meios de adoração para louvar a Deus e estar perto de Seu trono (ainda hoje continua tendo acesso a este trono — 2 TESSALONICENSES 2:4).

A música e a adoração pertencem a Deus e Ele a utiliza para Seu louvor e de Sua criação. Cada ritmo, melodia, harmonia tem um dono que é Deus, mas ao mesmo tempo o diabo busca utilizar tudo para seu próprio louvor. Ao longo de toda a história, o diabo continua (e continuará buscando) esta adoração para si. O livro de Apocalipse (14:10,11) nos ensina que no futuro o diabo pedirá a adoração à besta, por meio do falso profeta em seu plano imitador de tudo o que Deus faz. Até é capaz de montar uma trindade diabólica por imitação e inveja de Deus!

Todos os que vivem na terra o adorarão, menos aqueles que, desde antes da criação do mundo, têm o nome escrito no Livro da Vida, o qual pertence ao Cordeiro, que foi morto.
(APOCALIPSE 13:8)

Da mesma forma que o louvor e a adoração a Deus nos vivificam, e nos leva à presença de quem nos dá a vida, a adoração ao diabo destrói e quase sempre está relacionada com rituais de sangue e sofrimento (veja 1 Reis 18:28 — quando os adoradores de Baal queriam que seu deus lhes respondesse). O diabo busca sempre roubar, matar e destruir (JOÃO 10:10) para contradizer e se defrontar com o Deus que dá a vida. O diabo "obriga" a que o adorem. Deus espera nossa adoração. O diabo escraviza, Deus permite nossas dúvidas e nossa liberdade (é absolutamente genial e terna a pergunta do Senhor Jesus a Seus discípulos no fim do capítulo 6 de João, "Querem ir embora vocês também?"). O diabo nos aprisiona para nos levar à morte. Deus nos dá liberdade para que desfrutemos da Vida (com maiúsculo). O diabo se orgulha, inveja e nos enche de amargura. Deus ama, concede e nos ensina a desfrutar.

Agora mesmo, o maligno pode chegar à presença de Deus e seu espírito de ódio impregna não somente a Terra, mas também parte dos céus. Devido a este desejo diabólico por destruir tudo que é obra de Deus, todos esperam um dia no futuro no qual o céu irá bradar de alegria.

Portanto, ó céu e todos vocês que vivem nele, alegrem-se! Mas ai da terra e do mar! Pois o Diabo desceu até vocês e ele está muito furioso porque sabe que tem somente um pouco mais de tempo para agir. (APOCALIPSE 12:12)

Como será a Terra no último momento da história, quando o maligno tiver completa liberdade de ação nela? Não podemos compreender a magnitude do ódio e da destruição que haverá, mas ao menos podemos observar alguns dos fatos previstos. Principalmente, com referência a adoração a Deus:

- Quando o diabo puder fazer sua vontade, embora temporariamente, sua primeira providência será tirar o sacrifício contínuo ao Senhor (DANIEL 8:11) e não permitir que ninguém adore a Deus.
- O diabo não suporta o lugar do santuário da presença de Deus (DANIEL 7:8; 9:27), e é capaz de fazer qualquer coisa para que

Deus não seja glorificado, inclusive destruir todo lugar onde as pessoas venham para cultuar o seu Criador.
- A marca dos que não conhecem a Deus é não querer adorá-lo: "...recusaram arrepender-se e glorificá-lo" (APOCALIPSE 16:9).
- Quando o diabo governa, a Terra se põe de luto. "Juram falso, mentem, matam, roubam e cometem adultério. Os crimes e os assassinatos aumentam. Por isso, a terra ficará seca, e tudo o que vive nela morrerá. Morrerão os animais, as aves e até os peixes" (OSEIAS 4:2,3). "Os velhos não fazem mais as suas rodinhas nas praças, e os moços já não cantam mais. A alegria fugiu do nosso coração; em lugar das nossas danças, ficou a tristeza" (LAMENTAÇÕES 5:14,15). E o luto aparece não somente pelo reinado da violência, mas também porque a música dedicada ao Senhor desaparece. Quando o diabo tem algum poder entre os homens, seu primeiro ato é terminar com a adoração a Deus. Devemos estar sempre dispostos e preparados para que isto não ocorra em nossa vida!

Qual o efeito que o diabo pode ter o sobre minha vida, como cristão?

A resposta a esta pergunta é simples: Vem nos induzir a pecar e nos afastar de Deus. Ainda assim, a Bíblia menciona alguns detalhes muito concretos:
- O adversário nos tenta para que mintamos (ATOS 5:3).
- Quer que vivamos de uma forma imoral e contrária a Deus (1 CORÍNTIOS 7:5).
- Ele motiva à murmuração e conflitos na igreja (MATEUS 13:38,39).
- Usa demônios e outros seres humanos para nos perseguir e pôr obstáculos ao evangelho.

Todas essas são maneiras pelas quais luta contra nós. No entanto, sua meta principal é usar qualquer meio para assegurar-se de que Deus não receba a glória que merece. Ele é realista e sabe que Deus irá receber esta adoração de uma ou outra forma, mas se puder evitar ou desviar esta adoração; se puder nos motivar a não abrir nossas bocas em louvor ao Senhor, alcançou seu objetivo. Fechar a boca dos filhos de Deus significa vitória para Satanás. Ele não quer nada mais. Na realidade, sua meta agora é exatamente o contrário do que era sua responsabilidade no princípio da criação.

Ainda assim, há algo que não devemos esquecer: O diabo não pode reinar na vida do cristão que tem a presença do Espírito de Deus. Somente pode nos atacar exteriormente. Pode nos vencer apenas de modo temporário se lhe "dermos lugar", se por nossa conduta ou nossas motivações entristecermos o Espírito de Deus e cairmos diante das tentações. Se chegarmos a esse ponto, devemos voltar ao Senhor para que somente Ele seja o Rei de nossa vida, e Seu Espírito nos limpe e nos encha, porque nossa segurança em Cristo é notória por toda a eternidade devido a esta presença do Espírito de Deus (EFÉSIOS 1:12-14).

Também, pelo fato de o Espírito de Deus viver em nós, Satanás não pode nos vencer (ROMANOS 8:37). A vitória é nossa em Cristo Jesus. Contudo, até que cheguemos ao céu, nosso adversário irá usar qualquer meio para nos calar, a fim de "desacreditar" nossa adoração e tentar transformar o louvor dos filhos de Deus em um canto sem sentido.

Nosso inimigo luta para que nosso louvor deixe de ser a expressão da intimidade que temos com Deus e se converta em uma simples rotina cheia de tradições que nos afastem do Criador. Ele inventou este tipo de religião para nos enganar. Quando não pode evitar que busquemos a presença de Deus, tenta por todos os meios nos fazer cair em perigos que comprometem a nossa adoração.

Capítulo 13

TERMOS RELATIVOS À ADORAÇÃO

Antigo Testamento

Grande parte do material quanto ao Antigo Testamento foi retirada de *Praise! A Matter of Life and Breath* (Louvor! Uma questão de vida e fôlego) de Ronald Barclay Allen.

Aparecem outras tantas palavras usadas no contexto de "louvor" e "adoração". Existem especialmente muito mais termos musicais utilizados ao longo dos Salmos, por Moisés em Gênesis e pelos profetas. No entanto, estes são os termos-chave que são empregados nos Salmos.

Denominadores comuns a todos os termos prévios do Antigo Testamento

Todos são:
- Expressões sonoras (fazem ruído de um ou outro modo; supõe-se o acompanhamento instrumental, incluindo a voz, mãos e corpo como instrumentos). Deus é exaltado com a adoração de Seu povo, "Deus nos fez vencer os outros povos; ele nos fez governar as nações", "Louvem a Deus com canções, pois ele é o Rei do mundo inteiro!" (SALMO 47:3-7).
- Vocais, cheios de entusiasmo. "Cantem hinos de louvor a ele; ofereçam a ele louvores gloriosos" (SALMO 66:2). A glória de Deus se engrandece no louvor "Gritem bem alto e cantem de alegria,

Termo	Original	Definição	Uso	Exemplos
Salmos	tehillim	Louvores	Título do livro de Salmos	
Louvor	halal	• Orgulhar-se • Entusiasmar-se de júbilo • Alarde entusiasta, expressão de felicidade. • Falar bem de, exaltar as virtudes de, magnificar • Fazer uma declaração pública do valor de outro.	Originalmente relacionado com uma palavra de brado de vitória ao fim da batalha (o soldado continuava vivo, o exército havia triunfado, os despojos a ponto de serem repartidos).	Salmos do *Hallel* (Aleluia): Salmo 111 e seguintes
Graças / ação de graças	yadah	Mostrar reconhecimento público, proclamar publicamente o que outros nos têm feito bem.	Não existe palavra para "graças", no hebraico do Antigo Testamento. Em seu lugar, utilizavam o termo "louvar", isto é, "contar a outro" o que tinha sido feito, o que é mais que um mero dizer "graças". O hebraico atual tomou uma palavra e a redefiniu para que signifique "graças", este termo não é encontrado no Antigo Testamento.	Salmo 138:1 *Ó SENHOR Deus, eu te agradeço de todo o coração; diante de todos os deuses eu canto hinos de louvor a ti.*
Bendizer	barak	Bendizer; não esquecer nunca, lembrar.	Bendizemos a Deus quando nos voltamos a Ele e com regozijo lembramos de tudo o que Ele é e tem feito. "Bendizemos a Deus quando o revelamos como a fonte de todas nossas bênçãos" (p. 66).	Salmo 103:1,2 v.1 = paralelismo sinônimo v.2 = paralelismo de antítese
Cantar	zamar	Fazer música em louvor a Deus	Termo musical	Salmo 92:1 *...Como é bom cantar hinos em tua honra, ó Altíssimo!*
Cantar	shîr	Cantar com júbilo	Termo musical	Salmo 96:1
Cantar	ranan	Cantar com júbilo, bradar de júbilo	Termo musical relacionado com fazer um forte ruído em louvor.	Salmo 95:1 – primeira linha *Cantemos com alegria à rocha que nos salva.* Salmo 145:7
Louvar, elogiar	shabah	Falar bem de	Usado no Salmo 117 como uma ordem para todas as nações.	Salmo 117 Salmo 145:4
Bradar de júbilo	ru(a)'	Gritar de júbilo	Na cultura hebraica era normal ter expressões externas, entusiastas, incluindo brados. A palavra remete a um intenso arrebatamento emocional (cada cultura deve decidir o que considera apropriado; leva em conta o "entusiasmo interior" que possa levar a uma adequada "expressão exterior" – p. 68).	Salmo 95:1 – segunda linha *Venham todos, e louvemos a Deus, o SENHOR! Cantemos com alegria à rocha que nos salva.*

Termo	Original	Definição	Uso	Exemplos
Proclamar	oara'	Falando, invocando, orando, pregando, fazendo uma proclamação.	Proclamação pública da verdade.	Salmo 116:17
Declarar	nagad	Declaração pública.		Salmo 92:2
Proclamar	basar	Proclamar as boas-novas.	Utilizado no contexto de declarar uma mensagem de Deus que irá supor "boas-novas".	Salmo 96:2,3
Dizer ou Proclamar	sapar	Dizer ou falar de uma verdade.	Verbo para falar em público.	Salmo 96:2,3 Salmo 145:6
Louvar	tôdah	Reconhecimento público.	Relacionado com a palavra yadah (são sinônimas). Utilizado na frase "sacrifício de louvor".	Salmo 116:17
Exaltar	rûm	Ser grande.	"Deus é grande e é engrandecido com nossos louvores" (p. 69).	Salmo 145:1
Falar com reflexão	si(a)h	Falar com reflexão; meditar.	Traduzido com frequência como "meditar", mas supõe uma expressão pública de um pensamento interior.	Salmo 145:5
Proferir com entusiasmo	naba'	Transbordar de louvor efusivamente.	Estar tão cheio de louvor a Deus que não possa guardá-lo de forma natural. Literalmente: "Não caber em si" com expressões de louvor e gratidão.	Salmo 145:7

habitantes de Sião, pois grande é o Santo de Israel no meio de vocês" (ISAÍAS 12:6).

- Públicos: quando se faz referência a um pensamento privado ou meditação, é sempre em preparação para uma afirmação pública. Existe a intenção de expressar publicamente estes pensamentos pessoais mais tarde e nunca pretendem ser um fim em si mesmos. Davi, em particular, se refere à expressão pública de suas reflexões e louvor privados como se fosse uma realidade presente, e de como as porá em prática no futuro e ainda tem que ser produzido.
- Genuínos: do coração (ISAÍAS 1). Com Deus, não há lugar para uma adoração formal que exclua o coração.

Deveríamos imitar a adoração hebraica?
Não é necessário que todas as culturas se tornem hebraicas, mas dentro de cada cultura deveria existir a oportunidade de expressar publicamente o deleite no Deus vivo. (R. Allen, p. 69)

Vivemos nos tempos do Novo Testamento. Nossa adoração tem enfoque agora na revelação da salvação através de Jesus Cristo. Celebramos a Ceia do Senhor ao invés de oferecer sacrifícios. O templo já não é o lugar da adoração e o Senhor prometeu estar conosco, seja qual fosse o lugar no qual nos reunimos em Seu nome.

Entretanto, o Deus do Antigo Testamento é ainda o mesmo do Novo Testamento e Seu mandato para louvá-lo não foi mudado em absoluto.

Ignorar as "expressões de adoração" dos Salmos ou de outras passagens do Antigo Testamento é o mesmo que ignorar a revelação divina da pessoa de *Yahweh*. Seria como pensar que Deus não é o mesmo, hoje e sempre.

Seria também fazer omissão do próprio exemplo de Cristo, que usou em particular o livro de Salmos em Sua adoração privada e pública, especialmente ao se reunir com Seus discípulos. Enquanto o Novo Testamento revela a salvação através de Deus Filho, o Antigo nos conduz a um entendimento muito maior de Deus Pai. Não podemos adorar a Deus sem admitir e pôr em prática *toda* a Palavra revelada por Deus.

Novo Testamento

Fontes: Dicionário VINE. CPAD, 2003.

Brown, C. *Dicionário Internacional de Teologia do Novo Testamento*, vol. 1 e 2, São Paulo: Vida Nova, 2000.

DANKER, F. W. e F. W. Gingrich. *Léxico do Novo Testamento grego/português*, São Paulo: Vida Nova, 1984.

Termo	Original	Definição	Uso	Exemplos
Bendizer, bendito, bênção	ευλογεω (eulogeo)	"eu": bem, "logos": palavra; daí "bendito" ou "louvado".	Eulogetos no sentido de "bendito" ou "louvado" se utiliza apenas em referência a Deus; as outras formas se empregam para deuses ou para outros. Também é utilizado para se referir a uma oferta monetária enviada aos cristãos necessitados (2 CORÍNTIOS 9:5,6) ou benefícios materiais semelhantes.	Mc 14:61; Lc 1:64, 68; 2:28; Tg 3:9; Rm 12:14; Ef 1:3; At 6:7; 12:17; 1Pe 1:3; Ap 5:12,13; 7:12
Glória	ευλογια (eulogia)	Louvar: celebrar com louvores que se dirigem a Deus, reconhecendo Sua bondade, anelando Sua glória.	É aplicado: (1) a) referente à natureza e fatos de Deus em Sua própria manifestação, ou seja, o que Ele essencialmente é e faz, como se faz manifesto em todas as formas nas quais Ele se revela a respeito, e particularmente na pessoa de Cristo através do qual Sua glória brilha eternamente. b) referente ao caráter e formas de Deus, como se revela por meio de Cristo e dos cristãos. c) respeito ao estado de bem-aventurança em que os cristãos irão entrar. d) Brilho de magnificência, normalmente o sobrenatural, que emana de Deus (como na glória da *Shekinah*, na coluna de nuvem e no lugar santíssimo. Ou também o natural, como o dos corpos celestiais. (2) respeito à boa reputação, louvor, honra. Também se emprega em atribuições de louvor a Deus (LUCAS 17:18).	(1) a) Jo 1:14; 2:11; 17:5,24; Rm 6:4; Ef 1:6,12,14; Cl 1:11; At 1:3; 1Pe 1:21; 2Pe 1:17 b) 2Co 3:18; 4:6 c) 1Pe 5:1,10; Ap 21:11 d) Lc 2:9; Hb 22:11; Rm 9:4; 2Co 3:7; Tg 2:13 e 1Co 15:40,41 (2) Lc 14:10; Jo 5:41; 7:18; 8:50; 1Co 11:7; Fp 3:19; At 3:3.
Honra, estima	τιμη (time) τιμαω (timao)	Valorização, valorizar alguém ou algo, honrar.	É utilizado em atribuições de adoração a Deus (honra, estima). É pedido aos cristãos que valorizem ou tenham em grande estima / honrem a Cristo em Seu justo valor, assim como a outras pessoas. Diz-se dos filhos que honram seus pais, dos maridos que honram suas mulheres, e todos que honram os governantes. Comparar Mateus 15:8; Marcos 7:6, uma simples profissão de lábios para honrar a Deus.	Mt 27:9; Jn 5:23; 8:49; Ef 6:2; 1Tim 1:17; 6:16; 1Pe 2:17; Ap 4:9,11; 5:12,13; 7:12

Termo	Original	Definição	Uso	Exemplos
Hinos	ὕμνος (humnos)	Cântico de louvor dirigido a Deus.	Em Mateus e Marcos faz referência ao cântico dos hinos de Páscoa (SALMOS 113–118,136), chamados pelos judeus o "Grande Hallel" (cada salmo começa e termina com o verbo "louvar" ou hallel, traduzido como "Aleluia"); era cantado em associação à Páscoa e sem dúvida foi o hino que Cristo cantou com Seus discípulos na última Ceia.	Ef 5:19; Mt 26:30; Mc 14:26
Fazer melodia, cantar	ψαλλω (psallo)	Em um princípio, fazer vibrar tensionando ou dedilhando cordas (como a corda de um arco etc.), depois, tocar (um instrumento de cordas com os dedos).	Seu uso na igreja primitiva implicava acompanhamento musical, isto é, louvar a Deus com acompanhamento instrumental.	Ef 5:19; Rm 15:9; 1Co 14:15; Tg 5:13
Cantar	αδω (ado)	Cantar em louvor a Deus.		Ef 5:19; Cl 3:16
Louvar	αινεσις (ainesis)	Louvar	"Sacrifício de louvor".	Hb 13:15
Regozijar-se	χαιρω (chairo)	aineo (αινεω), dizer louvores sobre (LC 2:13, 20; 19:37; HB 2:20,47; 3:8,9; RM 15:11).	Esta é uma referência à "oferta de ação de graças". Na tradição rabínica conhecida nos dias de Paulo, todos os sacrifícios e orações do sistema mosaico iam chegando a seu fim, exceto a "oferta de ação de graças" e a "oração de ação de graças".	Ef 5:19; Mt 26:30; Mc 14:26 Ef 5:19; Rm 15:9; 1Co 14:15; Tg 5:13 Ef 5:19; Cl 3:16 Hb 13:15 Mt 5:12; Lc 1:14; 13:17; Jo 14:28; 16:22; 20:20; Hb 15:31; Fl 2:28;3:1; 4:4; Cl 2:5
Regozijar-se	συγχαιρω (sunchairo)	Regozijar-se com.	Usa-se no contexto de se alegrar pela recuperação de algo que estava perdido; no contexto de adoração, regozijar-se no triunfo da verdade (1CO 13:6 OU EM SENTIDO FIGURADO EM LC 15:6, 9).	Lc 15:6,9; Fl 2:17,18; 1Co 12:26; 13:6
Regozijar-se	αγαλλιαω (agalliao)	Regozijar-se grandemente, exultar.	Utilizado para se regozijar em Deus, fé em Cristo, etc. Apocalipse a usa como uma ordem para que os cristãos estejam "sumamente alegres" na Ceia das Bodas do Cordeiro.	Lc 1:47; 10:21; Hb 16:34; 1Pe 1:8; Ap 19:7
Regozijar-se	ευϕραινω (euphraino)	"eu": bem, "phren": aclamar, aplaudir, encher de alegria. Na voz passiva significa regozijar-se, divertir-se.	Seu uso no Novo Testamento é fundamentalmente o de um chamado aos cristãos a "aclamar" ou "regozijar-se" em algum acontecimento, como quando Satanás é lançado fora em Apocalipse 12.	Hb 2:26; Rm 15:10 (CITAÇÃO DE DT 32:43); Ap 12:12; 18:20

Termo	Original	Definição	Uso	Exemplos
Regozijar-se, orgulhar-se, gloriar-se	καυχαομαι (kauchaomai)	Orgulhar-se, presumir, gloriar-se, regozijar-se.	Este termo para "jactar-se", "orgulhar-se" se usa no sentido de "alegrar-se" ou "regozijar-se" no contexto da adoração (fora disto tem um uso normal, literal).	Rm 5:2,3,11; Fl 3:3
Reverenciar, consagrar, dedicar	σεβομαι (sebomai)	Reverenciar, venerar, enfatizando a sensação de sobressalto ou devoção.	Usado para a adoração a Deus e em Atos para a adoração a uma deusa pagã.	Mt 15:9; Mc 7:7; Hb 6:14; 18:7,13 (Hb 9:27 – deusa)
Servir	λειτουργεω (leitourgeo)	Realizar um serviço, como servir a Deus.	No grego clássico significava oferecer um serviço público ao Estado, servir em um cargo público a expensas próprias; mais tarde veio a tomar o sentido de "ministrar", "cuidar de", "ocupar-se de" e na igreja foi usado para referir-se não somente ao serviço ou ministério aos demais, mas também ao nosso ministério ao Senhor. Nossa atual palavra "liturgia" deriva deste termo, fazendo referência a "algo de caráter representativo" ou ao "cumprimento de uma função".	Hb 13:2; Rm 15:16; Hb 10:11
Cântico ("cânticos espirituais" e "cântico novo")	ωδη	Termo genérico para "cântico".	Em Efésios e Colossenses, o adjetivo "espirituais" (πνευματικαις) é acrescentado para esclarecer o tipo de cântico; em Apocalipse 5 e 14 o termo descritivo "novo" (καινος) é agregado para fazer referência a um cântico que é novo quanto ao caráter e à forma.	Ef 5:19; Cl 3:16; Ap 5:9; 14:3
Graças	εξομολογεω (exomologeo)	"ek": fora, "homo": igual, e "lego": falar; dizer a mesma coisa abertamente ou livremente. "Homologeo" se traduz como "confessar", por isto, com "ek", vem a ser "confessar abertamente ou publicamente"; significa admitir, reconhecer, sejam pecados (confessar) ou em honra de uma pessoa; um reconhecimento público.	Mt 3:6; Tg 5:16: confissão pública de pecado. Mt 11:25: "agradecer" no sentido de manifestar abertamente. Rm 14:11; 15:9: confessar no modo de celebração, dando louvor. Lc 10:21: "agradecer" significa literalmente "reconheço com muita satisfação" ou "reconheço com louvor".	Ver "uso"

Termo	Original	Definição	Uso	Exemplos
Graças, agradecer, agradecido, ação de graças	ευχαριστεω (eucharisteo)	"eu": bem, "charizomai": dar livremente.	De uso estendido através do Novo Testamento como uma admoestação aos cristãos para que deem graças em adoração a Deus, a Cristo, ao Espírito, assim como uns aos outros. Os cristãos são estimulados a abundar nisto: é um "fruto do espírito".	Mt 15:36; Mr 8:6; 14:23; Lc 22:17,19; Jo 6:11,23; Rm 16:4; 1Co 14:16; Gl 5:22; Fl 4:6; Cl 2:7; 1Ts 3:9; 5:18; He 13:15
Dar graças	ευχαριστια (eucharistia)	Denota gratidão ou dar graças, falar bem de algo ou alguém.	Paulo emprega o termo ao princípio de cada uma de suas epístolas (EM 2 CO SEU USO É TROCADO, EMBORA OCORRA EM 1:3). São utilizadas derivações do termo grego para descrever a celebração da "Ceia do Senhor" na igreja do Novo Testamento (eucaristia), com o significado de uma cerimônia de "ação de graças" pela obra de Cristo.	Lc 2:38
Adorar	ανθομολογεομαι (anthomologeomai)	Reconhecer por inteiro, celebrar totalmente em louvor com ação de graças.	Usado por Maria em Lucas 2.	Mt 4:10; Jo 4:21-24; 1Co 14:25; Ap 4:10; 5:14; 7:11; 11:16; 19:10; 22:9
Adorar	ευσεβεω (eusebeo)	Comportar-se piedosamente para com álguem.	Traduzido "que adoram"; referência ao conceito de piedade.	Hb 17:23
Adorar, servir	λατρευω (latreuo)	Literalmente, trabalhar por contrato ("latris": servo contratado); servir, prestar serviço ou render homenagem religiosa.	É empregado no sentido de um serviço divino prestado a Deus; neste sentido utilizado para falar do serviço desempenhado nas funções do tabernáculo (RM 9:4). Em Rm 12:1, "do serviço inteligente dos cristãos apresentando seus corpos a Deus em sacrifício vivo".	Hb 17:23; Mt. 4:10; Lc. 1:74; Hb. 7:7; 24:14; Rm 1:9,25; 12:1; Fl 3:3; At 9:1; 10:2
Adoração	θρησκεια (threskeia)		Existe uma interessante variação desta palavra usada em Cl 2:23, onde a adoração adotada voluntariamente é contrastada com a imposta por outros ("voluntária adoração", combinação de "ethelo": desejar, querer, e "threskeia": adorar).	Cl 2:18

TERMOS UTILIZADOS NO NOVO TESTAMENTO PARA DESCREVER ADORADOR

Termo	Original	Definição	Uso	Exemplos
Adorador	προσκυνητης (proskunetes)	de "proskuneo": alguém que adora		Jo 4:23
Adorador	νεωκορος (neokoros)	Literalmente "guarda do templo" ou "adorador"	Utilizado no grego profano para aquele que estava encarregado de um templo. As inscrições nas moedas mostram que era um título honorário concedido a certas cidades, especialmente na Ásia Menor, onde se instituía o culto de algum deus ou de um potentado humano deificado. Em Éfeso, em relação à deusa Artêmis. Josefo aplica o termo aos judeus como adoradores.	Hb 19:35
Adorador de Deus	θεοσεβης (theosebes)	Reverenciar, venerar a Deus ("theos": Deus; "sebomai": reverenciar, venerar)	Adorador de Deus; emprega uma forma afim em 1 Timóteo 2:10, "piedade"	Jo 9:31

Observações sobre os usos no Novo Testamento:

- Embora o Antigo Testamento esteja repleto de referências à adoração, louvor, instrumentos musicais etc., os autores do Novo Testamento fizeram uso de uma profusão de termos para descrever a adoração. Podiam ter pensado que já estivesse suficientemente claro, mas o que fizeram (inspirados por Deus) foi entretecer a adoração ao Senhor em cada argumento teológico e eclesiástico apresentado no Novo Testamento. O próprio volume de termos empregados sugere que era uma característica suposta na vida cristã normal e que era absolutamente imprescindível.
- O amplo uso de termos para "regozijo", "dar graças" etc. demonstra que na adoração do Novo Testamento a atitude de louvor era central.
- A música e os instrumentos musicais eram parte tão integrante da adoração no Antigo como no Novo Testamento.
- A resposta do coração à pessoa e obra do Senhor como tema central da adoração não muda do Antigo ao Novo Testamento.

- O conceito de "serviço" se torna mais predominante na era da igreja (agora todos os cristãos são sacerdotes, ao invés de ser exclusividade de um grupo seleto).
- A adoração incluía toda expressão possível de gratidão e amor ao Senhor, desde poesia e música até ofertar dinheiro para ajudar os necessitados.

Parte 2

A PRÁTICA DA ADORAÇÃO

Capítulo 1

O DESAFIO BÍBLICO:
VERDADEIROS ADORADORES (JOÃO 4:23,24)

Deus procura encontrar gente verdadeiramente especial e escolhida. Colocou um "anúncio" nos classificados com uma descrição sucinta: "Busca-se verdadeiros adoradores".

A adoração não é algo difícil de entender. Em duas claríssimas e curtas passagens, Jesus resumiu todo o tema. Consideramos o "Grande Mandamento" que Cristo citou de Deuteronômio 6 e vimos o princípio central de amar a Deus ao atuar na vida de pessoas reais da Bíblia. A outra passagem evidente é João 4:23,24. A teologia mais clara sobre a adoração se encontra em meio à conversa do Senhor com a mulher samaritana em Sicar, a quem foi oferecida água que a saciaria para sempre.

A atual igreja de Cristo se parece muito com a mulher do poço de João 4. Confusa e perplexa pelo debate teológico e eclesiástico, seu conceito de Deus e do que Ele oferece e espera da humanidade estava um pouco distorcido. É verdade que esta samaritana frequentava os encontros religiosos locais, mas a adoração se tinha convertido em algo sem muito valor e rotineiro, aparentemente sem relação com seu dia a dia. Além disto, os responsáveis religiosos gastavam a maior parte de suas energias e seu tempo discutindo sobre formas e lugares de adoração, tanto que tinham se enfrentado e se "maldiziam" entre si, porque todos criam ter razão quanto ao seu "modo" de fazer as coisas. (Esta discussão não nos é familiar?) Jesus desfez este estereótipo declarando a adoração a Deus como a pedra angular para corrigir nossa contaminada comunhão com o Todo-poderoso e a chave para compreender as realidades práticas da vida.

A conversa da samaritana com o Messias não foi muito extensa. A mulher entendeu sua necessidade de um Salvador para enfrentar seu pecado. Agora, o que devia fazer? Reconheceu sua necessidade espiritual, mas estava totalmente confusa quanto ao passo seguinte.

> Adoração é o total abandono de meu coração!

"Onde encontro as respostas aos problemas da vida? Que sistema religioso me diz a verdade? (O de Samaria ou o de Jerusalém?)", perguntou. Jesus respondeu: "Você está fazendo a pergunta errada. Encontrar Deus não é um assunto de lugares, estilos, métodos, nem um sistema de pensamento. Encontrar Deus tem a ver simplesmente em corresponder à Sua busca por você." Estava dizendo à mulher que a salvação é uma questão do coração, uma resposta a Deus; não a conformidade com algumas expectativas religiosas.

Essa história é fascinante e nos dá a oportunidade de ver qual é o desejo de Deus: **Ele busca por autênticos adoradores.** Esta mulher queria descobrir Deus, e, em sua resposta, Jesus resume a totalidade das bases para um relacionamento íntimo com o Senhor.

Cristo se nega a entrar em discussões religiosas e ao invés disto diz simplesmente: "Deus busca autênticos adoradores, pessoas que respondam com o coração aberto à Sua oferta de amor e perdão. Você será um deles?" A salvação chega quando dou todo meu coração (minha vida) a Cristo. A adoração é igual: a total entrega de meu coração à pessoa de Jesus Cristo.

A resposta de Jesus parece tão simples que beira ao ridículo. Mas se você estudá-la mais a fundo, descobrirá que na realidade é uma repetição da profunda verdade de Deuteronômio 6:4-6, pois há duas partes básicas nesta fórmula:

1. A quem deveria adorar? A Deus como Pai e como Espírito.
2. Como deveria adorar? Em espírito e em verdade.

Implicação: Adoro autenticamente a Deus quando dou tudo o que sou como pessoa.

Deuteronômio diz o mesmo:
1. A quem deveria adorar? A *Yahweh*.
2. Como deveria adorar? Com todo meu ser.

Espantosamente profundo. Incrivelmente simples. Por que a adoração se tornou tão controversa? Talvez porque não tenhamos respondido como a mulher junto ao poço, que quando foi confrontada com a pessoa do eterno *Yahweh*, assimilou a verdade e a pôs em prática!

São necessárias pessoas que saibam como adorar em espírito e verdade (v.23)

Deus está buscando pessoas que o adorem. Cada cristão individual é a chave, inclusive quando falamos de adoração corporal dentro da igreja. O programa não é o importante. A pessoa sim, o é.

Examine o versículo 23: "...são esses que o Pai quer que o adorem". Deus não somente quer pessoas que o busquem; Ele está buscando adoradores ativos e com energia! A frase no original é muito forte e indica ação. Deus está em ação, para localizar filhos e filhas que estejam o adorando de coração. Cada manhã olha para ver se as pessoas têm entrado em seus "locais privados" para orar; em cada estudo bíblico está presente para ver se Sua Palavra adentrou em nosso coração, mudando nossos pensamentos e ações; cada domingo assiste a nossos "cultos de adoração coletiva" para descobrir aos poucos se realmente estão empenhando seu coração, alma, mente e forças nele.

Deus vai de um lado para outro buscando aos poucos cristãos qualificados que tenham aprendido a ir mais além das fórmulas e saibam como o adorar.

Creio que deveríamos nos sentir surpresos e humilhados ao saber a quem e o que encontrar. Francamente me assusta. Adoro a Deus, mas o adoro como Ele me chamou para fazer? Quando Deus busca, irá encontrar meu coração aberto e receptivo, adorando-o autenticamente? Em que consiste a adoração "genuína"?

Adoração verdadeira: a quem devemos adorar? A Deus, o Pai; a Deus, o Espírito (vv.23,24)

A verdadeira adoração começa com uma revelação de Deus.
Embora a mulher junto ao poço conhecia algo das Escrituras, seu conceito de Deus era inadequado. Portanto, como parte de seu chamado para que adorasse a Deus, Jesus lhe revela, em primeiro lugar, a verdade sobre sua Pessoa: Ele é seu Pai. Os judeus conheciam a Deus como Criador, Onipotente, *Yahweh*, o Protetor e Provedor de Israel, Juiz etc., mas quase nunca o viam como Pai. Pode ser que a causa tenha sido seu coração endurecido, tal como os profetas indicaram, de forma constante, ou simplesmente por sua reverência a um Deus Todo-poderoso, Forte, como o viram em sua libertação do Egito. Por alguma razão, o Pai de amor, bondoso, que desejava uma adoração especial e íntima, não estava presente para eles. E muito menos para uma mulher que era samaritana, descendentes miscigenados de Israel, que rejeitaram a adorar a *Yahweh* no templo, devido aos seus próprios ídolos e sistema religioso inventado pelos rebeldes depois da morte de Salomão. Jesus disse: Deus busca filhos que o adorem como Pai. Ele quer um relacionamento entre pai e filho.

Em segundo lugar, Deus é espírito. A construção grega coloca a palavra "pneuma" como a primeira da frase, enfatizando assim seu uso para descrever o caráter e a natureza, e não um simples título (o empregado sem artigo enfatiza a natureza do objeto). Portanto, a palavra para "espírito" nestes versículos não se refere, diretamente, ao Espírito Santo. Em vez disso, é uma referência ao "espírito" como parte da essência divina, em contraste com o mundo material. Descreve a Deus. Ele não é carne, nem sangue; não está limitado pelos confins deste mundo. Deus é Espírito. Por conseguinte, veremos mais adiante que, se queremos adorá-lo, precisamos descobrir os meios para fazê-lo em formas não limitadas por espaço, tempo, intelecto ou matéria, nem por nossas próprias emoções e fraquezas humanas, porém, controlados por nossa compreensão da pessoa de Deus. Semelhantemente, ao que acontecia com o conceito de Deus como Pai, Deus como Espírito era uma ideia totalmente radical. Os teólogos conheciam o conceito por meio de Gênesis 1:1, mas por razões políticas (queriam manter o controle), ensinavam que Deus morava apenas no Seu trono celestial ou no templo de Jerusalém, ou no caso desta mulher, em Samaria. Se Deus está distante e inacessível, é muito mais fácil para os líderes humanos opinarem sobre quem e a que preço poderiam se relacionar com Ele. Isto ainda é verdade nas religiões atuais que colocam líderes humanos como intermediários entre Deus e o homem, em vez de ensinar 1 Timóteo 2:5,6, que diz que Cristo é o único que, de fato, ocupa esta função. Por isto, a pessoa comum teria considerado Deus como um juiz e controlador severo, que mora em um local específico e, portanto, não disponível para a adoração de coração que ocorre sem os limites das estruturas religiosas.

Com certeza, Deus tem muito mais atributos do que estes dois. Creio que seria insensato tentar introduzi-los todos nestas duas descrições como se fossem o resumo da totalidade de Seu caráter. A tarefa de Jesus na Terra foi revelar o Pai. Neste contexto específico, Cristo necessitava acrescentar estes dois importantes atributos em sua compreensão. Deus como nosso Pai, desejoso de um relacionamento íntimo, e, como Espírito, se movendo além das limitações humanas da religião. Que modo prático para uma mulher aprisionada em um sistema doutrinário-religioso que tinha substituído a intimidade pelo formalismo, e que tinha limitado a adoração às dimensões de uma estrutura!

Adoração verdadeira: como deveríamos adorar? Deveríamos adorar em espírito e em verdade (vv.23,24)

Deus busca verdadeiros adoradores que respondam em amor à revelação de Sua pessoa. A definição de "verdadeiro" nesta passagem é a de alguém que o adora em espírito e em verdade. A construção nestes versículos nos diz que "espírito e verdade" são realmente dois aspectos da mesma adoração. Jesus não está dizendo que existam dois modos distintos de adorar, um em espírito e outro em verdade. Espírito e verdade são termos paralelos, que definem exatamente o mesmo, mas a partir de um ângulo diferente. São as duas faces da mesma moeda.

Tratamos já o fato de que, neste contexto, "espírito" não se refere em primeiro lugar ao Espírito Santo, mas simplesmente um contraste com as coisas materiais. Quando Cristo nos chama a adorar a Deus em espírito, não faz referência a alguma fórmula mágica para invocar uma manifestação especial do Espírito Santo. Se este fosse o caso, a mulher junto ao poço teria pedido imediatamente tal demonstração. Mas isto se distancia do contexto da passagem. Não é uma tentativa de contrastar cultos de adoração, que são "no Espírito" com aqueles que não o são. Não é uma ordem para iniciar nossos cultos com uma oração pedindo que este tempo seja "no Espírito" ou que em algum sentido o Espírito Santo deva ser convidado a estar presente em uma manifestação mística especial. Jesus não está se referindo sequer à adoração pública. Está fazendo menção da atitude de coração de um verdadeiro adorador. Certamente tem implicações para o corpo, mas a ênfase está no aspecto pessoal em primeiro lugar.

"Adorar em espírito" é a "homenagem de uma mente inteligente e um coração afetuoso" (Pink), a diferença de um rito religioso que ultrapassa suas limitações humanas ao Deus de amor. "Adorar em espírito" é me concentrar em Deus com meu coração, mente e alma em contraposição a satisfazer meus desejos pessoais, carnais e físicos, que limitam minha resposta a Deus. É o contrário da mera observância de um rito exterior. Esta é a razão pela qual judeus e samaritanos estavam se confundindo em sua forma de agir: "...chegará o tempo em que ninguém vai adorar a Deus nem neste monte nem em Jerusalém" (JOÃO 4:21). Jesus lhe diz que embora a mensagem venha por intermédio dos judeus, e não dos samaritanos, inclusive aquele sistema religioso (judaico) é inadequado.

"Adorar a Deus em espírito" supõe uma resposta à revelação do caráter de Deus, nascida diretamente de meu coração e expressada abertamente sem limitações humanas.

Acho interessante que a adoração "carnal", que seguramente a mulher teria imaginado quando Jesus a desafiou a fazer o contrário, seria a "exteriorização", o legalismo e a maior prioridade dada ao tradicionalismo do momento. "Carnal" não significa "moderno" ou "diferente", nem aponta contra as estruturas humanas, como planejar com antecedência e organização. Dizer que um culto deve ser totalmente livre de tal direção é dizer que o Espírito Santo somente é livre de nos guiar na adoração durante o horário fixado para a manhã do domingo, e não durante as horas que os líderes da igreja passaram ajoelhados, em preparação ao longo da semana. Deus opera através da ordem e do planejamento (Precisaremos citar a admoestação de Paulo sobre "fazer todas as coisas com ordem"?). As limitações humanas às quais faz referência este termo são as de meus próprios pensamentos, desejos, ações e preconceitos carnais, egocêntricos e de autopromoção. Nossa carnalidade se torna reluzente quando temos medo ou colocamos muitos interesses pessoais (de controle), como se fosse para permitir que Seu Espírito nos guie à intimidade da adoração. A organização também pode se converter em parte das limitações humanas quando o êxito de "ordem" vem a ser mais importante que a motivação de alguns corações cheios de amor! Portanto, a "adoração carnal, material" faz referência a qualquer coisa que surja como consequência de colocar nossos desejos humanos adiante de uma resposta do coração à revelação de Deus. Isto é Isaías 1 ao invés de Deuteronômio 6. Podemos ter toda a religiosidade, solenidade e beleza de culto de Isaías 1 sem perceber que estamos vivendo de costas para Deus, porque o aspecto mais importante não é o lugar físico, nem o que fazemos "exteriormente", mas o coração de cada adorador. Não se trata de Jerusalém, Samaria, o templo etc., pois o que Deus busca não é a adoração em si mesma, mas sim os adoradores. Deus não "busca" um lugar concreto, mas busca a nós! Porque a adoração que Ele espera não tem a ver principalmente com o que lhe "entregamos", mas sim com quem somos.

Esquecer que Deus é espírito, sendo Ele o centro de tudo que pode ocorrer em qualquer geração, qualquer denominação, qualquer estilo, seja contemporâneo, tradicional ou qualquer forma. "Adorar a Deus em espírito" supõe uma resposta à revelação do caráter de Deus, nascida diretamente de meu coração e expressada abertamente sem limitações humanas.

Este entendimento de "espírito" concorda com a seguinte palavra: "verdade". Devemos adorar a Deus em espírito e verdade. "Verdade" não pode ser definida simplesmente como "sinceridade" ou "honestidade". A ênfase nos versículos exige mais. Se significasse somente "sincero", então o pensamento paralelo de que "Deus é verdade" seria incrivelmente desvirtuado, ao dizer que "Deus é sincero". Que insulto ao caráter de Deus! O uso de "verdade" deve ter um significado mais intenso. Talvez Metzger esteja certo ao observar que "adorar em verdade" implica em adorar a Deus de um modo que "não seja contraditório, mas sim corresponda antes com a revelação da natureza e atributos de Deus." Isto é, minha adoração deve ser consoante com quem Deus é, não apenas com o que creio ou desejo; mas conforme com a revelação e o caráter do Senhor. Uma adoração verdadeira deve estar integralmente baseada em quem é Deus e o que Ele deseja, ao invés de estar centrada no homem. Com esta explicação se entende melhor a passagem. "Espírito" e "verdade" vêm a ser termos complementares.

Adorar a Deus em verdade significa que deixo de lado meus próprios desejos, meus próprios preconceitos religiosos, minhas próprias tradições e respondo à eterna revelação de quem é Deus, não simplesmente do que quero que seja. Mateus 15:8,9 confirma esta ênfase. Jesus, ao se dirigir aos fariseus, usa Isaías 29:13 para condená-los pelo uso de tradições e interpretações de homens como base para a adoração, ao invés da autêntica revelação de Deus: "A adoração que me prestam é feita só de regras ensinadas por homens." Adorar ao Senhor em verdade exige que eu responda com total integridade à revelação eterna da pessoa e obra de Deus, e não meramente cumpra com práticas e tradições religiosas.

Adoração verdadeira: vocação à qual Deus nos chama

Deus, como Pai e Espírito, está agora buscando estas pessoas: Busca uma igreja cheia de verdadeiros adoradores, que o adorem em espírito e em verdade. Busca filhos e filhas que o amem.

Precisa de mais evidências de tal declaração? Considere o contraste entre as igrejas de Éfeso e Tessalônica. A igreja de Éfeso é congratulada por Deus em Apocalipse 2:2: "Eu sei o que vocês têm feito. Sei que trabalharam muito e aguentaram o sofrimento com paciência...". Que elogio público! Lembre-se, a carta prévia de Paulo a esta igreja é um dos melhores compêndios de doutrina de todo o Novo Testamento. Possuíam a doutrina correta e eram elogiados por seu excelente culto. Um único problema: Deus não estava satisfeito com eles. O que mais o Senhor podia pedir de uma igreja? "Porém tenho uma coisa contra vocês: é que agora vocês não me amam como me amavam no princípio" (APOCALIPSE 2:4). Suas mãos, pés e cabeça atuavam corretamente, mas no fim foi condenada por causa de sua falta de coração. Tinham se convertido em perfeitos robôs doutrinais! Ensinavam uma boa teologia, mas esta tinha vindo a ser uma amarra, um obstáculo humano, interpretativo, ao amor a Deus. Tinham posto em prática quase toda a Bíblia exceto Deuteronômio 6:4,5 e João 4:23,24. Eram os religiosos perfeitos ao invés de humildes como a mulher junto ao poço. Certamente eram sinceros e bem qualificados, mas quando Deus os "buscou", sentiu falta de sua adoração.

Em contraste, temos a igreja de Tessalônica. Em 1 Tessalonicenses 1:3, Paulo utiliza exatamente os mesmos três conceitos que são aplicados em Apocalipse para descrever a igreja de Éfeso: trabalho, obra e perseverança. No entanto, há uma diferença notável na descrição. Paulo acrescenta um qualificador a cada uma dessas palavras: a fé, amor, e a esperança, ou seja, seu coração. Sua missão não era o mero desempenho de uma obrigação religiosa e fria. Era o resultado de um coração adorador, expressando em termos práticos sua fé, amor e esperança ocultos. A doutrina não era um conceito de limitações humanas, mas uma declaração viva e vibrante do caráter de Deus, e diante disto foram capazes de responder em amor e autêntico culto (aqui casam biblicamente adoração e culto, a expressão final de meu amor). Leia 1 Tessalonicenses e você descobrirá uma igreja que tinha dificuldades, mas que estava correspondendo em adoração e amor a um grande Deus. Os tessalonicenses e não os efésios, estavam obedecendo o "Grande Mandamento". Os humildes tessalonicenses e não os teologicamente corretos efésios, alcançaram o padrão de Deus. Estavam adorando em espírito e verdade.

Deus busca verdadeiros adoradores. Não os encontrou em Éfeso, que foram rotulados para a eternidade com a fama de ter "perdido seu primeiro amor". Ele descobriu imaturos, mas autênticos adoradores em Tessalônica, e sua reputação chegou a ser a de pessoas que caminharam com Deus.

Deus busca igrejas cheias de verdadeiros adoradores

O que Deus irá encontrar em sua igreja? Doutrina pura e fiel serviço, mas com perda de seu "primeiro amor"? Tradições que limitam e aprisionam ou dirigentes que conduzem o povo, com todo seu entusiasmo, a um maior conhecimento do caráter de Deus? Uma igreja tão desconectada da pessoa de Jesus Cristo e Sua mensagem de redenção, que tenha se tornado irrelevante e nula em sua sociedade? Não deve ser deste modo. Deus está buscando verdadeiros adoradores e lhes concede uma intimidade que resulte em demonstrações poderosas e únicas de Seu poder e amor. Deus o chamou para adorar. Você o fará?

Capítulo 2

A FILOSOFIA BÍBLICA — VOLTANDO AOS "PRINCÍPIOS"

Algumas pessoas se assustam com a palavra "filosofia". Para que possamos nos entender, uma filosofia define por que fazemos o que fazemos, e assim podemos explicar nosso propósito aplicando os métodos que nos façam cumprir nossos objetivos. Falando da questão espiritual, a "filosofia" bíblica nos ajuda a começar desde o princípio estabelecendo as bases da Palavra de Deus para tudo o que fazemos em cada situação, individualmente e como igreja.

Alguns podem argumentar que não é necessário definir nossa filosofia. Podem dizer que Jesus nunca o fez; por que deveríamos fazê-lo? Na realidade, Jesus teve uma filosofia de ministério muito clara. Foi Sua aplicação do plano de Deus, que fez que sarasse a uns e não a outros, ou que permanecesse em certas cidades e não em outras. Da mesma forma, o apóstolo Paulo tinha um modo de atuar em seu ministério: cada vez que chegava a uma cidade, entrava primeiramente na sinagoga e depois falava aos gentios. Também precisamos ser capazes de descrever clara e sucintamente nossa compreensão do plano de Deus em tudo o que se refere à adoração. Se não realizarmos este esforço, nos arriscaremos a debater e discutir o tema sem planejar suas implicações e sem uma direção que nos conduza eficazmente à meta de uma adoração íntima e efetiva.

Obviamente, quando falamos de uma filosofia de ministério, há muitas opiniões e opções. Temos tentado descrevê-la em termos não denominacionais, isto é, não estruturados para apenas um contexto eclesiástico. Além disto, o enfoque da discussão não consiste em definir pelos séculos vindouros qual seja a apropriada, senão demostrar uma aplicação consequente dos princípios bíblicos. Assim, é possível mudar todos os detalhes, mas por favor, reconheça a necessidade de basear o que faz na Palavra de Deus, não em uma mera tradição ou em tendências ou gostos pessoais.

Lembramos, então, os princípios bíblicos básicos quanto à adoração. Estes princípios transcendem o tempo e a cultura. Formam parte da prova que os distingue das simples tendências e interpretações culturais e das distintas gerações. São princípios eternos de Deus que orientam nossa compreensão da adoração. Assim, aplicaremos em detalhes estes princípios atemporais a três contextos básicos nos quais devem ter lugar a adoração pessoal, familiar e coletiva.

Princípios bíblicos eternos

1. A adoração começa com Deus

A adoração não tem suas raízes nas necessidades do homem, mas sim que nossa resposta esteja na revelação do Senhor. Adorar não nasce de nossos desejos ou emoções, mas de Deus. Qualquer outra coisa é mera religião humana.

Texto: João 4:23,24; Isaías 64:6

Implicação para minha vida pessoal: Devo buscar constantemente como me submeter ao senhorio de Cristo. Tudo o que faço deve iniciar e terminar com Deus.

Implicação para o ministério: Dois extremos dentro do ministério na igreja apontam à independência e ao desvio de "começar com Deus". De um lado, estão aqueles que dependem da tradição para determinar sua comunhão com Deus. Do outro, está a igreja que se inclina diante de qualquer moda passageira. Em ambos os extremos, o tratamento com Deus tem sido "humanizado". Ou seja, algumas determinações humanas constituem a base para o relacionamento com o Senhor, em lugar do constante, recente e renovado aprendizado concernente a pessoa e ao caráter do próprio Deus. "O dia inteiro, eu te louvo e anuncio a tua glória" (SALMO 71:8). Se Deus não é o mais importante para nós em cada momento, não poderemos "anunciar" Sua glória aos demais.

2. A adoração é uma resposta à Palavra de Deus

Para obter uma resposta de adoração, devemos receber uma proclamação por meio da Palavra. Você não pode expressar seu amor por Deus sem o conhecer e sem que Ele se revele através de Sua Palavra. Do mesmo modo, se a verdade foi anunciada e não respondermos em adoração, a proclamação fracassou, seja por culpa de quem ensina ou de quem escuta.

Neste momento, é onde o culto se relaciona à adoração. A proclamação da verdade foi recebida. Nosso coração transborda de gratidão e louvor. A consequência natural é que nossa vida seja mudada e que desejemos compartilhá-la isto com qualquer pessoa que queira escutar. "A adoração é uma narração que nos chama à presença de Deus. Ali Ele nos fala, depois disto respondemos em ação de graças na Ceia do Senhor. Então Deus nos envia ao mundo para servir" (R. WEBBER).

Texto: Romanos 1; Filipenses 2:9-11 (todo joelho se dobrará por causa da revelação de Jesus); 1 João 4:19

Implicação para minha vida pessoal: Um sentimento emocional surpreendente não se constitui em adoração, não importa a relevância que essa emoção possa ter no momento, a menos que se baseie na revelação da verdade de Deus. Portanto, o estudo bíblico para conhecer melhor a Deus, é essencial para a adoração pessoal e o culto é prova de nosso amor genuíno a Ele.

Implicação para o ministério: A pregação não é uma resposta a um momento de adoração excelente, nem deve ser precedida pela adoração. Na realidade, deveria ser de maneira contrária. Se a pregação proclama a verdade de Deus, isto deveria motivar no cristão uma resposta de adoração. Quando a música e a oração são vistas como preliminares à pregação da Palavra, elas se convertem em nada mais que uma manipulação pensada para forçar as pessoas a escutar.

Em muitas ocasiões, a adoração surge inclusive em meio à proclamação (segundo as doxologias no Novo Testamento). "No teu Templo, ó Deus, ficamos pensando no teu amor" (SALMO 48:9).

A autêntica proclamação da Palavra se traduz em um intenso desejo de dar louvores a Deus e servi-lo, porque a revelação de Sua natureza tem sido tremendamente eficaz.

3. A adoração é integral

A adoração tem a ver com cada um dos aspectos de minha vida. Não consiste somente na música que cantamos no início de um culto. Trata de meus pensamentos e ações cada minuto do dia! É introduzida em meu lugar de trabalho e escola. Busca ter o controle de meu tempo livre e conta bancária. Envolve todo meu ser. Corresponde à minha família. Por último, exige uma voz pública, que expressa quanto faço em e através da igreja.

Texto: Deuteronômio 6:4-9

Implicação para minha vida pessoal: Devo reconhecer e agradecer a participação de Deus em cada um dos aspectos de minha vida. Não existe absolutamente nada que eu faça ou pense que não submeta a Deus. Somente quando adoramos, encontramos nosso valor como pessoas na presença do Senhor, porque Ele é o único que pode encher nossa vida de significado. "Toda a minha vida tenho me apoiado em ti;

desde o meu nascimento tu tens me protegido. Eu sempre te louvarei" (SALMO 71:6).

Implicação para o ministério: Cada ministério na igreja tem a ver com a adoração, seja no ensino, pregação, missões, evangelização, ministério de mulheres, juventude etc.

4. A adoração é o propósito da igreja

Se a adoração abrange tudo o que sou e faço, é obvio que é a meta e propósito de tudo o que a igreja é e faz, e não simplesmente um dos ministérios de uma longa lista.

A adoração irá durar para sempre. A evangelização, pregação, ensino, a Ceia do Senhor etc., todos os demais ministérios da igreja, desaparecerão quando Cristo voltar. A adoração é eterna. Estaremos desfrutando dela no céu muito depois de que todos os grandes sermões e discussões teológicas tenham sido esquecidos. A adoração é o "combustível e meta" de tudo o que fazemos.

Texto: Apocalipse 4:1–5:14

Implicação para minha vida pessoal: Embora o ministério na igreja seja importante, minha adoração pessoal a Deus sempre deve ter prioridade. Logo e como consequência, vem a adoração corporal.

Implicação para o ministério: Quando um determinado método, culto ou ministério na igreja já não leva as pessoas à presença de Deus, deve ser avaliado e inclusive modificado ou finalizado. Tudo o que é feito sem oração e adoração na presença de Deus está condenado ao fracasso espiritual.

5. A adoração é um processo

A adoração é um relacionamento sempre em desenvolvimento. Não consiste em um culto ou em um tempo específico separado para

Deus. Transcende a qualquer limitação humana ou temporária que seja colocada. Sua natureza dinâmica não pode ser subestimada. O estimado cristão que insiste em que a adoração de hoje seja igual como se fazia no passado, está gravemente equivocado, pois a adoração, do mesmo modo que nosso crescimento espiritual, é um processo. Não poderemos adorar a Deus plenamente até que o conheçamos por completo, e uma vez que isto é impossível sem que nos tornemos verdadeiramente como Ele (saber tudo o que existe para conhecer a respeito de Deus supõe ser onicientes, característica reservada apenas a Ele), não poderemos alcançar uma adoração perfeita, nem nesta vida nem no céu. É verdade que a adoração no céu será perfeita no sentido de que não haverá atitudes nem motivações pecaminosas. Mas, inclusive ali, nos aprofundaremos cada vez mais em amor ao Senhor, à medida que descobrimos mais e mais sobre Sua natureza.

Texto: Filipenses 1:6; Salmos

Implicação para minha vida pessoal: A chave para adorar pessoalmente a Deus está em meu tempo diário com Ele, não no descobrimento de um contexto de adoração perfeito tal como um culto comovente numa igreja ou um festival de louvor.

Implicação para o ministério: Motivar as pessoas a andar com Deus deve ser o centro de toda a adoração na igreja, sendo que devemos evitar insinuar, de qualquer forma, que um determinado estilo de reunião coletiva irá suscitar a adoração bíblica. A metodologia é importante, mas não é a meta.

6. A adoração é uma mudança de vida

Quando estamos na presença de Deus adorando, nossa vida é transformada. Não há lugar para "santos" estagnados, que esquentam bancos e vivem da tradição. Se renovo meu amor e compreensão diariamente com Deus, irei mudar. Quando Deus se revela, o mundo muda! Uma igreja que busca realmente a Deus irá mudar. Não será a mesma, ano após ano. A adoração traz mudanças, pois é uma indicação de uma melhoria em nosso relacionamento íntimo com o Senhor! Ou a adoração muda sua vida, ou não é adoração.

Texto: Salmo 92:1-5,10-15

Implicação para minha vida pessoal: Jamais devo me sentir satisfeito e acomodado com a situação espiritual de minha vida. Devo estar em constante crescimento e mudança para chegar a ser cada vez mais como Jesus Cristo. Deus define meu processo de santificação como o estar "face a face" com o Senhor Jesus de forma que vou sendo transformado por Ele, refletindo cada dia mais Seu próprio caráter (2 CORÍNTIOS 3:12, INCLUINDO TODO O CAPÍTULO 4).

Se não me "aproximo" do Senhor em adoração para "ver" Sua face, nunca me verei refletido em Sua imagem, por mais que trabalhe, conheça ou passe tempo na igreja. Quando o rosto do Senhor vai resplandecendo mais em mim, mais me pareço com Ele.

Implicação para o ministério: Um ministério, ou melhor dizendo, toda uma igreja que não transforme vidas, não está levando as pessoas a uma autêntica adoração a Deus. Esta é uma das características mais claramente reveladoras de uma igreja sadia, que vive e adora na presença de Deus: Vidas estão sendo transformadas ou as pessoas estão estagnadas?

7. A adoração é minha responsabilidade

A adoração requer iniciativa humana. É verdade! Começa com Deus se revelando, mas, em Sua infinita sabedoria, Ele nos deixou a resposta. Alguns argumentariam que, já que a Bíblia fala da adoração com maior frequência no modo imperativo (como uma obrigação a cumprir), não afeta a iniciativa humana. Entretanto, devemos decidir assumir a responsabilidade e responder, como consequência, ao amor de Deus.

> Texto: "Portanto, amem o SENHOR, nosso Deus..."
> (DEUTERONÔMIO 6:5)

Implicação para minha vida pessoal: Tenho que "buscar" ao Senhor cada dia, organizar meu horário, estabelecer hábitos apropriados; qualquer coisa que faça falta, pois devo assumir a responsabilidade de adorar a Deus diariamente.

Implicação para o ministério: Os cultos da igreja, a música, pregação, oração etc., tudo o que possamos fazer são meios para nos motivar a estar com o Senhor. A questão essencial é que cada um de nós é responsável por nossa própria adoração e deste modo, em sentido coletivo, pela adoração da igreja. Isto significa que se a adoração em um determinado culto não me motiva, devo primeiro mudar a mim mesmo antes de tentar mudar a igreja.

8. A adoração é participativa

A adoração bíblica exige a total participação de todas minhas capacidades físicas, emocionais, mentais e espirituais. Não basta utilizar somente minha mente. Meu coração, minha alma e, claro, meu corpo, devem estar envolvidos. Que namorado realmente apaixonado oferece à sua namorada apenas sua capacidade intelectual?

> Texto: Mateus / Marcos / Lucas: "...amem o SENHOR, nosso Deus, com todo o coração, com toda a alma e com todas as forças." (DEUTERONÔMIO 6)

Implicação para minha vida pessoal: Devo participar com tudo o que sou quando adoro a Deus, não somente envolver uma parte de mim mesmo. Para alguns, isto pode supor maior compromisso nos aspectos mentais da adoração. Para outros, colocar todo seu coração diante do Senhor e se entusiasmar com Ele. Para tantos outros, seu compromisso deve chegar à parte mais emocional e física, tal como levantar as mãos ou ajoelhar-se.

Implicação para o ministério: A participação das pessoas na adoração é uma prioridade maior que o "programa" de adoração. O padrão para medir se estamos louvando a Deus deve ser o grau em que as pessoas participam ativamente, não a qualidade do culto em si mesmo; como, por exemplo, o modo como o coral cantou ou quão profunda foi a pregação semanal. As expressões físicas de nossa adoração privada deveriam formar parte da expressão corporal e cultual.

9. A adoração é tanto celebração como meditação

A Bíblia diz que quando nosso coração está debilitado pelo pecado e temos necessidade de confessá-lo diante da santidade de Deus, deveríamos nos prostrar humildemente em reverência. No entanto, não devemos permanecer nesta postura, pois o Rei dos reis estende Sua mão, nos perdoa e nas palavras de Davi, "devolve a alegria da salvação".

Adoração é celebração: explosão transbordante, desinibida, de pura alegria na revelação de Jesus Cristo e Sua grande obra em e através de nós. O coração salvo por Cristo e, portanto, cheio de alegria, tem que gritar, dançar, cantar e louvar com um volume forte e chamativo (SALMO 150). Deste modo, não temos direito a nos dividir em turmas separadas, atirando pedras uns nos outros, seja por sermos solenes e controlados demais, ou por outro lado, emotivos e incontrolados demais. A adoração bíblica consiste em ambas e muito mais que isto!

Texto: Salmo 63 (neste salmo, Davi adora a Deus através do louvor e meditação)

Implicação para minha vida pessoal: Minha adoração pessoal deve passar por tempos de pranto e tempos de alegria, de confissão e louvor, de seriedade e dança transbordante.

Implicação para o ministério: A adoração coletiva deve admitir todos os extremos de expressão de louvor. Deve haver tempo para estar em silêncio e tempo para o louvor que transborda. Às vezes, os pratos e a bateria devem ser batidos com muita intensidade, e outras vezes, contudo, permanecer em total silêncio.

10. A adoração é verbal

Existe um aspecto tranquilo, silencioso e particular quanto à adoração. Jesus nos diz para que oremos em nosso quarto em casa e sem orgulho em nosso coração, como os fariseus. Ele mesmo saía ao deserto para passar tempos de adoração em particular. Sim, a adoração supõe silêncio quando escutamos a Deus e estamos em íntima comunhão com Ele. Não obstante, após o silêncio existe sempre uma expressão verbal, exteriorizada, que revela a intimidade do particular. Davi buscou adorar a Deus em momentos silenciosos, mas sempre terminou tais reflexões com seu desejo manifesto de proclamar em alta voz as intimidades recém-compreendias de seu relacionamento com Deus. A adoração que não tem expressão pública, não é adoração bíblica.

Texto: Salmo 9 (vv.11,12) "Cantem louvores ao SENHOR, que reina em Jerusalém. Anunciem às nações o que ele tem feito" (v.11). O resultado da verdadeira adoração é que todos escutem o que Deus tem feito por nós. Proclamação, ensino e evangelização!

Implicação para minha vida pessoal: O que faço em adoração particular, deve ter uma repercussão verbal e pública. Não posso guardar para mim mesmo o que tenho descoberto e admirado de Deus.

Implicação para o ministério: A solenidade e o silêncio têm seu lugar na adoração, mas não podem ser o fator de controle na adoração pública. Quando a igreja se reúne para adorar, deve expressar com a voz o que sucedeu com anteriormente nos recintos privados de nosso lar. Se não há nada para dizer do Senhor, é porque não temos estado com Ele.

Capítulo 3

A ADORAÇÃO E A NATUREZA

Pode parecer estranho, para alguns, que dediquemos um capítulo à relação entre a adoração e a natureza que Deus criou. A surpresa desaparece quando lembramos algumas das afirmações que lemos na Palavra de Deus, e sobretudo ao lembrar a razão da existência do mundo que nos rodeia. A Bíblia diz que o objetivo de toda a criação é que Deus seja glorificado. E não somente é o motivo da existência da natureza em si, mas, sobretudo, o objetivo de todos os povos que devem (devemos) ser "...para darem louvor e glória ao meu nome..." (JEREMIAS 13:11). Deus é único e como tal merece a adoração de todos os povos: " ...Eu, e somente eu, sou o SENHOR" (ISAÍAS 45:6). Reconhecê-lo como único, e Sua adoração como exclusiva é o primeiro passo para compreender o papel de nossa própria existência.

O povo de Deus foi criado para proclamar Sua grandeza. Deus nos criou para Ele, para "louvor de sua graça" (EFÉSIOS 1:6 ARA) e não por outra razão. Quando a criação, o mundo ou nós mesmos esquecemos esta primeira verdade, esquecemos também o próprio sentido de nossa vida. "...os que criei para minha glória, e que formei, e fiz" (ISAÍAS 43:7,21).

Do mesmo modo, a natureza foi criada para proclamar a glória de Deus e Sua alegria por Suas obras. O propósito da criação não é outro senão o louvor a Deus: "Cantem uma nova canção a Deus, o SENHOR. Cantem ao SENHOR, todos os povos da terra!" (SALMO 96:1). As iniciais das quatro palavras que compõem este versículo em hebraico formam um acróstico com o nome de Deus: YHWH, como já vimos em um capítulo anterior.

Esta mesma frase se repete em várias ocasiões ao longo de diferentes livros da Bíblia, como se Deus quisesse se definir com base em Sua criação: Deus fez o mundo para que o adorasse e fosse feliz! Nisto está Sua própria essência. A natureza vive e mostra sua beleza em louvor ao seu Criador. De fato, a Bíblia nos ensina que no momento da criação, as estrelas e os anjos adoravam a Deus (JÓ 4:7).

Podemos dizer, sem temer equívocos, que os sons que escutamos na natureza são sons de louvor a Deus. Por isto a Bíblia nos ensina que a natureza glorifica ao seu Criador (ISAÍAS 43:20,21) e que a alegria se estende por toda a natureza em um contágio cósmico. "...Por causa das maravilhas que tens feito há gritos de alegria de um lado da terra ao outro" (SALMO 65:8). Quando adoramos a Deus e nos regozijamos nele, damos glória ao Seu nome. Santificamos Seu nome diante de todos os seres, porque vivemos na vontade de Deus.

O Salmo 148 nos ensina como toda a natureza deve louvar a Deus:

Aleluia! Todos os que estão nos céus, louvem o SENHOR Deus nas alturas!
 Louvem o SENHOR, todos os seus anjos, todos os seus exércitos celestiais!
 Sol e lua, louvem o SENHOR! Todas as estrelas brilhantes, louvem a Deus!
 Que os mais altos céus o louvem e também as águas que estão acima do céu!
 Que todos eles louvem o SENHOR, pois ele deu uma ordem, e eles foram criados!
 Ele mandou, e foram firmados para sempre nos seus lugares; eles não podem desobedecer.
 Louve o SENHOR, tudo o que existe na terra: monstros do mar e todas as profundezas do oceano!
 Louvem o SENHOR, relâmpagos e chuva de pedra, neve e nuvens, e ventos fortes, que obedecem à sua ordem!

Louvem o SENHOR, colinas e montanhas, florestas e árvores que dão frutas!
Louvem o SENHOR, todos os animais, mansos e selvagens!
Louvem o SENHOR, passarinhos e animais que se arrastam pelo chão!
Louvem o SENHOR, reis e todos os povos, governantes e todas as outras autoridades!
Louvem o SENHOR, moços e moças, velhos e crianças!
Que todos louvem a Deus, o SENHOR, porque ele é superior a todos os outros deuses! A sua glória está acima da terra e do céu.
Ele fez com que a sua nação ficasse cada vez mais forte, e por isso o louvam todos os seus servos fiéis, o povo de Israel, a quem ele tanto ama. Aleluia!

Observe todos os detalhes:
"Os céus", "as alturas" (v.1).
"Sol e lua", "as estrelas brilhantes" (v.3).
"Os mais altos céus" e as "águas que estão acima dos céus" (v.4).
"A terra", "monstros do mar e todas as profundezas do oceano" (v.7).
"Relâmpagos e chuva de pedra", "e ventos fortes" (v.8).
"Colinas e montanhas", "florestas e árvores que dão frutas" (v.9).
"Todos os animais, mansos e selvagens", "passarinhos e animais que se arrastam pelo chão" (v.10).
"Louvem a Deus, o SENHOR, porque ele é superior a todos os outros deuses! A sua glória está acima da terra e do céu" (v.13).
Basta seguir a descrição que faz o cântico para comparar seus ensinos com outras partes das Escrituras:

- Louvam a Deus os mares, a terra e o que há neles (SALMO 97:1; ISAÍAS 24:15)
- As ondas aplaudem com alegria (SALMO 98:8)
- As tormentas erguem sua voz em louvor (SALMO 94:3)
- As aves elevam seus cantos a Deus (SALMO 104:12)

- O campo e as árvores (SALMO 96:12)
- O deserto e os montes (ISAÍAS 42:11)
- Os animais do campo (ISAÍAS 43:20,21)
- Os céus e a terra (SALMO 69:34; 19:1,2; 89:5)
- As pradarias e os vales (SALMO 65:13)
- As ilhas e seus moradores
- Profundidades da terra, montes, bosques e toda árvore, porque o Senhor redimiu a Jacó!
- "Louvem o SENHOR, fortes e poderosos anjos... Louvem o SENHOR, todas as suas criaturas..." (SALMO 103:20-22).

O livro de cânticos do povo de Deus, o livro central da Bíblia e o mais utilizado pelo Senhor Jesus e todos os escritores do Novo Testamento, termina afirmando e "exigindo": "Todos os seres vivos, louvem o SENHOR! Aleluia!" (SALMO 150:6).

A natureza leva escrita dentro de si o compromisso de louvar ao seu Criador. Apesar do pecado do homem e de suas consequências, ainda podemos contemplar o reflexo da beleza do Criador em todas Suas obras. E de uma maneira que agora não podemos compreender, as obras de Deus sabem que devem seu louvor ao Altíssimo, porque "tudo o que respira" necessita louvar ao Senhor: tudo o que há na natureza criado por Deus leva em si um reflexo de Sua glória. O dia e a noite, as estrelas, os animais, as plantas e as árvores, o mar e o que há nele. A natureza tem um modo de adorar a Deus quando transmite o reflexo da beleza e a glória de seu Criador.

A redenção providenciada por Deus alegra a natureza

A Bíblia também nos ensina que a redenção providenciada por Deus alegra a natureza. A criação exalta de júbilo quando alguém conhece o Senhor, pois este acontecimento compõe a sua (da natureza) própria libertação do pecado. Todas as criaturas se regozijam quando são capazes de entender (em sua compreensão) que a glória e a vontade de Deus se realizam nesta Terra e que o dia da redenção está mais próximo (ROMANOS 8:21).

> *Cantem, ó céus, e alegre-se, ó terra! Montes, gritem de alegria! Pois o SENHOR consolou o seu povo; ele teve pena dos que estavam sofrendo.* (ISAÍAS 49:13)

Cada pequeno ato de adoração a Deus é uma lembrança de que o inimigo não terá a vitória final. Cada pequena faísca de graça, amor ou bondade é um triunfo sobre o maligno, que a natureza aplaude com júbilo. A vida segue neste sentido!

Da mesma forma que o pecado influiu na criação, e esta respondeu à rebeldia do homem contra Deus produzindo espinhos, a salvação do homem a ilumina com um sentimento de volta ao seu Criador e reconciliação com Ele. Qualquer ação da graça de Deus é vista refletida na natureza: Seu consolo, Sua ajuda, Sua misericórdia... Quanto mais o louvor de um povo que ama a seu Salvador e o expressa publicamente, adorando e servindo ao Rei dos reis e Senhor dos senhores!

> *Pois, por meio dele, Deus criou tudo, no céu e na terra, tanto o que se vê como o que não se vê, inclusive todos os poderes espirituais, as forças, os governos e as autoridades. Por meio dele e para ele, Deus criou todo o Universo.* (COLOSSENSES 1:16)

A criação espera o momento da liberdade total na segunda vinda de Cristo. Enquanto não chega este momento, de uma forma que apenas Deus conhece, a própria criação se alegra ao contemplar como nos parecemos mais com nosso Senhor, e dia a dia o louvamos e o obedecemos como Rei. Quando chegamos diante do Senhor, face a face, para o obedecer e honrar, quando elevamos nosso coração a Deus como família, ou em cada momento que nos reunimos como povo de Deus para adorar ao Salvador, a natureza reconhece que o momento de vencer a escravidão está mais próximo.

> *O Espírito de Deus se une com o nosso espírito para afirmar que somos filhos de Deus. Nós somos seus filhos, e por isso receberemos as bênçãos que ele guarda para o seu povo, e também receberemos com Cristo aquilo que Deus tem guardado para ele. Porque, se tomamos parte nos sofrimentos de Cristo, também tomaremos parte na sua glória. Eu penso que o que sofremos durante a nossa vida não pode ser comparado, de modo nenhum, com a glória que nos será revelada no futuro. O Universo todo espera com muita impaciência o momento em que Deus vai revelar o que os seus filhos realmente são. Pois o Universo se tornou inútil, não pela sua própria vontade, mas porque Deus quis que fosse assim. Porém existe esta esperança: Um dia o próprio Universo ficará livre do poder destruidor que o mantém escravo e tomará parte na gloriosa liberdade dos filhos de Deus. Pois sabemos que até agora o Universo todo geme e sofre como uma mulher que está em trabalho de parto. E não somente o Universo, mas nós, que temos o Espírito Santo como o primeiro presente que recebemos de Deus, nós também gememos dentro de nós mesmos enquanto esperamos que Deus faça com que sejamos seus filhos e nos liberte completamente.*
> (ROMANOS 8:16-23)

A criação espera nossa libertação; espera que nos manifestemos como um povo que ama, louva e obedece ao seu Deus. A criação desfruta com a esperança de que um dia, não muito distante, Deus terá a última palavra frente ao domínio do mal no mundo. E neste momento, todas as criaturas, submetidas a este cruel domínio serão libertadas pelo poder do Senhor Jesus. "[Declarem] abertamente que Jesus Cristo é o Senhor, para a glória de Deus, o Pai" (FILIPENSES 2:11).

O texto de Romanos 8 nos ensina que o Espírito de Deus não somente intercede por nós, mas também dá testemunho a todos (nós em primeiro lugar) de que somos filhos de Deus, e portanto coerdeiros com Cristo! De tudo o que Deus criou. Os momentos de sofrimento que passamos nesta vida nos recordam que da mesma forma que Cristo sofreu e foi glorificado, Deus nos permite padecer para sermos glorificados com Cristo! De modo que não podemos entender, a criação sabe que isto irá ocorrer. Sabe que seremos glorificados com Cristo em sua segunda vinda. Sabe que quando isto ocorrer será libertada para sempre e clama esperando este momento.

Cantem ao SENHOR com alegria, povos de toda a terra! Louvem o SENHOR com canções e gritos de alegria. Cantem louvores a Deus, o SENHOR, com acompanhamento de harpas e toquem música nas liras. Ao som de trombetas e cornetas, cantem com alegria diante do SENHOR, o Rei. Ruja o mar e todas as criaturas que nele vivem. Cante a terra e os seus moradores. Rios, batam palmas! Montes, cantem com alegria diante do SENHOR porque ele vem governar a terra! Ele governará os povos do mundo com justiça e de acordo com o que é direito. (SALMO 98:4-9)